The Art of Fairness

The Power of Decency in a
World Turned Mean

善良的逆襲

大衛・波戴尼
David Bodanis
著

顏涵銳
譯

「好東西……都來自用心。用心來自講究，講究都得來不易。」

——諾曼・麥克林（NORMAN MACLEAN）

推薦序

為善的信心與方法

李偉文（牙醫師、作家、環保志工）

老實說，看到這個書名，以為又是一本心靈雞湯類的勵志書，可是翻開書稿，看到作者一開頭就舉二〇一二年倫敦奧運開幕演出的策劃人鮑爾導演為例，他秉持著厚道的原則，號召萬名志工共同參與的過程，真是令人驚艷。接著，就欲罷不能的一路跟著作者寫的真實故事，在不斷擊節讚嘆中，看完這本精彩的書。

書中故事的主人翁與事蹟，有些我們已耳熟能詳，但是在作者巧妙的對比之下，帶給我們全新的思考角度，讓我們撇除宗教與道德教誨外，對當一個好人更有信心。畢竟，每個人內心多少會傾向馬基維利《君王論》書裡說的：努力為善的人，到頭來是自我毀滅。

不過，空有理想卻缺少手段也不行，所以這本書不落入「心靈雞湯」般的天真之處，就是提供了具體可行的技巧來輔助厚道良善。

比如說，同樣希望把事情做好的飛行員與醫生，為什麼航空界可以把人為失誤減到最低，而一心救人的醫師，至今仍有無數被掩蓋的疏失？作者也引用大航海時代英國海軍布萊船長的故事，說明在不同環境，同一個人可能是天使，也可能變成惡魔。的確，我從自然生態裡學到一件事，就是人很容易被環境影響，這也呼應作者提供的三個關鍵方法「傾聽、給予與自保」，也就是透過傾聽和環境互動，然後採取行動與環境互利共生，同時也要懂得保護自己，抵禦其他人的傷害。

環境社會學有許多研究發現，可以經由環境的設計預防犯罪，也就是說，某個人在某個環境中很可能會犯罪，到了另一個環境就不會想犯罪。換句話說，只要有適合的環境，人人都可能犯罪或不犯罪。

因此，一方面我們要創造良好的環境與制度，讓為惡的誘惑減少；另一方面，假如當一個光明磊落的好人，也可以達到我們想要的目標，那豈不是最棒嗎？這本書就提供了我們這個信心與方法。

推薦序　重塑人生好風景

宋怡慧（作家、丹鳳高中圖書館主任）

記得《海賊王》有一個橋段是：草帽海賊團對於是否應該要放棄梅莉號，起了嚴重的內鬨，最後，魯夫下了放棄梅莉號的指令——表面上的認輸，卻沒有背離要帶領大家前進「偉大的航道」的夢想。這個故事其實和《善良的逆襲》要闡述的核心價值相似：再險惡的世局，再難測的人心，領導人透過傾聽、給予、自保三步驟，就能尋得「條條大路通羅馬」，無入而不自得的理事之道。

環境給我們的考驗，常常不是一路暢行的綠燈，而是要我們停下來思考的紅燈。遇到人我衝突，人性就得經歷考驗，善與惡拔河的修煉之途。由正派來掌舵，才能讓我們走在善良之上，不會被惡勢力擊倒。我一直深信愛默生說過的：「我們每個人都有一份指引，只要謙遜的傾聽，就會聽見那個正確的詞語。」在繁雜的大環境，我們要學習靜下心來，讓各種聲音匯集而入，猶如海納百川，有容乃大。這個世界有時候並不是非善即惡的二分法，更不是利用權威、讓他人對你言聽計從的時代。作者大衛．波戴尼從飛行、醫學、建築、探險、運動、經營、國家領導等七個領域，導入一個重要信念——行事正直，是讓善意流轉、彼此共好的處世新觀點。

亞馬遜創辦人貝佐斯曾說：「聰明是一種天賦，而善良是一種選擇。天賦得來很容易，而選擇則頗為不易。」善良恰能為我們的生命提燈，讓我們掌握先機，做好選擇，不致迷惘或拘泥於眼前事物，堅守善良的底線，更能發揮蓬勃的創意，找到掌握人生「勝」經的關鍵。

最近Netflix有部超夯的韓劇《黑道律師文森佐》曾提到：「所謂命運，通常對勇者手軟，對懦弱者下狠手。」為人厚道很好，但如何避免「軟土深掘」的困局？甚至是眾叛親離、無路可走的窘境？作者也提出睿智的觀察，讓我們立於人生的不敗之境。懂得角色互位、同理包容，讓善行義舉帶來真正的正向價值。

當你陷入膠著的人生賽局，作者書中所提的恰是突圍的最好出路，自保的智慧，讓你恰如其分的行使正派的力量，做到「聽而無我」、「聽而不固」的舉止，擁有足以看清世局、通達人情的覺知，進而迎向一個嶄新的局面。同時，柔軟的心不只是正義的守護，配搭防人的技巧，讓智慧佐以厚道，我們不僅能活出自己喜歡的模樣，也能走在正派的旅程中，成為真正有勇無懼的強者。

推薦序　好人不吃土，正派是力量

蔡淇華（作家、惠文高中圖書館主任）

「為什麼好人老是吃鱉，反而是那些逢迎拍馬屁的人坐享其成？」

「為何整組的工作都是我在做，老師，我不想再當愚蠢的好人了。」

以前收到類似抱怨，我總是很沒有說服力的說：「那些壞人總有一天會自食惡果。若你堅持當個好人，你會成為最後笑的那個人。」

現在自己走入知天命的年紀，看過了太多「現世報」。幾千個學生與朋友的實例，已經變成大數據，讓我確信——當個好人，最能帶給你一生的幸福。

然而，這個世界沒有為「好人學」建構一套理論基礎，去鼓勵大家當一個好人，去善待他人，去善待社會，也善待自己，所以我們正走入一個群魔亂舞、價值錯亂的時代。就像我前陣子遇到詐騙集團，差點被騙了一五〇萬。將故事PO在臉書後，有兩萬多人分享，因為幾乎每一個人都有受騙的經驗。大家都發出一個大問號——什麼時候，我們失去了善良，失去了人與人之間的信任，也失去了教養下一代成為好人的力量？因為詐騙集團和與我會面的車手，都只是二十歲上下的年輕人。

幸好，一本我們急切需要的「好人學」鉅著《善良的逆襲》，終於要由遠流出版了。

作者大衛．波戴尼是二十一世紀的新文藝復興人，他主修數學和歷史，現執教於牛津大學。因為讀通了科學與人文，他寫的科普書被譯成多國語言，還曾獲得英國皇家學會最佳年度科學書籍獎。

波戴尼在新書裡，從飛行、醫學、建築、探險、運動、經營、乃至國家領導等七個領域，用激勵人心的歷史案例研究證明，「好報或天理」並不是一種冥冥中未知的力量，而是人與人之間的互相投射：你對人好，別人就會對你好；你對人不好，自然難以企求好報。波戴尼還提出了讓好人成功的三個方法：傾聽、給予、自保。

莎士比亞《哈姆雷特》第三幕，哈姆雷特王子有段獨白："To be or not to be, that is the question."（生存還是毀滅，這是一個值得考慮的問題）。其實，人類未來生存或毀滅的大哉問，就是看「我們堅持當個好人嗎？」

希望大家可以撥冗翻開這本好看又有用的書，讀完後，你會相信「好人學」是門「實證科學」，而且可以證明——好事，有最高的比例，是會站在好人這邊的！

目錄

前言　丹尼・鮑伊和完美的奧運開幕式

二〇一二年夏天，丹尼・鮑伊（Danny Boyle）在東倫敦遇到一個大問題。他負責籌辦七月二十七日的奧運開幕典禮，這可是一場全球超過五億觀眾觀看的盛典，萬萬不能出錯，所以負責籌辦的他需要一次又一次的彩排，畢竟整場演出要用到高空表演，並且動用多部活動式攝影機，主場館屋頂還要出動鋼索人員，搭配下方舞台的調度，更有數百位舞者、歌手、單車表演者（同時在天上和地下演出），加上好幾張大床和裝著熊熊火燄的大鼎；另外，場上還有活羊、充氣的煙囪汽球、百萬瓦的音響系統、各式的噴煙器、機械操作員、設計師、鼓手、舞台教練、各式螢幕，外加大家熟知的豆豆先生羅溫・艾金森（Rowan Atkinson）以及倫敦交響樂團，一點點疏忽就會毀了整場演出。

技術方面倒沒什麼好操心的。丹尼・鮑伊身為憑著電影《貧民百萬富翁》（*Slumdog Millionaire*）奪下奧斯卡最佳導演獎的得主，在有限預算下還能拿大獎，這類技術性問題難不倒他。但難是難在，整場開幕典禮的演出細節絲毫不能被外界知道。這跟一些商品發表前為了一鳴驚人，消息要密不透風一樣。但是，隨著奧運開幕典禮一天天接近，演出相關人員也越來越多，知情的人自然日益增加。到了開幕前幾天進行最後正式彩排時，一定整個奧運主場館上都是相關工作人員。倫敦的一些八卦媒體當然虎視眈眈，想盡辦法要弄到彩排畫面。

鮑伊很懂替人著想的道理。他的電影事業剛開始成功時，母親已經過世，但是他繼承母親的待人處事之道，總是相信人性本善。對他來說，待人客氣就是一種尊重。所以當奧林匹克委員會的代表問他，怎麼確定開幕典禮的流程不會外流，他的答案是：「我們客客氣氣拜託大家啊。」

這可是前後籌辦了一年、動員超過一萬人的演出，這麼多張嘴，怎麼可能靠客氣就讓大家守口如瓶，對外不透露半點風聲？

我一向對一個簡單問題感到好奇：「人不使壞真的不能成功嗎？」大家可能覺得答案一定是「沒錯」，對吧？在一個唐納．川普（Donald Trump）選得上美國總統、甚至趕不下台的年代，「好人一定能出頭天」這種話，很難讓人說得出口。

企業界的這類傳聞更沒少過。總是告訴我們說，要張牙舞爪才能給人下馬威，要像青蛙一樣把氣囊吹得大大的，人家才會怕你；在辦公室講話大聲的那個人，才擁有高過眾人的權力、或知識、或系出名門。顧問公司或是政商界有意平步青雲的菜鳥，只要懂得媚上欺下這個幾乎每個文化都懂的招術，就保證仕途無礙。

這說法簡直無懈可擊，不是嗎？要是對手都循規蹈矩，那你只要抄捷徑，敢對人大小聲，稍微偷吃步，管他用偷的、用拐的、用搶的或是用騙的，為達目的不擇手段，肯定能爬到眾人頭上。不是有句俗話說「好人吃土」嗎？

但，就因為這樣，我們應該無所不用其極、軟土深掘、機關算盡嗎？為此，我勤下功夫探查真相，發現答案並非如此。人其實能擇善固執，讓自己既不為惡卻也不失敗。公正善良若用得恰到好處，也可以利己而不傷人。當年帝國大廈可以花不到一年的時間就建起來，用的就是這個方法。另一位英國的社交名媛，也用同樣的方式，化身為叢林中受人稱道的游擊女戰士。選擇這條路，能讓你消息更靈通、更有創造力，也擁有更忠誠的合作夥伴。而且，意想不到的是，這個方法，甚至還會外溢到個人生活和社會，讓很多事都更暢行無阻。

打從任教於牛津大學開始，我長期追蹤這個議題，之後又在高科技產業、醫院、銀行、律師事務所、軍方高級單位、以及其他各行各業觀察到許多第一手資料。然而，多年來，我總是一再看到同樣的情形：惡劣的人出頭天，簡直沒有例外。但是，好人、善良的人，同樣也能夠爬到頂端，就算是那些最競爭、高難度的領域也不例外，他們總能力挽狂瀾。但這種情形不常被人注意到，原因只是兇惡的人比較醒目而已。

人們應該推廣這種比較好的行事風格，這樣的教誨古來有之。聖經就說：「人若賺得全世界，賠上自己的生命，有什麼益處呢？」（和合本）在社會不斷超越以往的鼓勵自私行為，民主制度再度危在旦夕，現在這個任務更是急迫。

行事善良的人，雖然成功往往比較慢，但是有很大的好處：特別在你所作所為的質感。這方法沒有人可以事先告訴你步驟，因為所需的手法很微妙，說起來容易做起來難，可以說比科學研究還要高深，所以我才稱之為一門「藝術」。

從傳記著手是一個不錯的方法，因為從中可以看到前人的經驗，早從古羅馬時代的蒲魯塔克（Plutarch）開始就知道這門藝術。在本書，我將一篇篇傳記匯整起來，選出一些平凡且心存善良的人，看他們如何在厚待他人之餘依然可以成功；而另一面，則選出對照組的惡人，讓我們引以為戒。

本書前半部分要深入談六個案例，讓大家看到在各種生活層面中，如何兼顧厚待他人和成功之道：一方面為他人著想、一方面則要主動積極、同時還要提防危險。裡頭會談到帝國大廈和游擊隊軍人的故事，也會談到德州飛行員、法國麻醉科醫師、《權力遊戲》（*Game of Thrones*）電視製作人的故事，還會介紹說出「好人吃土」這句話的人的故事（當然，這個滿肚子仇恨的人，是列入壞心眼的這一邊，最後吃土的人是他）。正面的故事可證明善良、包容一樣可以成大事，本書要用一則又一則的故事秀給你看。

對於善或惡，可能每個人的定義都略有差距，但何謂大是大非卻是眾人同意的。像哈維・溫斯坦（Harvey Weinstein）在好萊塢的惡行惡狀，靠著欺侮和攻擊同行往上爬，這事現在已經舉世皆知。但相對的，班奈黛特・考菲爾德（Bernadette Caulfield）擔任《權力遊戲》系列執行製作期間，待人之和氣且公正，卻同樣也廣為人知。什麼是善良和公平，或者誰比較善良、比較該被推崇，這些問題都不是本書重點。本書想問的是：「要如何用考菲爾德的方式成功，而不是溫斯坦的方式？」

自私的人下場淒慘，通常是他們自掘死路——因為他們樹敵太多，而且一手遮天，欺上瞞下。有時，就跟溫斯坦的情形一樣，惡有惡報，只是時候未到。一旦東窗事發，遇到鍥而不捨的記者，那些吃過溫斯坦苦頭和欺凌的人就得以一吐怨氣。

本書前半部談個人故事後，後半部則要談如何把從他們身上學到的教訓，全面運用在生活中。這裡我要介紹另一位人類行為大師：二戰時期的美國總統法蘭克林・羅斯福（小羅斯福），他將公正和善良的局限逆轉為優勢，化危機為轉機，打敗世上最兇惡的一群人。

我們不敢說事情總能如願，畢竟這世間沒有神燈精靈。只是往往，機率高到你無法想像，風向就是會站在好人這邊。想要成就非凡，不一定要位高權重或盛氣凌人，宅心仁厚往往會在最後勝出。

但一定要運用得當。

聽起來好像天方夜譚，對吧？那容我先講一小段故事證明一下。上文提到二〇一二年倫敦奧運丹尼．鮑伊的故事是很好的示範——因為比起本書的其他故事，這故事規模要小得多。鮑伊的故事是本書主旨的縮影。

鮑伊清楚，這年的奧運籌辦工作如果想要大家守口如瓶，那就要改變上萬名志工的想法。還好，他之前已經有類似的成功經驗。因為過去拍電影時，他對底下片場人員都很尊重：每天下班前，一定確定大家都有好好用過餐，也從不讓大家無償加班，並且尊重每個人不同的專業。日後英國皇室要提名他為勳爵時，竟被他推辭了，原因是：「我不愛這一套。人家尊稱我為鮑伊『先生』，我都會覺得不好意思了……雖然，政客也很愛講『我們同在一起』，但我是真的相信有這回事。」

奧運委員會跟他提過，往年的奧運典禮，所有與會工作人員的手機都要集中管理，還要求每個人簽保密條款；鮑伊卻跟所有員工說，不會沒收大家的手機，也不必簽保密條款。奧委會還說，所有演出者都應該支薪，這樣他們為了薪水，就會乖乖聽主辦單位的控制。但是鮑伊卻決定他要聘用志工（除了少數專業技術的人才，像是攝影師、軟體工程師之流）。

最後，奧委會還提議，應該作好逐層、逐項控管消息，只讓部分人接觸到部分消息，這樣就不會有人知道整個籌備工作的全貌，就算有心想對外洩露演出內容，傷害也不會太大。然而，鮑伊對這項提議也不買單。因為如果志工上場演出，對於整體演出狀況外，對這樣的大型演出傷害更大。他說：「如果演出者只管自己該做什麼，不知道這對整體演出有什麼功用，效果並不好。」他不想要這種開幕式，所以他告訴奧委會，他會告訴每個志工他們在開幕式擔任什麼任務，對整體演出意義何在，而且從第一天起就會說清楚。

但是，鮑伊同時當然也知道，光這樣做不可能會成功。因為，儘管他受母親的身教影響，深信人性本善，但他也知道人心各異。鮑伊出身自英國西北方曼徹斯特的工人階級，來自愛爾蘭天主教家庭，中學時雖然沒有像自傳《安琪拉的灰燼》（*Angelas's Ashes*）一書所描述的那麼悲慘，但也是夠辛苦的了。那年頭學校老師很強勢，他爸十四歲時就輟學了，要排除萬難才能多念一點書，因此鮑伊說從爸爸身上「我也繼承了……那種進取心，硬著頭皮、死不退讓的個性」。

這些性格在奧運開幕式的準備工作中剛好派上用場。離開幕還有一年多，鮑伊已經投入籌備工作，他請了一萬名的志工共同參與和發想。要確保這麼多人之中，沒有一個人把籌備工作的事外洩給記者，那可不是輕而易舉的事。人性既易受外界影響，又脆弱又善變，如果只是幾名志工的話，要確保對每件事都守口如瓶並不難，只要叮囑一句請不要拍照，應該好幾個月都能讓他們放在心上。但人那麼多，風向一變，可能全部人都被風向帶著跑，那就難以阻擋了。

在此，本書所要強調的、第一種讓好人成功的方法——「傾聽」，就很重要了。要是鮑伊在奧委會提出要求時，馬上自我防衛，反唇相譏，指責對方管太多，那接下來對方給的意見他也聽不進去了。

然而，這樣就會很可惜。因為打從一開始，曾經是奧運選手、後轉任為倫敦奧運籌委會主席的瑟巴斯欽・柯（Sebastian Coe）就提供非常好的意見，供鮑伊參考。他說，他覺得用「祕密」這個字讓人覺得好像見不得人、會造成傷害的感覺，越這樣講反而讓人覺得祕密就是該被洩漏的，好像所有被要求不能說出去的人，都是受到欺壓才不敢對外張揚。

所以他建議，鮑伊應該換個角度，不是請大家保守祕密，而是請大家給外界一些驚喜。驚喜是要到特定時刻揭露，才能帶來喜悅的東西。幸好，鮑伊的個性跟一般草根出身的人不一樣，他不會對穿西裝的人不屑一顧，所以才讓瑟巴斯欽不吝於分享他的高見。

鮑伊聽了欣然接受。他說：「小朋友都喜歡驚喜，而且這麼說，就不會有種偷偷摸摸、見不得人的感覺。」因此，打從他們在倫敦達根南（Dagenham）一座廢棄車廠排練、到最後在新落成的奧運主場館的正式彩排，每一次的排練中，場上螢幕都可以看到粗體字標籤寫著「驚喜留到最後」的字樣。

但話怎麼講，只是整件事的第一步。就算鮑伊完全將個人榮辱置於度外，用心傾聽瑟巴斯欽和各界專家的意見，他接下來要面對的才是重頭戲，那就是要如何讓他所帶領的上萬名志工集思廣益，發揮最大的創意。他當然不能把所有發想的工作都丟給他們去做，終歸還是要有一個創意發想團隊來統籌規劃，才不會群龍無首。

所以接下來，就是本書要說的第二個方法了。鮑伊這時能做的，就是「給予」每個人心中都很重視的尊重和信任。

他上任做的第一件事，就是讓所有志工不覺得籌辦小組高高在上：整天穿著高檔西裝在上頭頤指氣使，把大家當成小嘍囉一樣使喚。他要讓大家看到，即使搭建工期已經迫在眉睫，監工小組的主管還是身先士卒，帶著大家在外頭敲敲打打；服裝部的主管也跟所有志工站在同一陣線上，親自縫製制服和道具服。在多雨的倫敦，即使下雨天，鮑伊也以身作則，跟所有志工一起站在大雨中，協助排練進行。

而且，一開始大家就知道鮑伊沒有支薪，這件事更讓大家受到感召。每次他在群眾間來回穿梭時，他身邊從來沒有隨扈或助理，永遠都是他親自面對所有志工，這也讓大家對他更加信任。

就因為這樣，志工紛紛傾囊相授，把自己發想的創意貢獻出來：像是改善裝備、鼓的陳列和音響設計、場地維護、產業歷史、社群媒體、場景設計、還有現代舞等，幾百個好想法都因此被用在奧運開幕式上。

我這番話說得鮑伊好像完美無缺一樣，但其實他並不是未經世事、沒吃過虧的人，他過去有很多這方面的遭遇，讓他深具本書要講的第三個方法「自保」。因為他深知世局險惡、人心難測，世上不是沒有壞人。他在拍攝《貧民百萬富翁》時，片中的印度籍同事勒芙琳・譚丹（Loveleen Tandan）非常熱心，讓他對印度得以有深入了解。但是，當該片拍攝到了最緊要關頭、片廠沒有她不行時，勒芙琳卻忽然說自己要投身另一部影片的拍攝工作，分身乏術。這讓該片的拍攝工作面臨功虧一簣的情況。

鮑伊了解她的苦衷。他說：「每個印度人都會用這招，這是一種抬高價碼的手法。」他過去也不是沒用過這招，為了要在競爭性高的領域出頭天，對於成功或金錢擁有健康態度並不可恥。這時，想把事情處理好，就不能閃躲，要直接面對問題，但不能得罪對方。後來，勒芙琳雖然沒有因此加薪，卻得以掛名該片共同導演，她也的確值得這個頭銜，事情圓滿落幕，大家都是贏家。

雖然倫敦奧運動用了一萬名志工，但其實原先報名的人數高達一萬五千人以上。鮑伊過去在電影界工作的經驗告訴他，這裡頭一定龍蛇混雜，有一些懷抱明星夢、想紅的人在，這樣的人一定會逮到機會吹牛。為了避免用到這種人，所以鮑伊找了他早年在ＢＢＣ新聞網工作的資深助理，請他們確實針對這項特質在一萬五千人中進行過濾篩選，確保不會用到這種人當志工。當然，他們也都善待這些被汰除的人，客氣的讓他們知道只是現階段沒有他們發揮身手的機會。

這個步驟很重要。因為要是一萬名被晉用的志工，看到有人百般不情願的被警衛架離面試會場，到時候正式演出，這些志工的表現一定會落得像四年前被層層控管的北京奧運開幕式一樣：表演得完美到位，卻完全缺乏人性和熱情，每個人都像是不情不願被架著上場一樣，沒有絲毫由衷表達個人創意的空間和熱情。鮑伊這種進退有據、有守有為的方式充滿創意，一旦生效，也讓他更加受到鼓舞。

他的自持之道不只如此。後來奧委會通知他，希望志工能夠自費購買演出服裝時，鮑伊忍不住說他們是在開玩笑嗎。他說，志工們為了演出，無償投入數百小時參與排練，對大多數志工而言，這套演出正式服裝就是唯一實質的回報和紀念。然而，委員會不肯退讓，原本百般忍讓、始終堅持大家在同條船上的鮑伊終於忍不住了。他堅持，只要他在的一天，就不可能讓志工自費購買演出服裝，除非他辭職。他問委員會，他要請辭嗎？他們不想讓奧運開幕式能跟那些公關公司搞出來公式化、死板的演出不一樣的東西嗎？

就這樣，志工們得以拿到免費的演出服裝，也因此在最後演出時，表現出他們受到激勵的感謝之情。（鮑伊的個性很少抓狂，而且這次事情後他也立刻道歉，所以沒有鬧到跟奧委會翻臉的地步。）

但是，事情可沒這麼簡單。團隊還是面臨報馬仔滲透的問題。倫敦的八卦小報素來善於喬裝、取得內幕消息，鮑伊當然也心知肚明，讓數千人接觸到第一手的資訊，裡頭一定躲著狗仔，肯定會有《標準晚報》（*Evening Standard*）和《每日郵報》（*Daily Mail*）的記者。其中最可能出包的就是奧運聖火爐。

過去開幕式最後被點燃的奧運聖火爐，一般都是石製或金屬製，冷冰冰的、很誇大的。但鮑伊想要的是比較人性化的聖火爐，他採用英國設計師湯瑪斯．海德威克（Thomas Heatherwick）所提供的概念，用銅製成許多花朵和花梗，讓這些小聖火盆一朵接一朵點燃，在會場上緩緩升起，最後聚成一個大火球，呈現出聖火爐的樣子。

這概念太新穎了，一定要真的預演一遍以確保安全，但是又必須完全保密，不被人發現，所以他採用非常保守的策略。在獲得倫敦奧委會籌辦委員會的支持下，他使用像是電影〇〇七中的縝密手法，選了距離開幕典禮不到幾天的日子，以確保英國軍方已經下達禁飛令，然後派人在凌晨三點以後，將整個聖火爐運到主場館。這樣，就可以避開八卦報社雇用直升機，在上空拍到照片。

然後，為了避免有人受到誘惑而偷取機密，鮑伊把最關鍵的開演細節，全都存在一台手提電腦裡，牢牢顧著。另外，他也請保全在主場館入口處巡邏，不讓外人隨便進出。

開幕當晚，所有演出都依計畫順利進行：華麗壯觀、驚喜百出，充分展現奧運蓬勃壯盛的氣勢；而且，演出熱情之澎湃，更不是支薪演員所能相比的。整個籌備工作從開始到完成，前後有太多不可預期的狀況發生，沒有一個方法可以靠單一祕訣藥到病除，但鮑伊卻掌握到幾個關鍵，讓他得以成功。

第一個關鍵：傾聽。他能夠把西裝筆挺、讓人覺得有官架子的奧委會委員瑟巴斯欽．柯的話聽進去，採用「驚喜」來取代「祕密」。同時，他也願意接受別人伸出的援手，把個人尊嚴盡可能的擺在一旁，讓他得以非常客觀的篩選和採納各式意見。

第二個關鍵：給予。鮑伊激勵參與的志工，給予他們機會，去向前所未有的一群觀眾，講述一座偉大島嶼的故事。他沒有凡事緊抓在手裡，他只是從旁聆聽意見，充分給予大家自由。這讓他獲得不少意外的收穫，聽到很多志工發想的點子，更因此提高了參與者的熱情。

第三個關鍵：自保。這點最需要技巧。鮑伊因為有豐富的人生經驗，讓他具備很多不同的面相：既可以在挑選志工時，獨具慧眼，懂得刪除一些想紅的危險分子；又能在面對官僚的奧委會時，強硬到和他們大小聲；又能扮演像是情報局頭子一樣的角色，和八卦記者高來高去；同時還像是街頭混混守住地盤，不讓那些好事分子闖進會場來。

就這樣，雖然沒有沒收手機，也沒有逼大家簽保密條款，但是，竟然沒有走漏消息，這時鮑伊知道，自己已經連滲透進來的狗仔也收服了。他知道這些人混在志工中，但卻刻意不點名，他把話說開，告訴大家，自己信任他們。這真是兩全其美的最佳結局，所有狗仔也覺得把驚喜留到最後是自己的責任。

鮑伊事後回憶：「人和人或許有不同的價值觀和利益，但卻還是可以共同守護同一件事……這些記者一個字也沒有外流出去。」

當開幕典禮終於正式登場，觀眾看到場上瑪麗包萍（Mary Poppins）、豆豆先生、哈利波特作者羅琳（J. K. Rowling）等人一一上場，無數的彈簧床、以及最後點著熊熊火燄如花朵般的聖火爐出現，每一幕都在訴說英國式的創新、以及英國的社會變革（鮑伊常說：「這些都是美好的價值」），鮑伊心目中那份驚喜終於完美的呈現了。有一幕，是影片中飾演〇〇七的丹尼爾．克雷格（Daniel Craig）前往白金漢宮迎接女王伊麗莎白二世，然後兩人搭上直升機，讓整場典禮忽然間成為她的舞台——雖然可能是她的替身代演的，但沒關係。接著，她揹上降落傘降落在主場館，緩緩走向貴賓區。這時，原本坐在貴賓區的威廉王子和哈利王子一轉身，看到祖母突然出現在現場，兩人同時大吃一驚——連兩位王子都搞不懂鮑伊這把戲是怎麼變的。大家都同意，這是個完美的夜晚。

平時，我們講到這裡，通常就會開始進行個案分析了，不過，現在可不是「平時」。我撰寫本書時，武漢還只是中國一個不為外界所知的工業城市，因為 Covid-19 封城，才開始被媒體報導。雖然有點突兀，但是，下面我要提出預測，等各位讀到這本書時，將比我撰寫時更了解後來到底發生什麼事。

這有點像是挖洞給自己跳，讓未來驗證此書。接下來幾章在將來能否真正幫助各位，對於當前發生的事有更深刻的了解？我們就用鮑伊的故事當作範例，看我們能在其他事情上預測到什麼。

傾聽

第一個方法是傾聽，重點在於置個人榮辱於度外。就算是大權在握的領導者，不能下面送什麼意見上來都聽；但是，身為領導者，還是要謙卑自抑，鼓勵充分的意見交流。要真心相信在他手下的專業人士，所講的話一定對他有幫助。

身為國家級的領導人，如果能夠這麼謙卑自抑，我們相信，他一定可以時時洞燭機先：因此在遇到重大疫情時，了解疫情如何散播、什麼是最佳的處置方式，而能做出最正確、最快速的回應。但是，那些始終高高在上，自命高人一等的人，就沒辦法做到這點。

給予

第二個方法：給予。鮑伊的慷慨大度，激勵了底下的志工，讓他們感激萬分，大家也因此有了凝聚力、信賴感及創造力。不過，單單只有這種慷慨是不行的，這會讓他被壞人利用。可是鮑伊——就跟本書談到的很多成功正派人士一樣——還兼通人情世故，所以不至於被有心人利用。

這很容易預測得到。一個國家領導人如果不習慣信任下屬、對下屬也不夠慷慨大方，就無法贏得他們全心全意的回報。反之，換來的就是怨懟、爭論及鬱鬱寡歡。如果金援或其他方面的援助到位，卻沒有妥善監督和運用，等事情過後，弊端紛紛浮上檯面時，只會招來更多的指責和非難。

自保

最後一個方法則是自我保護。鮑伊懂得怎麼保護手下志工和整個計畫，但是另一方面他也不會防備過頭。他一邊提防外界的批評，但也不會醜化批評的人。他力抗演出細節外流，靠的是精準的策略執行。

具備這個能力的國家領導人，雖然可能同樣會宣布隔離政策，但是只會針對適當的對象加以隔離，隔離期間也會加以管理。這樣的領導人會強調，大家可以靠合作、學習其他國家的作法，來加強防疫措施。但沒有這種領導人的國家，則可能會反其道而行：這些國家的領導人會對外來移民特別嚴厲、對本國的反對勢力也會特別刁難，因此無法從國外學習有助於控制疫情的經驗。

本書的後半部則主張，這些因應措施也會導致兩種不同的國家形成：一類是其領導人好戰，無視於事實證據而硬幹，總是和他國涇渭分明，不是朋友就是敵人。而另一類國家則恰好相反。

我們無法預知，哪些國家會採用什麼樣的政策。但是我敢打賭，長期下來，一定是那些願意採正面態度的國家會表現得比較好。說長期，可能也不用太久就會見真章。天災的報應是很快的，一些缺點或弊端，在平時可能很容易瞞天過海，但在這種瞬息萬變的災害衝擊下，藏也藏不住。

接下來，我們就從頭看起，看我講的這些方法，怎麼一個一個組合……

I 故事

從前文我們談到丹尼·鮑伊的例子可以知道，不必當個自我中心的爛人也能成功——但是要花比較長的時間，而且要有經驗相佐。不過，只要技巧性運用本書所提的三原則：傾聽、給予、自保，其實人人都能行得通。這三個原則是貫通本書前後的三個主要論點，稍後大家就會知道，要讓這三原則行得通，需要一個關鍵性格——那就是為人要正直。

正直為什麼行得通呢?只要用對技巧，它可以化腐朽為神奇，但要知道這箇中奧妙，得從下文分享的故事去剖析其中道理，因此我將依三個原則分開描述。首先，要談的是如何正確的去理解外面的世界——通達事理很重要，誤判情勢或搞不清楚狀況，代價就會很大。

以下這個故事，要從一架飛越美國中西部的飛機意外談起……

傾聽者

第一章 傾聽並能謙卑自抑

飛行員：艾爾・海恩斯與朴得圭

「請你到飛機後頭看看，能不能看出什麼端倪？」

一九八九年七月十九日下午三點，擔任機長的艾爾・海恩斯（Al Haynes）正在駕駛艙，駕駛滿載乘客的聯航DC-10班機，由丹佛市起飛，目的地是芝加哥市。當時該機已經在空中飛行一個小時，所有乘客也都已經享受過機上餐點。海恩斯來自德州拉瑪爾郡（Lamar County），五十七歲，個性隨和，這時他背靠著座椅，啜飲手中的咖啡。這趟飛行的副機長比爾・瑞可斯（Bill Records）雖然年紀尚輕，飛行資歷也少，但這時候飛機暫由他操縱。

這次飛行看來應該會一帆風順，沒有問題，機外可見藍天掛著幾顆卷積雲。

自從七十年前的第一次世界大戰以來，飛機經歷過幾次重大變革。一戰時，飛行員駕駛的是重達一千八百英磅的雙翼飛機。那個時代較大型的雙翼飛機，也只夠擠進一名乘客，主要飛行速度不會快於地面上的機車。但到了海恩斯機長的時代，他所駕駛的這架飛機可以載滿三百名乘客，重達三十五萬英磅，時速高達五百六十英里——航程中有八成時間都是以音速飛行。

不過，現代駕駛艙中有些控制器可能對從前的飛行員而言也不陌生，像是操縱方向的方向舵，以及其他控制翼面的踏板或握桿。一戰時的飛機靠的是鋼琴琴弦做成的鋼索，來牽動那些按鈕和機尾的方向舵。在海恩斯的噴射客機上，這麼落伍的裝置可派不上用場。機上的方向舵跟穀倉大門一樣大片，這麼大片的操縱翼鋼片任誰握力再大也拉不動，更何況還有比颶風更快的風速壓在上面。

所以現代飛機都是靠充滿了壓縮流體（compressible fluids）的管子遍布機身內部，以此來操縱這些大型方向舵。機師只要操縱控制面板，就可以操縱這些管子，將壓縮流體推送到他要的定點，就能夠左右方向舵，進而讓飛機上下左右的飛行。如此一來，現代飛機才不致在空中失去方向，變成像汽車行駛在冰上一樣失控。也因為這些設備對於現代飛機來說非常重要，像海恩斯所駕駛的 DC-10 就有三具這種各自獨立的設備，三具都有一套獨立的幫浦、儲液槽和供應線，萬一其中一具故障了，其他兩具也可以用來穩定機身。在非常緊急的狀況下，飛機可以單靠其中一具飛行和降落。為了確保這三套設備萬無一失，其系統全都藏在非常強韌的鋼造保護殼內。

現代飛機中，唯一操作上可能和一戰飛機有點相似的，應該就只有發動機的推力桿。將推力桿向前推，就有越多的燃料進入發動機，發動機得以加速；推力桿朝自己拉，進入發動機的燃料就越少，航速就變慢。

這天下午三點十六分，副機長瑞可斯準備讓飛機右轉時，據機長海恩斯事後回憶：「飛機忽然發出一聲巨響，像是爆炸聲，聲音非常巨大，我以為是炸彈爆炸。」

人性在此時就會表現出最真實的一面。在這種各種資訊快速大量湧入的時候，你的反應往往就是你的本性，也顯示你心中對事情看重的順位。

飛機劇烈搖晃後，開始往上攀升。瑞可斯奮力的在控制面板前忙上忙下。機艙內第三位成員：飛行工程師杜德利·德沃夏克（Dudley Dvorak）看到儀器面板上出現恐怖的數據——機上三具液壓系統的壓力計一具接一具全都往回走。不到一會兒，三部液壓系統全都指向正下方：零。

然後，所有的操縱翼——不管是主翼上的或是尾翼的——全都跟著卡死。

這時候，飛機已經停止爬升，整架重達三十五萬磅的飛機，開始往右側滾。機身先是傾斜五度，然後十度，之後很快就超過二十度、三十度，傾斜角度越來越大。飛機右側的乘客這時發現窗戶前只看到地面，而左側的乘客看到的則是一片藍天。飛機再用這種速度側滾，很快就會變成頭上腳下——一旦一八〇度倒飛，那就再也修正不回來了。

階級的存在不是沒有原因的。機長海恩斯是飛機上最有資格駕駛這架飛機的人，他也是資歷最深的人。瑞可斯這時還忙著要拉方向桿、橫舵柄操縱桿，試圖對抗飛機一直向右傾，使盡全力之餘，可以聽見他低聲嘶吼，但一旁的海恩斯看得出來瑞可斯的努力沒有成效。所以海恩斯接了過來，一邊告訴瑞可斯：「我來。」好讓瑞可斯了解，這是建立順位的一個優點。瑞可斯聞言也不反對，他的訓練告訴他要聽從機長指示。

一開始海恩斯也想強拉控制器，像是反射性的動作一般，但後來他就停手了，因為他知道，瑞可斯扳不動，他也一樣扳不動。但是，如果他讓上升的機翼推力降低，再讓下降機翼增加動力，會怎麼樣？他想，這是靠自己的知識和經驗決定的時刻了。對於工程師德沃夏克而言，機長之後做的動作快到他看不清楚：「（海恩斯）的手不再放在橫舵柄控制桿上，改讓左發動機減速，順手又讓右發動機增速，然後又回去操縱橫舵柄控制桿，前後不到幾秒鐘。」

一開始，狀況完全看不到改善。因為這麼大型的飛機會有它的慣性，但慢慢的，飛機的右翼開始回正。海恩斯於是將兩邊機翼的發動機調回同速，但因為剛剛的爆炸是在飛機轉向時出現的，控制副翼已經鎖死，飛機一直往右偏，副翼怎麼樣都修正不回來，這是所有飛行員最頭痛的事：機頭開始往上抬，完全不受機長海恩斯的控制。機頭就這樣向上半分鐘，因為這個角度，機翼吃不到氣流抬升的作用力，飛機於是失去推進力，受到地心引力牽引，出現失速的情形。然後機身一抖，機頭往下傾，整架飛機開始俯衝直下。

飛機這種前後忽上忽下的現象，專業上稱為長周期起伏（phugoid cycle）。如果起伏幅度和時間不是很劇烈，那就沒什麼關係，但現在飛機已經完全失控了。雪上加霜的是，飛機朝下飛的時間比朝上飛的時間長。海恩斯和瑞可斯試圖想要讓飛機不要這樣上下擺盪，所以將橫舵柄控制桿往下拉。瑞可斯為了好使力，把膝蓋都塞進手把中間來借力，但不管他們怎麼用力，都不見起色。終於，當飛機急速下降一千五百英呎後就停止下降，接著水平飛了一段距離後，又開始不受控制的往上飛。但這次只稍微爬升了一段時間，又往下降，這樣下去，不用一兩分鐘，他們就要再往下降一千五百英呎了。

海恩斯知道，這種規模的客機一旦發生液壓失靈問題，從來沒有生還的紀錄。例如，才不過四年前，日本一架七四七的客機就因為液壓失靈，出現長周期起伏，飛機在高空中不要命的上下俯衝，當時飛機的黑盒子留下機師的聲音，可以聽到隨著飛機越來越失控，他們的聲音也越來越焦急無助。該機液壓失靈半小時後，墜毀在遠離航道很遠的山區，死亡人數超過五百人。

要讓飛機渡過這次的難關，機長海恩斯一定要想辦法讓機身不要再往右側滾。更重要的就是得搞清楚，究竟是什麼原因造成飛機的長周期起伏，而且他必須很快想出解決之道，要不然飛機就會下降太多高度，導致墜毀。他可以應變的時間只有一個小時不到。

就在這時，一名空服員進入駕駛艙，她是進來傳話的，但眼前的景象卻讓她嚇得說不出話。她事後回憶：「機師們都在奮力掙扎，那真的好嚇人，感覺就是飛機已經失去控制了。」她好不容易才開口：原來，飛機上有一位乘客正好也是 DC-10 的機長，而且還是位教官，名叫丹尼．費奇（Denny Fitch）。他願意來機艙幫忙。

海恩斯此時正好到了束手無策的地步，空服員進來時他已經是一心多用的狀態：眼睛要盯著儀表板，一手要和橫舵柄操縱桿交戰，另一手則要控制旁邊的推力桿，一邊還要和當地機場用無線電對談，還要不忘和副機師等人協調溝通，再留神外頭的天氣變化，同時監督一旁的飛行工程師。在還沒發生爆炸事件前，有另一名還在受訓的聯航飛行員曾到駕駛艙觀察飛行操作，但他現在已經回到客艙，海恩斯覺得沒有必要再叫他進來。

所以當空服員結結巴巴說有另一名機長在機上時，海恩斯根本忙到沒空回頭。但是，他還是用非常平靜的口吻，好像在跟自己說話一樣，很快的回答空服員。

社會學家在研究傾聽的態度時，常會用稱為「權力距離」（Power Distance, PD）的量表。這個量表可以看出，兩個權力關係不平等的人會怎麼互動。例如，權力距離指數越高，表示這段關係中，兩人都認為權力較低的那方不應該質疑在高位的那個人，因為兩人的權力距離很遠；權力距離指數低的則正好相反，這種關係中，雙方都認為下屬不全然是下屬，他說的話另一方也應該予以重視。

一九九〇年代，航空界曾經針對不同國家的飛行員做過權力距離的測試，結果發現，俄國、中國、印度的飛行員的權力距離指數是所有飛行員中最高的，權力關係中上位者和下位者的距離很遠。英國、德國、瑞典等國的權力距離指數則最低，他們的上下關係較平等，兩人的權力距離拉得很近。

這數值當然只是平均數，雖然美國飛行員整體來說靠近權力距離較低的那一邊，但難免也有少數飛行員認為，本來就應該要上下分明。一名飛機技師就向政府調查員說明，他合作過的飛行員對於上下關係會認為：「我只要一有意見，他就會說：『我沒問你意見，你不用開口。』」

一九九九年，韓航七四七貨運機墜毀於倫敦市郊，此事件就說明這種權力距離太大所帶來的危險。該機的機師朴得圭（Park Duk-kyu）跟海恩斯恰巧同齡，都是五十七歲，也跟他一樣，受過軍事飛行員的訓練。當時副機長尹基植（Yoon Ki-sik）也跟比爾・瑞可斯一樣，都比機長年輕，又缺乏經驗。

尹基植在倫敦史丹斯泰德（Stansted）機場起飛前的準備，雖然都做得很到位，朴得圭還是處處顯露他低他一等的樣子。分析該起事件的語言專家事後表示，朴得圭總用非常貶低對方的口氣對尹基植說：「你最好給我搞清楚地面塔台說什麼再開口！」

然後，不等尹基植開口，朴得圭又打斷他的話說：「你快回對方啊！他們在問你要耽擱多久。」

雖然該機順利升空，但不久朴得圭負責操縱飛行時，他打算傾斜機翼向左轉，卻沒有注意到，前方儀表板的人工地平儀並沒有正常顯示，因為當飛機正在加速，有時候很難靠感覺判斷機翼的傾斜度，結果朴得圭誤以為機翼傾斜得不夠，一直增加傾斜角度。

這時飛機響起過度傾斜的警告，尹基植這側正常運作的人工地平儀，也顯示飛機已經過度傾斜。但因為起飛時他已經被朴得圭罵得很慘，所以他不打算多說什麼，以免再被罵。然而，警示聲再次響起，尹基植這側的人工地平儀顯示狀況更糟了。

機身具數十萬噸的金屬，同時滿載燃料，就這麼加速衝往地面。警示聲一直叫個不停，前後響了九次，尹基植這側的人工地平儀也不斷顯示傾斜狀況越來越嚴重。整個失事過程中，這架七四七貨機有將近一分鐘的時間，左翼是以與地面呈九十度的角度筆直向下，但即使這樣，尹基植還是不敢去提醒機長。該機的技師在失事過程中的確出聲喊過「機翼傾斜！」，之後也覆誦過好幾次，但朴得圭卻不予理會。事後取回的黑盒子顯示，尹基植一直到飛機墜毀前都沒有出聲。最後，機組員全數罹難。

我們很容易將整件事怪罪到朴得圭身上，但他的堅決態度在這次災難前一直都很管用啊！這種階級嚴明的行事風格，對於統合同時湧入過多訊息的工作，不失為一種有效的管理方法，也能確保你帶的人會徹底執行命令。問題在於，這種統馭風格，對權力者而言太有吸引力，所以很容易上癮、過量。放棄這種不容質疑、高高在上的領導地位，等於要放棄部下的自動效忠和尊敬，這樣別人就不會對你言聽計從了。對於沒有自信心的人而言，這很不舒服，因為你會覺得自己露出很多破綻，凡事還要看人臉色。堅持階級嚴明的話，就沒有這個問題，可以始終高高在上。

有些國家整體作風就是如此。像是俄國和中國（還有北韓），其立法機關的陳設就像教室一樣：前方講台專屬於統治者所有，立法委員只能像學生一樣乖乖待在座位上（圖一）。以上這些國家，也都剛好在民主指數上非常低分，其領導人也都覺得，每個被他統治的人應當乖乖遵守分際。下面的人有什麼想法，上面的人充耳不聞。

西方民主制度則比較像是半圓型課堂的模型（圖二），有人負責管理秩序，但理論上，代議士在領導人面前比較有空間，也不那麼服從，他們在座位上彼此也有對話空間。

在冰島早期政體極度民主時，甚至可以讓立法者圍成一圈，形成非正式的立法團（圖三）；這個型式日後曾短暫的被位於波昂的西德議會所仿效。

圖一

圖二

圖三

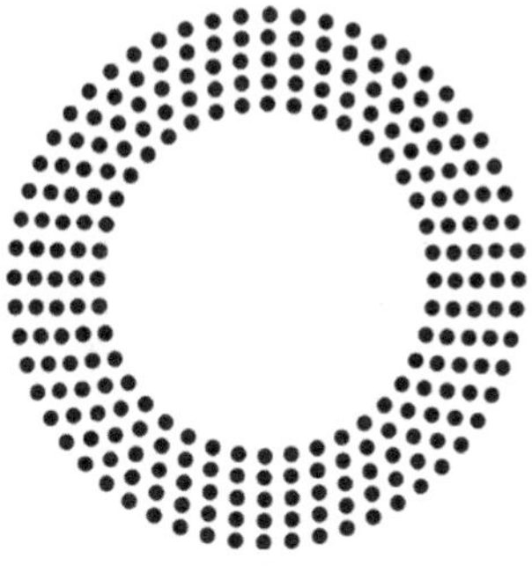

海恩斯此時的盤算是什麼呢？他任職於聯航已有很長一段時間，他常說，自己在聯航受到的養成教育就建立在「機長是機上發號施令的人。他說什麼大家就該做什麼」。海恩斯正是如此，他遇到問題時會選擇和他人合作，因為他知道，要從副機長升為機長，這過程有多艱難。他自己曾經擔任美國海軍陸戰隊的飛行員兼教官，從德州農工大學（Texas A&M）大學畢業後就直接入伍服役，之後的飛行生涯紀錄優良。但即使像他這樣出色的飛行員，也要花上足足九年的時間，才能在聯航從 DC-10 客機的副機長升為機長。海恩斯想將自己的經驗全數傳授給現在的副機長——這也是訓練的過程之一。如果能幫助別人少走一點自己當初的辛苦路，不是美事一樁嗎？

當他提到，聯航機長傳統上都是「機上發號施令的人」，他同時也說自己覺得這個觀念已經過時。他說：「有時候，機長其實也不是什麼都懂。」雖然，事發當下，他沒有把受訓的飛行員召回駕駛艙，認定受訓學員幫不上什麼忙。但是，如果換成是合格的飛行講師，那就不一樣了。那位前來報告的空服員事後回想，當時她快步走回商務艙，但儘量不要顯得慌張，腦海裡則牢記海恩斯對她的囑咐。當時距爆炸已過了十分鐘，將近下午三點半左右，她彎下腰來對丹尼．費奇說：「機長請您過去一趟。」

費奇一進機艙立刻注意到，海恩斯和瑞可斯正苦苦與機件纏鬥：他們的手因為用力拉横舵柄而浮出青筋。之後，他又瞄到一旁飛行技師德沃夏克的控制面板，注意到液壓量表三個箭頭都恐怖的指向零液壓。他過去在聯航丹佛市模擬飛行中心給飛行員考過試，怎麼沒想過要出這種難題來考學生？

為什麼會發生這種事？這一定和飛機的第二發動機無法啟動有關——這是負責尾翼動力的發動機。他一邊琢磨，一邊向前幫瑞可斯調整他肩上脫落的安全帶。

海恩斯突然開口打斷了費奇，他向費奇自我介紹，但是眼睛沒離開控制面板，只是騰出一隻手和費奇快速的握一下。兩人接著開了玩笑，說等這事情落幕要一起去喝一杯，然後馬上又開始忙碌。費奇跟著蹲在海恩斯和瑞可斯兩人中間幫忙。以下是當時黑盒子所錄下的對話：

費奇：那具發動機失效了嗎？

海恩斯：對，沒錯，炸掉了……能想的法子都想過了……

這種口吻是飛行員間很微妙的客套方式，意思是在求教於對方，和上面韓航朴得圭那種跋扈的樣子完全相反。因為海恩斯知道，雖然他硬是撐住發動機推力桿，但這也只夠阻止飛機的側轉不要惡化到無法挽救的地步，離讓飛機的長周期起伏的現象停止，還有好長一段路要走。這時費奇開口提議：

費奇：我唯一想到可能的解決之道，就是放下起落架。這樣可以把機頭往下拉一點。

就在費奇說話時，海恩斯注意到還有另一個聲音——是地面愛荷華州蘇城（Sioux）的塔台無線電通話響了，另一邊則有一位空服員也進了駕駛艙。

蘇城塔台：緊急火災裝置就定位。

費奇：超過兩百（節）時有機會讓機頭上仰。

空服員：我們要疏散嗎？

這麼多訊息實在一時之間很難消化，加上海恩斯原本希望，費奇身為飛行講師，應該會比他們多知道一些門道，可以幫他們解圍。但到目前為止，似乎看不出費奇有什麼錦囊妙計，所以他索性裝沒聽到，以免尷尬。

「傾聽」這門藝術在遇到危難時刻，也要面臨的現實考驗。因為一定會有各種訊息爭相湧入，當局者一定會分心，人也難免都有情緒。海恩斯沒有多加理會，他轉向空服員交代，請他務必盡可能的將語調放緩。不過，在迫降的前幾分鐘，他會廣播請大家準備承受衝撞的姿勢，至於空服員詢問關於迫降後詳細的疏散流程，他則覺得現在談這個太不切實際。（「我其實很懷疑迫降後大家能夠安然無恙，親愛的。」）至於費奇，他認為應該可以從他那邊問到一些有用訊息，但人在駕駛艙實在很難知道機翼的控制副翼是否有反應，所以他請費奇回到座艙。(「請你到飛機後頭看看，能不能看出什麼端倪？」)

這時情勢很緊張，費奇大約出去快一分鐘，就敲駕駛艙門回報，海恩斯一聽到馬上對德沃夏克大叫：「快他媽的開門！」然而，當費奇說他們在駕駛艙做的所有努力全部白費，機翼的控制副翼都沒有反應時，海恩斯反倒平靜下來。大吼大叫無濟於事，他需要讓自己冷靜一下。要是費奇可以接手推力桿，那他和瑞可斯就可以專心在橫舵柄上。

看在費奇眼裡，此舉「很不可思議，因為一般而言，機長不會隨便將飛機控制權交給別人的」。但是對海恩斯而言，他想到的只有該或不該。要是你對自己有信心，就不該攔著想幫你的人。在海恩斯右手邊有一具發動機推力桿，另一具則在瑞可斯的左手邊，要是費奇站在兩人中間，那他就可以一手控制一個推力桿。費奇接手推力桿後，海恩斯的一手就空出來了，也不用分心去控制發動機，這讓他可以專心分析狀況、追查原因，因為現在問題已經越來越嚴重，隨著固定側轉的規律性，將飛機帶得越來越靠近愛荷華州的地面。

費奇沒有如海恩斯渴望的，告訴他們機上有什麼神奇按鈕可以解決問題，但是聯航在舊金山的工程中心，掌握一份關於聯航機隊所有飛機的詳細資料，這個中心所知道的細節，是連在丹佛市的模擬飛行中心也不知道的，因此費奇心中盼望：「要是有什麼方法可以中止飛機不斷側轉的問題，那他們一定知道。」這時，德沃夏克已經開始接通舊金山那邊的工程師，就算工程師無法馬上掌握飛機所有的控制副翼已經完全失控的情況，海恩斯仍督促他和對方持續通話。

空服員們都知道，沒有必要千萬不要打擾駕駛艙，他們也很怕遇到一些頤指氣使型的飛行員。但因為海恩斯做人一向很客氣，所以空服員只要得知任何消息，認為可能對他有幫助，就不怕來打擾。這時候有一位空服員來報告最新狀況，說自己看到尾翼有奇怪的現象。

空服員這番話一般人可能聽不出哪裡不尋常，但其實 DC-10 型客機是沒有尾翼的——所以空服員一定哪裡說錯了，但有可能的確問題就在那裡。因為要是飛機後端的液壓用液體有剩，將之輸往飛機前側，也許可以挽救危機。海恩斯於是請技師德沃夏克去後方看個究竟，不能放棄一絲希望——在他駕駛的飛機上不能有這種事。

德沃夏克心知，走過座艙時外表要保持冷靜，但他還是不免注意到機上有很多小朋友。聯航那陣子一直在促銷親子搭機折扣，所以機上出現很多小朋友，甚至小嬰兒。機上空服員已經預告乘客，讓他們知道接下來航程會有點崎嶇，也請大家把臉上的眼鏡拔下來，還有口袋裡的筆和梳子也都取出。為了其中小嬰兒的安全，請家長用枕頭和毯子堆成一堆，放在地上，這樣當大人在座位上就飛機準備衝撞的姿勢時，這些枕頭和毯子可以保護嬰兒不會移動。

德沃夏克是很資深的空軍領航員，他對飛機的機械構造了解得很深入，因此看到這場景，對他而言很煎熬。在駕駛艙內他有安全帶和肩帶，但即使有這些保護，他深知如果飛機照目前的狀況降落，大家難逃一死。因為現在飛機完全無法設定目標，也無法在控制之下適度下降。要是真的能夠讓飛機降落，著陸處如果是玉米田，那飛機就會翻覆；在這麼高速下著陸，就算是在正常飛機跑道上，也會撞上機場的水泥牆。所以其實家長依指示塞枕頭，一點也保護不了小嬰兒。

雖然有些小朋友在哭，德沃夏克看得出來，大部分小朋友以為是在玩遊戲。當他走到飛機第三號出口時，一名母親正彎下腰幫兩歲的小朋友準備枕頭，她帶著的兩歲小嬰兒爬到座位上笑得很開心，還朝後方的乘客揮手。

當德沃夏克來到飛機最後一道門時，他讓自己握牢座椅，穩住身子，再朝外看。飛機依然每分鐘上下振盪起伏一遍，很難站得穩，尤其是他身在離飛機中心點這麼遠的地方，力矩更大。一名空服員出聲請他朝另一邊看，他拉她的手站起來，好不容易才穩住身子，跟她面對面，瞬間讓她嚇壞了。空服員事後回憶，當時德沃夏克的表情，好像是在跟她死別一樣。之後，德沃夏克才去看她所指的地方。

DC-10的飛機共配有三具發動機：兩邊機翼各一具、另一具則在尾翼。現在尾翼發動機停止運作了，在這具發動機前面，則有一具大型的水平穩定器。德沃夏克這才發現，這具穩定器有一大部分機件已經被扯掉。這麼大面積的破壞，必定是機翼發動機從內部爆炸，才有可能造成。

德沃夏克身為飛行工程師，腦中詳記飛機各部位機件的圖樣。機上三具各自運作的液壓系統的設計非常耐撞，經得起各種破壞，但是卻都有一個弱點：那就是這三個系統會在機尾匯合，當機尾的發動機爆炸時，噴出的金屬碎片直接貫穿穩定器，撕裂該處的液壓線。所以一開始他讀到液壓顯示器的讀表並不是故障，看這情形，整套液壓系統主線路中，是不可能有殘留液體可供使用了。所有可用的液體肯定都炸光光，在高速飛行下被吸出線路。

如果，機長也有腸枯思竭、苦無對策，需要外力相助的時候，那就是現在了。

回駕駛艙後，德沃夏克向機長報告（「這個……我們機尾受到很大的傷害」）的時間是在下午三點四十五分，距離爆炸已過半小時。因為機翼和機尾控制板現在都卡住了，所以飛機呈現一直持續向右繞一大圈的狀態，在愛荷華州上空漫無目標的移動，長周期起伏的上下振盪時強時弱，但飛機總維持在離地近一英里半的空中——距離事故剛發生時的七英里高空，這高度降了許多，因此一定要讓飛機重新獲得控制，然後趕快將之降落在跑道或是一個空曠地區，或者是高速公路。

他們最後的希望繫在舊金山中心——聯航所設的資料中心，收集飛機製造商關於飛機系統的每一筆資料，同時也儲存過去每次飛安危機最後能化險為夷的緊急作法——的工程師身上。德沃夏克在海恩斯的催促下，再次與對方以無線電通話，以取得最新的應變措施。德沃夏克還是重覆著上次跟他們說的話。

德沃夏克（對舊金山維修中心）：收到，請知無不言，任何有幫助的都告訴我們……我們所有方法都試了，現在真的是束手無策。連控制都很困難，飛機高度一直在下降……

但雙方的對話始終沒有交集。舊金山團隊一直追問德沃夏克，是否確定三具液壓系統全部失效。當德沃夏克一再堅持已經確定失效時，對方突然安靜一陣子，然後再重覆問他：是否真的確定？

海恩斯只好跟德沃夏克說不必再問了。

海恩斯：算了，跟他們說你要斷訊了……可惡。

舊金山那邊不可能幫得上忙了。

知道生命即將結束時，人會怎麼樣？費奇沒想過，自己面臨生死關頭的一天，竟然是這麼的平凡無奇：「天啊，在今天下午我就要死了，我才四十六歲就要死了。家裡有妻子，還有三個可愛的孩子。現在唯一要問的是，還要多久，我才會撞上愛荷華州的地面。」德沃夏克當時心裡真正想什麼，他始終沒有告訴大家，但在即將結束跟舊金山方面的通話時，他還是很有禮貌——他們找不出解決之道已經很難受了，沒必要加深他們的愧疚感。

這是當時駕駛艙內所有人共同的態度。他們從一開始就知道最後可能會是什麼下場，即使到現在，飛機高度越來越低，他們連飛機的方向都無法控制了（「通知蘇城塔台……我們打算要走直線，但到目前為止運氣都不是很順」）。但他們還是他們，海恩斯甚至對瑞可斯開玩笑說：「要是我們這次能過關，我要一口氣把你所有的飛行員證照都簽過。」因為瑞可斯正打算要升正機長，需要這些飛行員證照。海恩斯隨即發現自己說錯話，所以又再修正一遍：「……等我們這次過關……。」

然後，他們的努力總算沒有白費。

成功的飛行員，就像是成功的騎士一樣。你光會罵你的馬，怪牠不聽話，只能起一小點作用，遠不如和你的馬融為一體。海恩斯一開始就教費奇要如何移動兩具推力桿，他始終沒有大聲講過一句話——不像有些人，機器一出問題，就大聲咒罵那些機器。人終究是人，總有情緒崩潰爆發的時候，偶爾發作是人之常情，但如果從頭到尾只是大聲咒罵，那是解決不了問題的。

費奇持續照海恩斯叫他做的，只是兩手分別輕輕的推：一邊推右手邊的發動機推力桿，另一手則推左邊的。每推一點，他就停下來聽聽聲音，看飛機有什麼反應。這過程很不容易，因為每次都要等二十到四十秒，發動機造成的長周期起伏改變才會出現，所以要很有耐心。而且，每次修正發動機，就會讓飛機向右側滾更嚴重；每次修正側滾，則會讓長周期的起伏加劇。

即使到最後幾分鐘，雖然費奇耳中聽得到德沃夏克和舊金山那邊的對話，他知道飛機高度已經越來越低了，但心裡卻有一種很神奇的感覺：「就好像我跟飛機已經合為一體一樣……我感覺得到飛機機身所接收到的各種變化，但卻不是來自我自己的身體感受或觀察，而是來自飛機傳達給我的感受。」

飛機先前遭遇的長周期起伏，本來都大起大落。但是，在費奇努力一陣子後，他現在可以感覺得到，他只要稍稍將推力桿向前或向後移動一點點，就可以讓這種上下起伏的趨勢減少。他發現，也許自己之前的戰鬥方式是錯的。有經驗的騎師會順著馬性摸，知道馬怕什麼，就避開什麼。同樣的——飛機好像自己還記得爆炸前它被設定的平衡模式，一直想讓自己回復到那個模式。向上爬升其實是飛機在想辦法讓自己慢下來，朝下降則是飛機想讓自己加速的方法。

費奇於是轉而幫飛機達成它的目的：讓飛機的長周期起伏縮短（而不是以人為操縱，試圖反直覺的在飛機加速時讓它下降、在減速時讓它上升）。這麼一來，飛機上升和下降的時間都更短了，也表示長周期起伏的幅度也越來越小。一旁的海恩斯出言鼓勵他繼續朝這個方向努力，再加上蘇城塔台雷達的回報，以及飛機上的飛行速度和羅盤指示，費奇終於在爆炸後第一次讓一直朝右側滾的飛機改向左。

一旦飛機可以向左轉，長周期起伏也開始稍為獲得控制後，情勢開始轉變。蘇城機場就在筆直的前方——這下有機會成功著陸了。但隨之而來，必須處理的事就變多了：要讓乘客做好降落準備，要和塔台敲定降落後緊急裝備放置地點，要尋找緊急著陸可以使用的高速公路。同時，還要想何時該放下降落裝備——因為這有助於飛機減速，但也同時可能讓機身變得不穩定。而且，萬一他們錯過機場跑道，被迫在空曠地點降落的話，這麼做反而會導致機身翻覆。

海恩斯很有系統且迅速的詢問駕駛艙內所有人的意見。他雖然大權在握，但獲得在場每一位的協力支持。以下是駕駛艙的錄音機在降落前記錄到的零星對話：

海恩斯：我想要盡可能接近機場……去聯絡對方我們還剩四分鐘。

蘇城塔台：聯航二三二，你可以保持這個方向嗎，機長？

瑞可斯：可以，我們已經在這個方向一陣子了。

費奇：我看到跑道了……就在我們右側……

海恩斯：我們看到跑道了。看到跑道了……很快就要見到各位了。謝謝各位的協助。

蘇城塔台：聯航二三二，你們可以選擇任何一條跑道降落。

海恩斯：（笑）你現在才要指定臨時跑道嗎？

德沃夏克（對旅客廣播系統）：兩分鐘。

（空服員大喊：請乘客把頭壓低。）

瑞可斯：好了，開始了。

德沃夏克：微微左轉。

蘇城塔台：聯航二三二大型客機，機長，你們太偏北了……

海恩斯：（對塔台）我們知道。（對駕駛艙）快拉回來……

不知名聲音：左推力桿、左、左……

不知名聲音：天啊！

直到最後一刻，他們都感覺這次著陸應該會成功。他們已經成功對準跑道，也已經接近降落跑道的最前端，這讓飛機可以獲得最長的降速距離。但當時，飛機以超過每小時二七〇英里的時速降落，比一般降落速度還要快，更致命的是，飛機當時以每秒三十英尺的速度快速下降，也比一般下降速度快太多（相當於一台水泥車從三樓高跌落到地面時的重力加速度。）最糟的是，雖然費奇成功將長周期起伏降低，但並沒有完全阻止，因此飛機依然在不平衡的狀態下持續起伏。

在更早之前，飛機還離不到一百英尺高度時，也就是在著陸前不到幾秒鐘，飛機又出現了長周期起伏。機鼻瞬間朝下，飛機於是陡降，右邊機翼前緣撞向跑道。起落架在水泥地面硬是刨出了深達十八英吋深的大洞，隨即折斷。飛機受不了這麼大的撞擊，折成四段。飛機上原儲有超過一萬英磅的煤油，該在迫降前排出的，但因為來不及排出，所以被撞擊引燃。這起墜機意外因此造成機上一一一人死亡。但因為機組人員的臨機應變，讓其餘的一八五人得以生還。

撞擊過程中，飛機機艙就像是鉛筆筆尖一樣，應聲折斷，被拋飛到跑道外的一處黃豆田裡。抵達現場的所有救護人員和國民兵知道不必進駕駛艙搜尋了。一名醫師回憶：「駕駛艙被撞成一堆破銅爛鐵和電線，完全難以辨識形狀。」

要在這堆破銅爛鐵中存活下來，實在讓人難以想像。但沒想到，四個人竟然全數生還！在他們費力尖叫求救後，救生隊員趕緊將他們從變形的駕駛艙中救了出來——雖然每個人身上都嚴重骨折，還有很深的撕裂傷，但卻像是奇蹟一般，並非無法治癒的傷口。不到一年的時間，四個人又重拾飛行工作了。

當飛機機速突然暴衝時，海恩斯並沒有亂了手腳，他反而很平靜的解決問題，先查看液壓線中是否還有液壓殘留，同時也持續找方法，想知道有沒有辦法控制飛機陸降，即使整架飛機所有正常的控制方法都已經失靈。他控制住自己的驚慌失措，無視於其他次要的突發意外，要機場做好準備，並不停收聽蘇城回報給他的距離，非常有條理的逐一篩選出能用的資源（像是乘客中有其他飛行員在，但他只讓費奇一人進來幫忙；又取消和舊金山方面的通話）。然後在飛機巨幅上下震盪的情形下，以近乎平行地面的角度，讓飛機降落在跑道上，藉此為救難隊員爭取一些時間，讓他們可以及時就定位。

飛行史家布萊恩．史沃普（Bryan R. Swope）稱這起空難為「史上空中危機事件最佳的飛行技術展現」。這種機上液壓系統受損的狀況極為罕見，就跟鮑伊在處理奧林匹克開幕典禮演出一樣，沒有前例可循，也不可能有人教海恩斯要怎麼應對。但是，這當中海恩斯坦的處理方法和鮑伊卻有著相似之處：那就是他跟鮑伊一樣，都堅持要待人厚道，對自己的同事要平起平坐。在倫敦奧運上，這樣的態度激勵了大家的士氣和保密的動機，也讓許多人願意分享自己的意見。在這起美國中西部聯航二三二事件中，這樣的態度同樣也讓許多人願意分享建議。

要是借用佛家禪宗公案、那種帶點戲謔又發人深省的風格來表達，丹尼・鮑伊和海恩斯的案例可說是：「聽而無我。」善用階級的優勢，但不要藉勢躲在權力的傲慢中，因為這樣會讓你錯失良機，聽不到好的意見。

不過，儘管海恩斯擅於傾聽下屬的意見，又很能換位思考，光憑這點用心只會墜入自鑿的陷阱中。如果真的想要持續用心的傾聽，有一個預防措施，一定要先做好。

第二章　傾聽且不固執己見

醫生：伊薇．杜宏與老派麻醉師

「我想，『什麼？怎麼可能？』我完全被嚇壞。」

前幾年，在法國一家大型醫院中，出現了第一位女性麻醉科主任醫師——新到任的伊薇．杜宏（Yvette Durant）醫師。這一天，她正在為手下的麻醉醫師團隊準備定期測驗，大家都知道會考什麼，像是這樣：外科醫師在開刀時（病人只是假人）出現狀況了，這時麻醉醫師團隊要找出問題點，並加以解決，而且還要跟時間賽跑。針對狀況，他們只能再多問一點點，但問太多會被扣分。

不過，今天的測驗多了一位從英國來的訪客，他是英國教學醫院的知名麻醉專科醫師。在測驗開始前，他很客氣的把自己的建議、用英國腔很重的法文告訴杜宏醫師，杜宏也想知道自己的團隊對此有什麼反應，因此同意了他的提議。接下來，兩人對測驗作了一些調整，然後才把麻醉醫師們叫進來。

測驗一開始，麻醉醫師先把假人病患安置好，用一個稱為喉頭罩的裝置，讓病患呼吸道保持順暢。這是一種能夠緊貼在喉頭上部聲門部位的呼吸管（咽喉最上方聲道開口處），而不是採用另一種直通過咽喉到氣管的管子[1]。

但這次喉頭罩卻沒辦法完全貼緊聲門。

主麻醉醫師懷疑這是杜宏特意安排的，所以又要了另一副喉頭罩，但情況還是不見改善，因此他已經確定，這是考試，杜宏在考他們如果罩子不合適的話，他有沒有辦法解決。他的答案是要求藥物，使病患在下巴和喉頭部位肌肉鬆弛。這樣應該就可以放進管子了。

通常測驗不會考得比這個更複雜，所以當杜宏告訴這位麻醉醫師「沒辦法，這也行不通」時，他不禁感到疑惑。這時，英國來的那位醫師向杜宏點點頭，杜宏聞訊打開這名病患所有監視器上的警報器，頓時噪音大作。這位受測的麻醉醫師覺得非常不高興。一般測試，頂多就響一個警報器，怎麼會全部一起響，這從沒見過。

儘管如此，他深知這類緊急醫療事故該怎麼處理，所以他逕行準備插管：把管子再插深一點，要比聲門再深，直直進入氣管，這樣就能讓肺部暢通。他這樣處理，很有把握這下子應該可以了。

但杜宏和這位英國麻醉醫師卻把假人口中的聲門糊住了。

這是在模擬病患休克時可能產生的聲門緊縮狀態。麻醉師的管子插到了聲門，就沒辦法再往下，再怎麼用力都下不去，所以他請其他助理上來幫忙，但不管再怎麼弄管子，就是沒辦法插到定位。

這時，一名資深的護理師——她是杜宏和英國醫師事前照會過的——上前提供意見，她建議醫師改用另一種方式，確保病患可以呼吸：氣切，在喉嚨正前方位於聲門下方的位置切一刀。但麻醉師不聽她的。他說，只要給我們比較好的管子來插管就好了，上方有個光纖攝影機的管子，在她那邊有，請快點給他。但，沒想到還是不管用。

時間一分一秒過去，事情還是沒有進展，受試麻醉醫師和助理越來越著急了。這時杜宏把警報器關掉，只留下一部。病房頓時安靜許多，只剩下監視器上監測病患身上氧氣濃度的嗶嗶聲。這要是真的在開刀，病患早就已經嚴重缺氧引發腦傷，甚至死亡了。

測驗到此為止，麻醉師和助手都抱怨不停。這太不可能了！真實生活中插管很少失敗的，

1 譯注：即氣管內插管。

何況剛剛也太吵了；再者，如果這個測驗是在考他們氣切的技術，也就是剛才護理師建議的那種，那手術檯一旁的桌子上，就應該擺著會用到的工具，供他們選用才對啊！怎麼會擺在另一個房間？

杜宏隨他們抱怨，之後才向他們解釋。

在十多年前，英國確實發生過類似的真實案例，就是病房發生一連串錯誤所導致。喪命的病患名為艾蓮．布隆姆利（Elaine Bromiley），她是位年輕女士，到醫院只是進行簡單的鼻竇手術，她的先生馬丁．布隆姆利當時帶著家中兩名幼子陪同，在她被推入手術房時，四人才揮手道別。看她進去後，他開車送兩個孩子回白金漢郡鄉間，去他們每週都會去的餐廳用餐。

但是，不久醫院就來電要他回去，說是出狀況了：「我想，『什麼？啥？怎麼可能？』我完全被嚇壞。人生從此不一樣。」但事後，醫院卻不打算追究事故原因，讓他很不滿，所以他委請外界的專家調查，不僅請他們詳細審閱醫療過程，還深入調查開刀過程的溝通問題。

布隆姆利會有這樣的直覺反應，是因為他本身是商用客機的飛行員。上一章中類似海恩斯飛機意外的案件，已經有很多研究作出非常深入的調查，也因此對於駕駛艙飛行員的溝通建立一套非常詳盡的流程，以確保好的意見可以被聽到。

但是，在醫界，開刀團隊的每個重要環節都和駕駛艙的作為完全相反。

布隆姆利所調閱到的開刀過程報告中，記載手術中出了什麼狀況。負責的麻醉醫師，是一位出色的醫師，他一開始使用的是具彈性的喉頭罩，因為這是標準程序。第一次進不去時，他就給艾蓮打針放鬆肌肉，然後再試第二次。

第二次失敗後，他使用氧氣面罩，直接對艾蓮肺部輸純氧，但這也不管用，在連續試了六或七分鐘後，他決定使用氣管插管，並喚人過來幫忙，於是兩位專科醫生趕忙進來：一位是耳鼻喉專科醫師，他本來在準備進行主要的鼻竇手術；另一位則是資深麻醉醫師，他剛好人在附近。但是三人再怎麼努力，還是無法完成插管。

由於呼吸不到空氣，艾蓮・布隆姆利體內的氧氣濃度開始下降。這時已經掉到兩分鐘七成五的關卡。要是缺氧時間達六分鐘，那血氧濃度就會降到三成，血氧濃度監測儀在病患情況正常時會發出平穩的嗶嗶聲，一旦發現氧氣濃度過低時，就會發出長的嗶聲，現在它開始這樣叫了，很大聲、持續的嗶——嗶——嗶——。

但是，在場的三位醫師卻對這聲音渾然未覺。他們都是經驗老道的專家，全都想盡辦法想救艾蓮一命，但他們全神貫注在插管工作上，完全沒有多餘的精神去注意其他動靜。對他們而言，監測儀的聲音就像是遠處模糊的嗶聲一樣，就連病患的身體，他們也只注意到要插管的部位，其他地方都沒注意到。

他們所犯的錯誤太嚴重了。雖然過了兩分鐘，布隆姆利身體還沒有出現異狀，也還沒出現腦傷，只是失去意識，但她的皮膚其實已經開始發青，隨著時間一分一秒過去，血氧濃度始終沒有恢復，大腦開始受到影響了。大腦組織因為不適產生一個副作用，就是讓她的兩手自然伸向她的臉，試圖想要保護自己。

但連這樣的舉動都沒能驚動三位專業醫師。

反倒是旁邊的幾位護理師，因為沒有專注在插管工作上，把一切看在眼裡。其中一位護理師趕忙跑到隔壁房，取回氣切用手術器具。只要在喉嚨下方切一刀，就可以繞過現在的障礙，讓氧氣直接進到患者肺部。可是當資深護理師提出這個建議時，三位醫師全都不以為然，將之駁回。他們現在手裡有重要事情在忙，**沒有其他事**可以打擾他們。

到這個階段，原本那位麻醉醫師已經連續用同樣的喉頭罩試了三次，又使用巴比妥類藥物注射以幫助麻醉，再用純氧給病患輸氧，然後又用神經肌肉阻斷類藥物放鬆患部，之後又用了氣管插管。然而，這些處置全都失效，情急之下，他對當下狀況失去了掌控能力——這是他事後承認的。在場三位醫師低聲爭論應該由誰負責。

沒有人負責整體統籌。

第二位麻醉醫師選擇使用喉鏡，想要看清楚患者喉嚨的狀況。他做這個動作其實只是重覆先前的嘗試，但是在場沒有一個發號施令的人，因此沒人阻止他作白工，也沒有人評估當場應該怎麼做最好。他把喉鏡插入患者喉部後，也一樣無法探到深處。之後他又試了另一款的喉鏡，同樣也沒能成功。然後由耳鼻喉科醫師接手，他用比較有彈性的氣管內視鏡，同樣也失敗。

三個人這樣努力二十分鐘後，又選擇微調過的喉頭罩，這慢慢讓患者得以換氣。從錄音紀錄中可以顯示，艾蓮的身體已經在掙扎，至於血氧濃度則稍微回升到幾乎安全的程度，但三位醫師都沒能注意這一點，也沒注意到之後血氧濃度又再次起伏不定。這是因為三人又開始專注在插管上，這時又換上氣管內視鏡操作，他們想要把喉部問題看得更清楚些。

到了三十五分鐘後，三人決定要把艾蓮喚醒，但他們還是不打算放棄插管，其間還可聽到有一位醫師說要進行清醒時插管的作法。這時可以聽到有兩位護理師聞聲大喊：「不行！」她們已經目擊三位醫師先前的作為對病患造成傷害，也看到三人漠視病患血氧濃度急降的情形。

艾蓮終究沒能清醒。此時她已經陷入昏迷，而且從此再也沒有甦醒過來。

布隆姆利在醫院的最終調查報告中讀到這裡時，「我心想，『這是典型的人為失誤：過度專注單一事物造成誤判、對時間沒有概念、階級問題。』」一旦當事人對眼前的情況失去掌握，就會產生模糊、失焦的感覺。他們隱約知道哪裡不對勁，卻無法好好咀嚼問題。然後，問題就會變得更為複雜，這時要是有人插嘴讓你分心，反而會惹得你不快。

在還沒有衛星定位的年代，如果沒照地圖指示而走錯路，就只好靠著路標判斷。很多時候，人們會以為自己沒走錯，一些戶外求生專家稱這種情形是「看著地圖硬拗」。而艾蓮・布隆姆利的三位醫師在手術過程中，雖然使用喉鏡或是探條稍有斬獲，但這些就像是迷路時的路標一樣——誤以為這是自己用對方法的證明。

這也是布隆姆利在航空界學到的經驗。他說：「執著於單一事物，是人在緊張下正常的反應。但是人為因素訓練讓我們知道，到了某個臨界點時，就要有人決定打斷這個行為模式。」他發現，醫界在這點落後航空界很多。

比方說，他在另一件發生於威爾斯的案例中發現，一名外科醫師在為一名年長病患開取刀取腎時，旁邊一名女學生發現他取錯腎臟，可是因為操刀醫師是男性且較年長，而這名學生年紀較輕，還是位女性，地位比他低，所以她的意見沒有被採納。

當某人執念要解決一個問題，他的感官會對其他方面的資訊關上門。當一群資深的醫師同樣執著於同一問題時，對其他護理師或是資淺醫師所提供的意見，也會充耳不聞。

艾蓮．布隆姆利的醫師們全都一心一意在插管工作上，但是插管只不過是療程中的一個階段，他們忙著打針、插喉鏡、內視鏡、探條……卻忘了這些事只是流程之一。整個流程的前提是：病患要能活下去。

這件事也是布隆姆利在航空界學到的。「我們在墜機後蒐集到的黑盒子中，經常看到證據顯示，一些資淺的飛行員或員工儘管看到過失，卻保持沉默，或是在指正後被資深飛行員漠視。」他說，開刀房中其實「站在外圍或是置身事外的人……反倒能看得更清楚。」資訊並不一定掌握在特定一位像天神一樣權威的人士身上。而是每個在場的人，都可能會看到一部分。

布隆姆利在插管事件和外科團隊身上所看到的這些細節，雖然主要是在醫療方面，有些卻也適用於一般人。因為人的視角有限，只能在專注和全貌之間擇一，無法同時見樹又見林。最明智的作法是保持謙遜，允許別人提供我們協助，避免陷入錯誤、狹隘的觀點。

這個故事給我們的教訓就是「聽而不固」。但是這個心法要發揮功效，還有一個重要前提：要讓自己身邊充滿願意即時指出我們的錯誤、說我們需聽的話的人，而不是只說好聽話的人。

航空業已經找到一套方法，可以讓他們的安全措施做得更好，並且讓不同人所接收到的資訊，都能夠充分被接納和採用。比如，起飛前，飛行團隊中每一位成員都至少要講出一件事情，就算只是自我介紹也行。因為這樣可以讓團隊成員的溝通破冰，到時候萬一有緊急事故發生，就算是當中最害羞、資淺的成員，也有機會表達意見，不用到時候還要想該怎麼開場才能發話。

聯航其實早在一九八九年海恩斯這次事故以前，就已經建立起這套機制，也真的有發揮功能。海恩斯事後表示：「要是我沒用上那套機制的訓練，要是我們沒有讓所有人都充分表達意見，那次空難我們肯定無法生還。」

在威爾斯那起醫療事故中，開刀房裡的學生在開刀前應該沒有機會跟外科醫生對話。等到事情發生、情況緊急了，才想要開口說話，而且說的還是質疑主刀醫師權威的話，那要跨過的障礙就太高了。

階級應只發揮在關鍵用途上，這還有另一個好處。在真正的開刀房中，其實跟電影演得不一樣，絕不是那麼靜悄悄、沒有干擾的。在漫長的手術過程中，會有各種不同專科的醫師，主刀外科醫師、麻醉醫師、總醫師、住院醫師、實習醫師、工程人員、超音波醫師、製造商代表、手術室護理師、專責護理師、藥師、院外參觀醫師、電腦操作人員、放射科醫師、病理學家等人都在。他們會視需要來來去去，這些人彼此大概都不太認識。在艾蓮・布隆姆利手術中出現的三位醫師，哪一位才是負責發號施令的人？我們從資料中可以發現，都沒有，所以不會有人在關鍵時刻停下來，鳥瞰全局，決定該由誰來接手。

當然，有時候，太過廣納意見也有壞處，因為會讓秩序大亂。另一名英國麻醉醫師就說，她和助手太過親近、聊太多，這些助手就會逾越分際，擅自替她決定該用什麼儀器，明明她的專業認為這並不適用。

馬丁・布隆姆利的調查讓他「贏」了嗎？他的妻子因此過世，換成多數人，應該會想提告、或是要求主事者道歉吧？更多人則可能舉雙手投降。但布隆姆利不一樣，他做了一件讓人尊敬的事。

他決定要杜絕這類事件再次發生。

因為他還有兩個孩子要帶，他不想讓父親的心情影響孩子成長。他說：「我想，等過了幾年維多莉亞和亞當長大一點時，我會讓他們知道，雖然媽媽不在了，但是她讓大家因此學會了一課。」

他完全沒有怪罪手術團隊，他了解他們也被嚇壞了。他說：「在驗屍審訊的過程中……

三位醫師都說自己想不通，為什麼當時沒有做那些該做的動作。」當人們問布隆姆利他對三人的看法時，他卻反過來問大家，覺得三人會有什麼感受。

他說：「這些人不是存心要害人啊，他們不是庸醫，他們都是要救人的好人。但因為他們也只是普通人，再加上不具備其他行業會有的訓練，所以才會鑽進死胡同裡走不出來。」

馬丁．布隆姆利雖然遭逢喪妻之痛，又要肩負單親父親的責任，還有全職飛行員的工作要顧，卻在事後和這組害死他妻子的醫療團隊、以及其他人員，共同成立全球性的「臨床人為因素團體」（Clinical Human Factors Group）。該團體將航空界的專業知識帶進醫界，也推動這方面的新研究，因此影響力日漸擴張。當初讓艾蓮喪生的醫療團隊，也接受了該團體的訓練。布隆姆利說：「如果我明天要開刀，我願意交給他們來操刀。」

就是因為這段故事，來自英國的麻醉科醫師才會深知開刀房醫師這些習慣，再加上他本人也同樣經歷過數起臨床人為因素過失，因此杜宏才會決定，要讓她所訓練的麻醉團隊，也好好在傾聽的藝術上加以磨練。在她的考試中，她還作出更大的變革。她知道受訓醫師很容易就有嚴明的階級制度，而且緊張時更容易只專注在小事情上，但她知道該怎麼讓他們打破階級制度：就是讓他們建立習慣，能用更全面的眼光來看事情。她想讓他們在訓練中激發出這方面的潛力。

所以在此之後，杜宏的考試中只要醫師們發問都不會被扣分；反之，只要不問得太過分還可以加分。因為，讓外界協助他們跳脫自己的執著，有助於他們的工作順利。杜宏很快就看出這個竅門，然後在冷靜下來後，受測的麻醉醫師們也立刻明白其中的關鍵所在。

上一章中，艾爾．海恩斯可以放下自尊，是促進溝通良性循環的第一步。在這個故事中，能夠體察周遭的人，同樣可以帶來助益。要是你手下的人不會對你望而生畏、退避三舍，你又能虛懷若谷，承認自己也有弱點，那就能建立起良好的溝通管道，幫助你不至於執著於眼前小事。

出現狀況時，最糟糕的就是摸不著頭緒。大家都知道，獨裁者往往因隨從或官員對他百依百順、唯唯諾諾，因此被蒙蔽，無視敗亡之兆。在美國，由約翰．霍普金斯大學所作的一項大型研究發現，有六成四受訪的專科醫師自覺工作總是具備團隊精神；但同樣受訪的護理師中，卻只有二成八持同樣看法。我們之中有多少人高估自己對於訊息掌握的開放程度，因此誤判了情勢？

窩在自己的繭之中當然舒適，永遠只有自己發號施令，自己就是主角——這種強化自我，在今日社群媒體的快速傳遞之下變得更容易，真正持平的批評則相對來得較慢。然而，真實世界可是不容許一點出錯。如果巨石正朝你滾來，就算你的同溫層都說不會有事，也無助於改變眼前你就要被壓扁的事實。得到再多的按讚數、有多少人贊同你的說法，無法改變現實世界的真相。從上述的案例來看也一樣。假設，大家能從頭到尾檢視衝動的作為，以及過於單一行動所引發的後果，我們就會發現，還是好人比較具有成功機會。

在前面所舉醫學和航空的案例中，傲慢自大或是待人刻薄的人，都不善於傾聽。謙遜自抑當然也不能太過頭，該發號施令的時候還是要有所作為，但是要恰到好處。對人寬厚不是要你如履薄冰，而是要你樂在其中。現在才知道這些算是個不錯的開始，但為人正派的好處可不只這樣：我們不光要看待人寬厚的一方，也應該看看被施以寬厚的一方。如果能讓接受者也有所反應，其影響的規模還可以更大——甚至可以建起萬丈高樓，也可以激勵冒著生命危險完成任務的戰士。

給予者

第三章　給予，但有限度

建築工人：保羅・史塔瑞特與法蘭克・羅倫佐

「各位，如果敵人專心在做一件錯事，那就不要太早打斷他。」

一九二八年六月，一位殷實的中西部美國人保羅・史塔瑞特（Paul Starrett）好不容易獲得金融家約翰・雅各・拉斯考布（John Jakob Raskob）首肯，願意見他一面。史塔瑞特出生於堪薩斯州的羅倫斯市（Lawrence），他為此特別來到紐約。拉斯考布的穿著非常講究，不愧是金融家。兩人見面是為了第三十四街和第五街中間要蓋的那棟摩天大樓，這天拉斯考布已經接見很多人，所以面露不耐。他問史塔瑞特，怎樣證明自己比其他建商更適合蓋這棟大樓。

這問題可不好回答。史塔瑞特家共五個兄弟，他們以前也承攬過建案，可是他們沒有機具可以蓋這種摩天大樓。史塔瑞特的父親只是個農夫兼木工，母親是學校老師，他自己則曾經是五金行的上架員工，之前還在新墨西哥州的農場上班。他這人講話一向直接，甚至接近粗魯，年近六十的他，其實罹患憂鬱症，他不好意思跟別人說，所以他也不跟人客套，在建築承攬業中他算是個異數。

但他這個人很老實。

拉斯考布對他的話半信半疑。他在紐約這種大城市住久了，見多大言不慚的人。像史塔瑞特這種鄉巴佬，連建築用的重機具都沒有，更何況，這次要建的這棟摩天大樓，和正在快速興建中的克萊斯勒塔一樣，都需要動用數十、甚至數百架的專用重機具，他怎麼好意思誇口？

所以他又把剛剛的問題再重覆一遍：「你手邊有多少這類重機具？」

史塔瑞特回答：「去你媽的休想，我連把鏟子或鋤頭都沒有。」他索性豁出去了。

據保羅．史塔瑞特日後回憶，不等拉斯考布請他出去，這位中西部來的鄉巴佬先替自己作出一番解釋。他說，這麼龐大建築工事所需的機具，世界上根本沒人會持有。但是，一旦簽下合約，他的員工就會投入設計和採購工作，所有該用的機具他們都會有：從蒸汽鏟土機、到在工地上蓋窯等。等大廈建成，再將機具轉售，盈餘歸拉斯考布和出資者所有。

「這樣能賺錢嗎？」拉斯考布問他。

史塔瑞特回答肯定可以。其他承包商只是想從出資者那裡削一筆，因為他們拿到錢，只會去承租二手機具，但這些東西並不管用。但如果照史塔瑞特的方式，即使大廈完成，機具還會維持在很好的狀態，他這是老實的買賣。拉斯考布經過長考以後決定答應他。

這成為他這輩子最佳的決定。史塔瑞特雖然不好相處，但是很老實，因為這樣的特質，得以促成一連串的好事。

在他的監造下，雄偉的帝國大廈以短短十三個月的時間建成。

那可是電腦或人工智慧都還沒問世的年代：大廈的繪圖師要用羅盤和丁字尺徒手一筆一筆繪圖，一些重要的訊息要傳遞還得靠油墨和複寫紙。上文提到十三個月的時間，不僅僅包括要將大樓的主鋼樑架建好，還包括幾乎整個工地的前後安置：要先拆掉原址上雄偉的華爾道夫—亞斯托利亞（Waldorf-Astoria）酒店，然後將拆下的所有廢棄物運走，連同設計、建造，到骨架落成，所有窗戶、地板安裝鋪設完畢，讓整棟建築最終得以俯瞰紐約市。

在建造帝國大廈之前，營造業的工人待遇非常差，日薪最高不過七美元。要是中途想去餐廳吃頓熱食，而不是留在鷹架上用餐，上下的時間還要折算成薪資，從日薪中扣除。當時也幾乎沒有工安法規，所以在起重機升降過程中，多人因此喪生。

史塔瑞特的憂鬱症連他的醫生也束手無策，他說自己「因為沒辦法從事他喜歡的事，有種失落感，因此鬱鬱寡歡」。但他很重視一件事，就是下面的人要得到公平的待遇。儘管他給人的感覺很粗魯，但他始終堅持要厚待下屬。在建造帝國大廈的過程中，他對下屬的用心，讓他的憂鬱症得以不進一步惡化。

拉斯考布知道史塔瑞特過去完成過好幾間大樓，但是一直到和他合作，他才聽聞業界對史塔瑞特風格的傳言。在他最早的幾個建案中——當然，他還是一樣少話——有一次，他反對一位明星級建築師的設計，因為後者的提案幾乎不開窗、沒有自然光源。另一個建案中，他也同樣壞脾氣，但也同樣待人寬厚，他拜託自己公司的辦公小弟和清潔工來檢查設計圖，因為他想讓設計圖的最後完稿連新進員工都看得懂。

到了建帝國大廈時，史塔瑞特兄弟也同樣厚待下面的工人。為了工人的安全，他們特別請人組成小隊，專事調查各樓層會讓人跌傷的縫隙，像是電梯和升降梯，一有任何發現，便一一加上警示和保護裝置。如果當天風勢過強有工安疑慮，會立即停工，但工資照付。

史塔瑞特還給所有工人雙倍酬勞，一天工資十五美金，同時隨著大廈一層層建起，每一層都設有員工餐廳，供應品質良好的餐點。

拉斯考布自己並不是刻薄的人，但看史塔瑞特待工人這麼好，還是讓他很不解。拉斯考布發跡於美國一九二〇年代，當時美國的企業付員工薪水的習慣是能少付就不會多付。史塔瑞特這個寬厚待人、就可以獲得回報的假設，真的能夠奏效嗎？

史塔瑞特的這種作法，是經濟學家所謂的效率薪資（efficiency wages）。也就是說，提高薪資、待員工更好，然後就能夠激勵員工表現得更好。具革新概念的商學院蒐集很多這類案例。不過拿物理學家恩利可．費米（Enrico Fermi）的說法，或許可以把這個原理解釋得更清楚。費米是在解釋他認為外太空有許多先進文明時，提出這個看法的。他反問大家：「不然大家都在哪裡？」要是一些較具前瞻眼界的公司這麼做有用，為什麼其他企業不跟進？

答案在於，因為除了讓人心懷感激以外，成功還有別的捷徑。

就在興建帝國大廈的同時，拉斯考布也投資一家地區性的航空公司，名為東方航空（Eastern Air Travel）。該公司總裁是一戰時知名的飛行家艾迪．瑞肯貝克（Eddie Rickenbacker），他跟史塔瑞特一樣，都給人脾氣不好、老罵髒話的印象。他跟史塔瑞特還有個相似處，就是他也一樣面惡心善，對人很體貼。他旗下航空公司的技師一週工時只要四十天（業界首創），薪資則跟著公司獲利成長（也是首創），全公司員工都享有退休金。他在一九七三年過世，航空界都對他非常尊崇，視為業界大老，也因為他對員工的這份體恤，讓東方航空成為美國航空界第三大公司。

但是，一九八六年，該公司被法蘭克・羅倫佐（Frank Lorenzo）併購，他接下來的動作則讓我們看到，史塔瑞特等人的善意所可能遭遇的阻礙。（我選擇這個案例，不選較近期的案例，是因為時間的距離，讓我們得以把細節看得更清楚。）

羅倫佐出身小康家庭，父親經營酒吧，他們家就在紐約拉瓜地亞（La Guardia）機場降落跑道下來的不遠處，所以每天都可以看到東方航空起降。但是，他和瑞肯貝克不同，瑞肯貝克深受飛行所吸引，他曾寫下：「每當我起飛，翱翔高空，看到太陽照射在白雲上，我就會想，如果可以飛到太陽上方，往下看著地球，不知是什麼感受。」羅倫佐對航空飛行業卻完全沒有這樣的夢想。他愛的只是錢，越多越好。雖然我們很多人也跟他想的一樣，但他取得錢財的方式卻和大家不同。

羅倫佐的外表和史塔瑞特或瑞肯巴克的粗魯、易怒正好相反，他相貌堂堂、和善親切，這對他而言當然大大加分。而且，他還懂得進一步讓別人覺得他誠懇有禮。但是他的出發點卻不是為了發展，而是巧取。

羅倫佐併購東方航空後，第一個巧取的就是員工的薪資。他大幅減薪，先從機師和空橋維修人員的薪水砍起。然後，他又分割公司資產：先是賣掉降落分配時段，之後又賣客機，最後把前任總裁建立的業界頂尖預約系統出售。

如果他把獲利所得拿來買新的飛機，或是買下新航道，以拓展東方航空的版圖，那也算是明智之舉。航空業競爭性很高。西南航空公司的創辦人赫伯・凱勒賀（Herb Kelleher）就曾經說：「要是萊特兄弟活在現代，那當哥哥的威伯（Wilbur）可能會被迫開除弟弟奧維爾（Orville），以求縮減開支。」但是，羅倫佐卻沒有把獲利拿來為公司作任何建設。他反而透過成立控股公司，把這些交易的所有所得匯入這家公司。上述的機票預約系統，他以過低的價錢賣給主要由他掌控的集團。然後反告開發該系統的東方航空非法使用該系統，藉此為他賺得近五億美金。

羅倫佐知道自己的所做所為，如果被人發現，外界會怎麼批評。《君主論》作者馬基維利（Machiavelli）有句話說：「深知怎樣做狐狸的人……須深知如何掩飾狡詐，當個披著狼皮的羊，粉飾太平。」他這麼做，讓東方航空的服務品質以及維修時間都下滑，最後在美國聯邦航空管理局（Federal Aviation Authority）的研究中，該公司的維修率在全美各大航空之中敬陪末座。為了掩飾這項缺失，羅倫佐的作法就是，每次接受公開訪問時，都裝作一副非常關心的樣子。

但他心裡的盤算，其實是要激怒東方航空的員工，好讓他們氣到罷工。這時剛好是一九八〇年代，保守派的雷根總統推行新法，該法讓羅倫佐可以趁勢申請東方航空破產，還可以不用付資遣費解雇員工，然後以較低的薪資聘用新員工。他還可以藉此舉毀掉該公司與老員工簽訂的退休金合約，省去更大一筆開銷。

不過，事情不如他預料，因為他用的都是些唯唯諾諾的手下，這些人既沒看到真相，也不敢向他吐實。所以他對於聯邦法條大幅變動，以及員工感受不同以往的事都渾然不覺。

羅倫佐的詭計要成功的話，他必須一方面刺激東方航空的地勤人員、技師等技師工會會員發起罷工，另一方面則確保飛行員繼續留在崗位上飛行。這樣，該公司就可以繼續再賺一段小時間的錢，撐到破產保護生效為止。

所以羅倫佐極力拉攏飛行員，為此還特別給每位飛行員看一段影片。影片中，羅倫佐表現出一副親切、關心、值得信賴的樣子：坐在位於休斯頓家中的沙發上，手上拿著一份合約說，保證公司即使有人發起技師工會罷工，乃至於宣告破產，都不會裁掉飛行員，也不會上法庭控告飛行員。然後，他面色凝重的在鏡頭前簽下這份合約。

慢慢的，有關這支影片的事情傳開了，技師工會的律師群想不到自己這麼好運，可以撿到槍反擊。影片中，羅倫佐避重就輕，一意誤導飛行員。因為根據當時的法條規定，宣告破產就會自動讓先前所有的保證失效。於是這下羅倫佐被技師工會的律師抓到要害了，他們放消息出去，讓大家知道，他根本就是雙面人，沒有表面裝得那麼和善，也不值得信任。他騙飛行員說他簽了合約，但他明知一旦破產那張合約就沒意義了。

影片傳開幾天後，東方航空的技師開始罷工了，該公司的飛行員雖然一面倒的盡是保守派的共和黨成員，卻反而和工會站在一起罷工。而且，連空服員也加入了。

這是一九八九年的事，全公司員工都聯合起來反對他，一路從三月罷工到四月、四月又延長到五月，最後連航空界的年度旺季——夏季，都在罷工。這下羅倫佐開始急了。再這樣罷下去，東方航空就要入不敷出了。

他錯在不知道人都不喜歡被騙。正因如此，騙子都要想盡辦法不被人識破。這種對於被騙的厭惡感，正好是感激的反面情緒，一旦激起這種情緒，那可是非常強烈的。

如果是雷根主政期間的法律，那不管東方航空的飛行員、技師、空服員有多討厭羅倫佐，都無法影響情勢。因為當時的法律還是對羅倫佐有利，他的詭計還是可以得逞。但是雷根下台後，繼任的小布希總統卻推出新法案，對罷工的員工有利；所以當羅倫佐真的出手，讓東方航空宣告破產時，那時罷工已經進行半年了。諒他怎麼算也沒算到，這時公司已經一毛錢也沒有，他也就沒能因此中飽私囊了。

要獲利，不是沒有別的方法。當羅倫佐摧毀東方航空的同時，別家航空公司的獲利都創新高。他們不是靠罷工，而是採用和東方航空前任老闆（知名太空人法蘭克．波爾曼〔Frank Borman〕）同樣的方式：革新預約系統、改善航線規畫、提升旅客服務。但羅倫佐卻只顧著享受下面的阿諛奉承，因此完全沒有跟上風潮。

最後，毫無例外的，總是會有人見縫插針、趁人之危。知名的垃圾債券大王邁可．米爾肯（Michael Milken）出現了，這人後來也因為背信詐欺罪啷噹入獄，此時他冒出來，趁火打劫，在背後踹了羅倫佐一腳。本來偏右派的《華爾街日報》（*Wall Street Journal*），這時一反常態跟上來打落水狗，報導羅倫佐揩東方航空太多油了；然後，連當時眾議院共和黨大老金瑞契（Newt Gingrich）也插上一腳，發言抨擊羅倫佐。羅倫佐為了讓帳面上好看一點，欺騙投資人，只好把東方航空公司拆散分賣。其中買走該公司最大部門的北歐公司特別指明，接手後不要羅倫佐介入。羅倫佐從此只能在美國商界載浮載沉，眾人避之唯恐不及，晚景淒涼，輾轉於企業間謀職。

講完羅倫佐的事，我們再回到一九三〇年紐約帝國大廈的興建。上面提到的承包商史塔瑞特，他的作法和羅倫佐正好相反，但他也不是全然天真的相信對所有人好，如果這樣，那鐵定不會成大事。史塔瑞特得利於他已經在紐約營造界生存多年，這些經驗足以讓原本相信人性本善的人懂得世故和有所保留。如果要以禪宗公案式的說法來講，就是一句話：「給予，但有限度」。

建築工地向來是揩油撈錢、中飽私囊的好地方。工頭報工資時人數可能是一百人，但實際上卻只聘了九十四人；工人拿了工具去用，可能私吞拿回家了。紐約市的供應商更是浮報建材品質的老手，舉凡磚塊、螺絲、玻璃，以及各種零件，只要是在帝國大廈承包文件上載明的品項，都成了他們浮報價格的對象。

史塔瑞特是拉斯考布為這次建案面試的最後一名包商，但這個順位並不是巧合。史塔瑞特知道所有投標的承包商一定都會提防著對方。他剛好有個朋友羅伯．布朗（Robert C. Brown）在該建案的設計委員會中擔任委員，他提醒史塔瑞特，沒有自備機具的這件事，一定會成為其他包商攻擊的目標，所以他會幫史塔瑞特動用關係，安排為最後一個面試——這讓他可以反駁其他包商對他的攻擊。

另外，史塔瑞特也知道，如果想要防堵所有的舞弊和揩油，得有別人幫忙，所以他聘了一位加拿大的工程師約翰．包瑟（John Bowser）。包瑟這人心中保有一絲浪漫，他喜歡宏偉的建築物，甚至還夢想著死後的墓碑要用花崗岩刻成帝國大廈的形狀。雖然如此，包瑟不是沒見識過人心險惡，十一歲就離家的他，在世界各地的工地工作過，見識過各種偷雞摸狗的勾當。從建造帝國大廈過程中他所記的筆記，負責保管這批文獻檔案的專家這麼形容他的性格：「處世待人圓滑且非常有耐性」「性格上具有感染力和影響力」。

要在這麼複雜的建案中，還保有寬厚待人的初衷，就是要有這樣的特質搭配。包瑟為了讓工頭如實申報工人數量，特別聘請專員，在工地實際逐一清點：早上兩次、下午兩次。這工作不好完成，因為施工過程中，很多工人停留在一千英尺高空的鋼樑上，要逐一點名等於要上下多次。但從包瑟留下的點名紀錄中我們可以看到：「這方法讓工頭不敢再耍花招虛報人頭。」

為了保證工具不被侵占，包瑟還特別成立一個清點部門，跟著機具使用的地點，上下大樓去清點追查，確保其始終在申報的地點。

這可是還沒有電腦的年代，所以凡是上面交代下面的重要事項，行文都要逐一手寫、再送打字、建檔、登記。再加上這些造冊的機具，都隨著工程進度不斷在移動，有時在推車上、有時在工地小火車上，所以掌握細節很重要。有些很細的品項不好建冊追蹤，比如同樣都是鉻鎳合金建材，用來做窗框的品項和用來做垂直隔線的並不一樣，造冊清算時就得分清楚。像鋪地用的碎石子數量非常龐大，有時是數千袋之數，清點時也是一袋不能少，算過的也要標記，以免重覆計算。這些小細節都非常耗時間。

史塔瑞特深明人情世故，更是讓他的公正得以到位的關鍵。他知道可以待工人好，但前提必須是，在他仔細清點後，知道東西都沒少，工人都沒偷工減料、占他便宜，確實配合工作進度後，才值得他公平對待——有來有往才是這份工作的等價關係。但是，他達成這個目的的方法很細膩，他讓包瑟來清點造冊，好給工人們留點情面。

結果就是，他答應的事，後來都有確實做到。隨著大廈一層層往上蓋，工地專屬的員工餐廳也散布到各樓層。因為這樣，午餐時工人都外帶熱騰騰的德式泡菜、燉肉、飲料和淡啤酒（當時有禁酒令，所以不能有酒類飲料）在工地上享用。後來我們看到當時的照片，就有工人帶午餐到鋼樑上用餐，一邊俯瞰下方的曼哈頓街道。

因為他這樣寬待下面的工人，也激發起這些人願意分享他們的創意，這情形跟數十年後丹尼．鮑伊在導演倫敦奧運開幕式有異曲同工之妙。工人建議，可以在工地上建造小型鐵軌，方便運送磚頭，這樣就不用跟以往工地一樣都堆在手推車上，還要辛苦的靠人工在搖搖欲墜的木造便橋上一車一車的推。當時，帝國大廈使用的磚塊數量，最高峰時是每八小時一班，一次來就是十萬多塊，也因為這個建議，讓建造進度得以超前許多。另一方面，電工也發想出以電線通知訊號的系統，取代老式工地都以手搖鈴的方式通知建材送抵的作法。

當時很多工人主動提供創意，至今都還能在帝國大廈上看到。傳統上，大型建物立面所用的石材，是先請專業工匠就地雕刻打磨，再送到工地安置。但是，帝國大廈的工人則建議，可以直接將未經打磨的原石從採石場送到工地，再用細金屬板嵌進石材上，之後再經由大廈的資淺建築師打造完成，也就是現在我們看到帝國大廈舉世聞名的裝飾派藝術（Art Deco）門面，亮晶晶的不鏽鋼條鑲在灰白的花崗岩中，格外耀眼。

史塔瑞特和包瑟付出得多，也相對得到更多，其實這正是感激之心所帶來不可思議的效果。各個承包工程的下游包商因此發現，其他人都開始說話算話，這樣一來打造出由上到下的快速通暢管道，成了建築界史上第一樁能這麼做的大型建案。比如，上游鑄鋼廠就會發現，工地要求他們完成第一根鋼樑的期限沒有謊報；同樣的，電梯鋼纜承包商、樓板灌漿用的混凝土製造商、主構造工程師、機械工程師、以及其他數百位參與建造的施工單位，也都可以彼此相信，知道對方的要求都是實事求事，而非浮報或虛應情事。

另外，史塔瑞特也避免這類建案常出現的工人高汰換率，以及因為工人流動率過高而連帶付出的新訓人員費用。在帝國大廈工作的工人不太想換工作，因為薪水和老闆的態度都比別處好。

史塔瑞特還是一天到晚臭著臉，下決定時總是滿嘴牢騷、不情不願，但是這一點也不影響他的為人。一個人不受愛戴，甚至你一點也不喜歡的人，但只要這個人待人公正、有擔當，還是可以贏得別人的敬重。「公正」一詞在這裡的意思，大家應該可以明白箇中涵義了：公正隱含了要適度督促他人，但是要求太多也太過分。史塔瑞特知道這個道理，也知道能這麼做很了不起——很多人當然也知道，但難就難在能不能要求自己這麼做。反之，羅倫佐雖然一副人模人樣，隨和親切，卻只是表面客套，一旦被人發現他背後原來是要占人便宜，大家就都投以憎惡之情。到頭來，贏得大家愛戴的，反而是臭著一張臉的史塔瑞特。

在帝國大廈施工的同時，哈德遜河對岸的新澤西州也有類似大型建案在進行，但當地的鋼架工人因為不滿工資過低而發動罷工。但史塔瑞特的工人一點也不想加入他們，這讓史塔瑞特兄弟所籌組的營造公司，不僅沒有像羅倫佐那樣在業界人人避之唯恐不及，反而成為全美搶手的頂尖營造商。

猶太教古代賢者希勒爾（Hillel）在兩千年前的著作中，曾提及「公平」一詞，他的看法頗發人深省。他提出兩個相關問題：「如果不為自己，那誰會為我？如果我只為自己，那我又算什麼？」

他的意思是，過猶不及都行不通。人既要捍衛自己的權力——不然，人心險惡，人為刀俎我為魚肉——但要是只顧著防人護己，還算得上是人嗎？史塔瑞特就懂得選擇中間的道路，既精明又懂得防微杜漸。「給予，但有限度」這句總結真正的要義就在這裡。

這個要訣，可不只適用於二十世紀初蓋摩天大樓。

矽谷之所以得以成為全球知名的新創中心，就是因為它有大規模這類的機制在運作。軟體工程師和創業家了解，有一些限制和規範是必須的，而且他們也信得過制度，因此他們了解在大部分情況下，大家都會遵守這些規範，不必時時提防小人，進而也就不必耗費多餘心力、時間在一個一個查核或防範壞人。

不這麼做的話，負面案例也不少。一九八〇年代後期，蘇聯軍隊撤離東歐後，這些國家對蘇聯的效忠瞬間化為烏有。因為蘇聯對這些國家沒有付出，所以這些國家對蘇聯也就一點也不想回報。保羅．史塔瑞特的作為正好相反，建造期間工作人員對他的感激之情，就是他們的回報。

聰明人的慷慨能走多遠呢？來自企業界的例子當然很實際，但在有些領域，會要求比企業界更發自內心的投入，否則生死立判。關於這一點，我們在一則二戰時發生於印度東北部叢林的故事中會得到啟發。

第四章　給予，但也讓別人付出

戰士：烏蘇拉．葛蘭姆．鮑爾與舊殖民時代人物

「一九四五年十二月八日，新德里。女版『阿拉伯的羅倫斯』現身緬甸原始叢林，一位美麗的英國女性帶領當地兇悍的獵人頭部落，對抗日軍……」

一九四二年夏天，英國將領威廉．史齡（William Slim）的軍旅生涯遭遇人生最大挫敗。日軍襲捲緬甸，勢如破竹，大敗史齡所帶領的駐緬英軍，他手下的英軍和印度軍人死傷數千，節節敗退。史齡無計可施，只好率殘餘部眾倉皇出走，逃到緬甸邊境，橫渡親敦河（Chindwin）避戰。他一邊要護著士兵不被日本戰鬥機掃射，一邊也要放慢速度等一些難民跟上，因為要是雨季來臨前這些人沒有渡河，屆時日軍一到，鐵定會全數殲滅。

當史齡步履蹣跚，終於踏上印度山城因帕爾（Imphal）時，手下率領的部隊只剩數月前

出軍時的一小部分了。他坦承「戰略上他完全比不上日軍的足智多謀」。英軍未能掌握日軍情報，所以日軍會從哪邊進攻，他完全狀況外，等於是任人宰割。因此就跟敦克爾克戰役時的指揮官一樣，幾乎所有英軍的重裝備全都沒能帶走，留在原地。

這時英軍多數已經染上瘧疾或其他熱帶叢林的傳染病，連個乾爽的睡覺地方都找不到。但是很多駐守因帕爾的英國軍人，卻很瞧不起這群撤退的緬甸軍，認為他們是敗兵之將、棄守沙場的懦夫，所以也不給他們像樣的屋舍住，逼得他們只能搭帳篷，睡在大雨泥濘之中。

此時，史齡率領部將臥薪嘗膽，花了整整兩年重整軍力，打算重新取回緬甸。但是，還來不及進攻，日軍就在一九四四年初先發制人，打得史齡手足無措——日軍渡過親敦河，來到了由緬入印的主要幹道。

日軍入印，很快就威脅到英軍在印度科希馬（Kohima）城的重要戰備補給站，這麼一來，做為印度重要樞紐的因帕爾城被攻破也就指日可待了。要是英軍再守不住，屆時不只印度岌岌可危——因為史齡駐守的區域，是美軍運輸機進入中國的飛行要道，靠這條空中走廊，美方提供物資給在中國的抗日部隊。中國抗日行動要能持續牽制日軍，才能避免日軍增援太平洋部隊，否則會給美方在當地戰役帶來更大的壓力。

就在一團混亂的緊急情勢中，史齡總部接到一則訊息。

搜尋敵軍休息站，懇請儘速支援來福槍與彈藥。

一名軍官聽說部分槍械被指派要送給「鮑爾」小姐，一開始還以為是開玩笑：「哈哈，耍我啊！這是誰編的？」之前不是才有個複姓「葛蘭姆－鮑爾」的倫敦名媛，剛到這一帶旅行過嗎？

史齡手下一位較有資歷的軍官叫他別亂說話。鮑爾小姐是英軍在當地最成功的地下工作人員，現在還在日軍後方擔任諜報工作。她的口信是從印緬邊境的那加丘陵（Naga hills）送來的：那裡有著茂密叢林，獵人頭部落直到近年都還在附近出沒。日軍如果想要取道緬甸進入印度，必定會經過此地。

一位貨真價實、剛成為倫敦社交名媛的年輕女性，怎麼有辦法獨自一人在這座熱帶叢林中生存，還能夠提供英軍協助呢？她的故事，正好讓我們看到，付出的方式可以多深刻，而且要能夠做到像她一樣，又得經歷過怎樣的內在轉變。

烏蘇拉．薇奧莉特．葛蘭姆．鮑爾（Ursula Violet Graham Bower）出生於一九一四年英國的富裕家庭，她們住在位於英國海邊的哈維奇（Harwich）村。她父親是英國皇家海軍高級將領，從小父親就愛帶著烏蘇拉去爬山，教她射擊——來福槍、獵槍、自動步槍，只要能找到的槍枝他都會教她使用。

烏蘇拉的母親不認同先生這種教育女兒的方式。烏蘇拉說：「母親想要我成為傾城傾國的社交名媛，她們那一代的人認為，這樣的女人最搶手，既會跳舞又會打網球……但我偏偏不是那麼回事。」

女兒完全不符社會期待實在很沒面子，所以烏蘇拉的媽媽乾脆把養育她的工作丟給別人代勞。當時，像她母親那個階級不僅常常就把小孩交給褓母來帶，有時還索性丟得遠遠的，給好心的祖母去照顧，這樣作母親的就可以在倫敦的社交圈混得更開，完全不理會小烏蘇拉可能因此好幾個月都見不上母親一面。

之後，父母乾脆把她送往寄宿學校，這樣一來不只家長不必帶孩子，孩子也可以有自己的社交生活。但烏蘇拉即使在學校也能惹得母親不開心。她的學校在瑞丁（Roedean），那是英國當時最好的女子寄宿學校，她很愛念書，十六歲時還是班上拉丁文最好的學生，英文、法文、歷史課的成績也是頂尖。她渴望能進大學念書，校方也認為她有可能獲得牛津大學入學許可。但是她母親覺得女孩子進大學這想法太荒謬。烏蘇拉說：「她們說，花錢讓我去念書很浪費，因為我又不會到社會上就業……但事實並非如此。」媽媽告訴她，只有她哥哥可以念大學，她不必去念。「我也沒多說什麼，眼淚擦擦繼續過日子。在他們身上不可能冀望什麼。」

離開寄宿學校搬回家後，事情也沒有好轉。她不喜歡媽媽老逼她參加倫敦名媛的舞會。名媛的身材都纖細苗條，烏蘇拉雖然不胖，卻也沒有瘦到達標。更何況，她比較喜歡趁父親休假時跟著他一起去踏青。但為了要符合母親期待，她會找合適的衣服來遮掩自己的缺點，母親雖然很有時尚眼光，卻從來不肯花時間陪她去採買服裝，所以她怎樣都沒辦法穿得跟別人一樣到位，惹得母親對她更加不滿意。有次她精心打扮，以為可以獲得母親稱讚，沒想到才下樓梯，就被母親批評：「你穿這什麼東西?!」

好幾十年後，烏蘇拉的女兒才轉述，當初烏蘇拉聽到她母親這樣說，自信心完全被擊垮。不只是母親那句話，而是那種追求完美的外在壓力，不管她怎麼努力就是無法達成所帶來的沮喪。

她該怎麼辦呢？雖然家裡不肯出錢讓她念大學，但家裡有給她買車的錢，所以她買了輛高級名車艾斯頓·馬丁（Aston Martin）（這是「小確幸」），但眾人沒料到的是，她竟用這台名車去參加長途業餘賽車，還為此報名機械維修課程，以備車子故障的不時之需。

烏蘇拉的父親對女兒此舉非常讚賞，但烏蘇拉知道長久下來，這也不具任何意義。所以當母親說，要送她去印度，讓她在當地找個有錢白人結婚，烏蘇拉二話不說、牙一咬就答應了。

一九三七年八月，她輾轉來到印度因帕爾山間的火車站。當地的英國婦女都對這位富裕的年輕後輩充滿好奇，但烏蘇拉卻覺得跟她們在一起很乏味。當地白人婦女整天無所事事，要不是在打高爾夫，就是一週兩次相約去看馬球。當地英國男性有些會玩比較刺激的獵鴨，但跟他們出去，只是聽他們八卦誰在垂涎娶到烏蘇拉，烏蘇拉的槍法神準，他們卻完全不當一回事。她知道，即使在這裡也不會有太多機會讓她參與男性的工作。

但在這邊還是遠比英國本土好很多。反正大老遠來一趟了，肯定找得到好玩的事。

因帕爾座落於那加丘陵[2]一隅，丘陵地一側接到西藏，往南一側則是茂密的叢林。烏蘇拉在這裡展開她第一次弩腳的探險。過程中，雖然有歐洲人同行作伴聊天，聊到一半時，她卻被當地的景色所震驚：「我們爬上稜線後，一片山光水色映入眼簾，讓我頓時啞口無言。」雲霧繚繞山窪、此起彼落的在旭日間升起，熠熠生輝。「在我們腳下第一層的林間丘陵之外，是層層疊沓的稜線和山脊……綿延無際直到天邊。」「這明媚的風光，是我前所未見的，當中有股無形的力量蔓延、一種超越現實世界的作用力隱隱穿梭其間。」

2 注釋：那加部落是由不同民族所組成的聯邦；它們的地盤橫亙數個相鄰的區域，但只有其中之一被官方定名為「那加邦」（Nagaland）。本文則一律將那加邦簡稱為那加。

他們所見到的當地那加部落居民，其實很怕她們這些歐洲遊客，所以雙方沒有太多的交流。英國占領當地不過是兩個世代以前的事。殖民地的官員多次假意強逼原住民接受他們饋贈的稻穀，但目的卻是要求他們日後付出相對不合理的利息回報，若有不從，動輒使用武力槍械相逼，這等蠻橫的舉動長達好幾年，害原住民的村落因此窮困潦倒。

回到因帕爾後，烏蘇拉「茫然、疲累、困惑，不知道自己怎麼了」。其他幾位歐洲遊客以為她會簡單的跟大家打交道、社交一下，可是她完全沒有動作。烏蘇拉當時二十三歲，隨著待在當地的時間越久，她覺得自己「雖然還沒有完全融入當地人的生活，卻已經和英國人產生距離了」。

要怎麼樣才能讓人生有意義呢？

就是這個盤踞心頭的問題，讓她成為重要的情報人員。像這類的問題，荷裔法國人類學家阿諾・范・甘奈普（Arnold van Gennep）創造「通過儀式」（Rites of Passage）一詞來說明。范・甘奈普發現，通常人們在出現重大改變前，會經歷三個明顯的階段。

首先，他們會先跟自己原先所屬的那個世界分離，然後會進入另一個沒有方向的異樣世界，像是沒有時間的幽微狀態。之後，才能進入第三個階段，他們重新有明確的時空感，和真實世界再次取得連結。這時，他們就完全蛻變了。

烏蘇拉・葛蘭姆・鮑爾在離開英國時，完成了通過儀式的第一階段；在離家遙遠的印緬邊境，則進入第二階段，即過渡時期；第三階段則是穩定期，所有人都告訴她應該要嫁人生子，但是她不想這樣，至少當時她覺得時候未到。

那她打算過什麼樣的人生呢？

這次探險才結束沒多久，英國的家人就催她返家了，所以她一點消化的時間也沒有。回英國後，她過著出國前的日子，照樣賽車、逛咖啡廳、參加社交聚會，但是卻完全無法適應了。她想：「我一定要回印度去。」所以就找了劍橋和牛津大學的教授，向他們討教因帕爾山地部落民族的事，然後再度啟程前往印度。

再次重返那加丘陵的旅程卻異常艱難，因為，這次大家不再當她是新鮮人，所以對她多加嘲弄。「很多人不以為然，他們都覺得過不了三天，我就會全身虛脫踏上歸途。」但是，一週、兩週、一個月、兩個月……她始終留在這片被她稱為「到處是綠色叢林、竹子、象草和大樹」的地方。烏蘇拉變了。一開始她覺得和這個地方格格不入，因為她代表的是統治階級，而「英國政府和那加之間有一道充滿誤解、恐懼、懷疑和不信任的牆」。最後，當她來到位於山頂的萊宋村（Laisong）時，她決定對外宣布，從此不再接受英國殖民法的保護，並請到訪的政府官員把她的話記下來。雖然她無法真正成為那加人，但她要從此遵守那加法律。

這麼一來，一切都不一樣了。她不再享有西方醫藥的照顧，也看不到報紙，連看馬球賽要找人用英語閒話家常都不行。她住的茅草屋，牆壁和屋頂在暴風雨時被冰雹擊穿。這裡白天的溼氣非常重，讓人難受。另外，還有小伙子對她毛手毛腳，甚至偷看她在家更衣——但這些都不影響她的決定，她就是要留在這裡，這是她通過儀式的最後階段。這塊大地，最後也終於接受了她。「當我剛到萊宋時，我是外人。但隨著當地人不再有所保留，我們中間的隔閡也消失了，我終於能夠站到他們那一邊的最遠處，回頭看來時路。」

她開始積極學習那加人使用的藏緬語，雙方的互動也開始增加。因為認同她，當地人也開始主動教她：學習怎麼踏著滑不溜丟的石頭，渡過流經村落的湍急溪流；學著使用當地的傳統草藥；協助尋找當地耆老，從他們身上傳承部落的民間口傳文學。

她和村民間建立起互相尊重。當蝗蟲入侵，損毀穀物雜糧，幾乎要引發饑荒時，烏蘇拉不僅幫他們找到充足的食物（當然是找她有辦法的人脈）。她知道那加人對當地瞭若指掌，也了解各村莊彼此之間有一種微妙的依存關係，但過去政府想要採用新的方式，差點導致這樣的依存關係遭到破壞，所有村莊因此都負債累累，她則協助保存了這種村落間的關係。

一九四二年，日軍途經那加丘陵時，烏蘇拉在當地成立小型的搜救隊，負責救助被擊落的英國飛行員，也提供英軍其他方面協助。史齡的軍官最早知道她這號人物就是在那時候。

現在，時間跳到一九四四年，新一波的危機又出現了，日軍已經不只是對印度有潛在威脅，而是真的侵門踏戶的湧入印度國境，史齡部隊需要像她這樣的小型遊擊隊協助，但是這些遊擊隊的規模要再擴大，也要配備武器。然而，要找人帶領這些遊擊隊卻很困難。很多當地的英國公民和軍官，他們的想法還停留在以前，認為英軍跟幾十年前一樣擁有優勢軍力。可是等他們見識到日軍的兵力後，他們管不得其他，只想自顧死活了——這種情形雖然偶有例外，但基本上就是如此。

烏蘇拉最早是在一九四二年開始和這些搜救隊合作，但當時她並沒有這麼積極。到一九四四年時，她主動和英軍聯繫，就更有助於英軍，畢竟，這時日軍已經在印度境內活躍，能夠取得烏蘇拉主動說要「**出動去搜尋敵軍**」的訊息，就是大好消息。

一開始，情勢似乎不是站在她這邊。她說：「日軍像是海嘯一樣襲捲而至，我們才發現我方比其他人被推走了兩百英里。」但史齡急需她所能提供的任何訊息，所以他指示，要盡可能快速的給予烏蘇拉支援。她和其他的偵察隊，加上遊擊部隊，後來被稱為V支隊。

在萊宋這邊，烏蘇拉很慶幸自己沒有因為那通電報而被英軍解除任務（「我一直擔心他們會找藉口開除我」）。但她也很清楚，如果想要做好這件事，就要改變行動的方式。她要負責監看的這座叢林廣達八百平方英里，日軍有很多路徑可以選擇。這點光是靠在萊宋那加部落裡熟識的幾個朋友是不足以勝任的，她需要的是百人以上的人力，才能幫得上史齡將軍的忙。

這可不容易辦到。過去兩年，史齡花了很多心力在整軍建武，他麾下的軍官們想了許多方法，想整合英軍旗下來自不同種族的部隊。他們辦了演講，也辦了促進整合的活動，還有訓練營，讓召募來的各宗教、族裔的新兵，都受到相同的訓練待遇，像是在泥巴地上匍匐前進，被士官訓斥，同時承受頭上掃過的槍林彈雨。烏蘇拉[3]的游擊隊沒有訓練營，沒有士官，也沒有機關槍可以用，更不能動用憲兵或是軍事法庭整頓軍威。

烏蘇拉所擁有的就只有信任，但是究竟彼此信任到什麼程度，她自己也不清楚。為了這個全新但更危險的行動，她重新召募成員。一群那加人裡最身強力壯的族人，原已答應要加入，卻又突然要求能夠離隊二十四小時，這讓她以為召募行動失敗了。她說：「執行這個任務能活命的機會很小，所以我實在沒有理由要求他們跟我去投入這個自殺任務。我跟他們說：『好吧，你們走吧。』心想他們應該是不會回來了。」她知道，不管怎麼說，回到自己的村莊等著戰爭過去，會是避開日軍攻擊的最好方法。

但沒想到，他們竟然依約回來。這些人很多家裡孩子都還小，所以，要求返家是因為要安排自己的身後事，萬一自己戰死，以便家裡還有人照應。她說：「隊員南姆基亞說：『你以為怎麼了？我們怎麼可能棄你於不顧？』我真沒想到他會這樣說。」因為烏蘇拉確實懷疑過他們的誠意：「我其實是半信半疑。」

我再次強調，她的付出並不是無視於那加人的需要強加上去的，而是讓他們有自由的選擇。用禪宗公案的口吻來說，就是「付出，但也給別人機會付出」，而且所付出的是攸關生死的行動，因此我說這種付出的程度，已經遠遠超過上一章建築工地裡，只是慷慨饋贈和感激回報的付出，而是生死與共，冒著生命危險從事的任務。

這時，英軍方面也派了一支年輕部隊，辛苦的從谷地爬到村落上方，空投她要求的裝備和武器。她說：「我沒想到一袋手榴彈會這麼賞心悅目，簡直是我這輩子收過最棒的禮物了。」物資中不只有手榴彈，還有來福槍和彈藥。

一旦武器到手，烏蘇拉的那加族友人幫她想出日軍最可能會採用的路徑。烏蘇拉於是帶著一支探險部隊，到三條重要路徑匯聚交叉口的山上。這條山路並不好爬：「我們不斷流汗，越爬越高就越熱。」但她並不想要讓自己的人馬看到她先放棄，一路堅持爬到山頂。一抵達目的地，「我們必須在那個禮拜裡，盡可能把事情辦成。那邊有太多人經過了，有逃難的人、

3 注釋：烏蘇拉這時開始將複姓葛蘭姆．鮑爾改成鮑爾，讓電報通訊更有效率。這也是她這時期的轉變之一。

有敵軍的情報員，實在很難判別，但不能不跟他們打交道。」

如果遇到一些攔路打劫或是逃兵，她們盡可能只是拿走他們身上的武器裝備。但有時候，有些劫匪是成群結隊出沒，武器的殺傷力極高，她們別無他法也只能開槍加以射殺。因為即使是被稱為輕機關槍的小型衝鋒槍，其殺傷力也是非同小可的。

「事後我都會找到他們的屍身殘骸，讓他們入土為安。本來我以為這種事我幹不來，但是當好幾個村落被劫，我大開殺戒，殺紅了眼後……我們的名氣不脛而走，大家都知道我們是玩真的，這之後趁火打劫的情形就獲得控制。」

要是烏蘇拉不願意殺人，她的行動不會成功。不過，要是她只懂得濫用權力，要是她試圖藉此掌控那加邦的一切，那群要求暫離二十四小時的義勇軍也不會依約返隊。

史齡深明這種互信互重的關係——這正是他的強項。他常覆述一個故事是：在一九四二年戰況最慘時，撤軍階段他在路上遇到一群軍官，他們不顧屬下沒飯吃、沒地方歇息，卻給自己弄了舒服的露營地。他把這群人痛罵一頓：「你們在沒讓部下好好吃飯、喝水、睡覺、抽菸、甚至坐下前，休想給我做任何一件事，要是給我看到你們做其中一樣，我會讓你們在軍中混不下去。」語畢，他才告訴他們厚待他人會有什麼好處：「要是你們願意這樣善待下屬，他們會跟著你們出生入死、上山下海。」

他的第十四師總部經常會增派聯絡官和烏蘇拉接洽，但是對烏蘇拉的幫助卻不如預期。就算是早在一九四二年戰前就已經駐紮當地的英國士兵，也都覺得那片熱帶叢林充滿了埋伏、瘴氣、危險。她反而幫他們打氣，她說，日軍不擅長叢林戰，因為日本列島沒有叢林。要是日軍在這裡有什麼本領，那也是來這裡之後才學的，就跟她一樣，是跟那加人學來的。比如，要是你忽然發現敵軍出現在你的後方，並不表示你已經被敵軍團團包圍；只要你動作快，從敵側包抄，那就會換成他們陷入你的包圍之中。

至於聯絡官們對叢林最大的恐懼——當地村民依然以獵人頭聞名，掛滿頭顱的陰森樹林也還出現在一些河邊斷崖上，雖然這些都是以前部落的戰利品，但還是讓前來聯絡的英國軍官心生畏懼。她也會安撫他們，這都是過去的事，現在幾乎沒有人在獵人頭了。不過當地人會這樣做，還是有其必要原因。「要是你帶了某人的頭回家，至少可以確定，少了一個人在追殺你。」

但如果她和那加族人在一起，就不用教他們如何生存了。地球上沒有人比這群人更懂得如何在這片叢林生存，不過，她也會鼓勵他們往外擴展，所以他們會派偵查兵先到五十碼外的地方探勘，最後形成一支縱隊，其中「由一名隊長墊後，而這個隊長往往就是我」。那加族男性有些攜帶矛戟，有些人則持手提輕機槍。但因手提輕機槍的彈藥重量對拿慣了廓爾喀彎刀的烏蘇蘭而言太重了，所以她通常拿較小型的輕機關槍。

巡邏工作是很累人的。她形容某一次的巡邏：「路徑會突然筆直向下，要穿越草叢和樹林，再走之字形，一小步一小步的走，轉來轉去。有些則是很長的斜坡，一路向下，轉彎後又忽然直落。」地面的狀況隨著不同的高度而有急劇的改變。「悶熱、潮溼的沉默籠罩我們。虎斑蚊一湧而上。巨竹取代了細竹林。」

她教導當地人編隊的方式果然奏效。有一次巡邏時，一名那加人一轉身，就撞見一大群日本兵在他正前方。他如果往後跑的話，其實是有機會可以逃掉的，但這樣一來等於把這群高度武裝的日軍引往自己人，造成大家措手不及。所以，他盤算了一下，立刻朝第一名見到的敵軍開槍。

其他日本兵見狀立刻回擊，當然當場把他擊斃，這都在他的意料之中，也因為這陣槍響，驚動了在遠處還看不到的後方族人。烏蘇拉堅持在偵查兵和縱隊之間拉開一定距離，給縱隊充裕時間可以遠離日方路徑。而且因為叢林非常茂密，所以這下他們可以隱身在樹林之中。當日軍抵達時，誤以為剛剛射殺的那加人沒有同夥，這樣反而中了烏蘇拉她們的埋伏。

對於一些偵察策略，烏蘇拉現在也才真正了解到，其實有那加人的配合，會遠比她之前自作聰明來得好。這樣可以形成非常好的搭配，有靜有動：有人在前方擔任偵查兵，有人則負責傳遞訊息。這讓她能以最快的速度得到敵方出沒的資訊。

烏蘇拉的個性討人喜歡、又細心體貼。她對那加人慷慨，甚至讓她願意付出自己的一切——這將本書前述幾種方法都用上了。她既懂得放下自我去傾聽，因此能夠學到那加人寶貴的叢林經驗。他們給她的建議，讓她在戰前進行人類學研究時，找到正確的焦點；戰時，則成為她作偵察決策時的重要參考依據。她對那加人雖然非常慷慨，但也不讓別人占她便宜，不管是偷竊她的村中男性，或者是那些攜械的搶匪，對待後者她下手毫不留情，一番廝殺後，往往讓對方死狀淒慘，連要討個全屍下葬都很難。

這全都是因為她獲得認同，讓那加人採取主動、自願的方式。這也是本章提出「付出，但也給別人機會付出」的深意，因為她的付出，激起對方的感激和主動付出：包括有效的巡邏、深入偵察敵情、幫助脫逃的俘虜和脫困的飛行員。在她這麼做之前，她跟其他當地的歐洲人一樣，都像是在唱獨角戲。但是，就像所有真正的情感交流、真正的給予，最終她和當地人產生了對話。

烏蘇拉的遊擊任務奏效，讓日軍祭出一百盧比懸賞她的人頭。她表面上嗤之以鼻，還開玩笑說，因為現在頭還在她身上，所以日軍欠她一百盧比。但她也知道，其他附近的 V 支隊營地已經被日軍找到，有些軍官得以躲過一劫，但有些人則不幸喪生。這表示她不能再待在萊宋地區，因為要進入這座高聳的丘陵只有單一門戶，一旦入口被日軍封住，等於逃脫無門。所以她選了幾名隨從和侍衛，改成睡在用灌木鑿成的隧道裡，當作她們遮風避雨之處，她們還不斷更換居所。

有一次，山區連下一個禮拜豪雨，那真是非常的不好受又折騰人。「我們精神上都快崩潰了……大家脾氣都很差，一直在吵架，跟脾氣差的小朋友一樣。」隨後她染上了瘧疾，臥病在床。她知道，自己在這邊的努力，對聯軍在印度的情報和偵察工作微不足道。

但其實，因為有烏蘇拉的偵察網路，讓英軍清楚掌握了日軍在當地的出沒狀況，英軍非常信賴這些情報，史齡將軍的部隊利用這些情報，得以派遣部隊。當英軍奪回科希馬和因帕爾的控制權後，不到一年的時間，史齡的部隊就得以橫越親敦河回到對岸，逐步逼日軍從緬甸撤軍。烏蘇拉因此獲頒英皇五等勳章（MBE），並將她的叢林求生術傳授給英國皇家空軍和其他軍種。二戰結束後，她重拾戰前的人類學研究工作，同時也投入推廣那加人衛生健康的工作。後來她嫁給同在V支隊中工作的軍人。

在一九四五年、戰爭結束前的最後幾個月，有一小段時間，她成為全世界報章雜誌爭相報導的對象，因此小小出了點名氣，大家都將她的勇敢作為誇張的報導了一番（甚至還有一本畫質不佳的彩色漫畫書《叢林之后》〔*Jungle Queen*〕）。當時有數百萬訂戶的《時代》雜誌，甚至還追到英國威特郡（Wiltshire）去採訪她的母親，只為了請她談一談這位與眾不同的女兒。媽媽心想，女兒烏蘇拉的日子過得並不算順遂，但要說她有遭遇什麼逆境，卻也不盡然。她心血來潮說，要說女兒有什麼特別的地方，那就是「老坐不住」。

烏蘇拉還在倫敦時，曾經因為母親的責罵而讓她傷心難過。但那已經是很久以前的事了。在這個她一手打造起來的新天地中，她選擇原諒一切。她知道母親不是惡意，母親只是蕭規曹隨，老一輩怎麼教她，她就怎麼教自己的女兒。

母親對著數百萬讀者說，搞不懂烏蘇拉這麼做的動機何在，只記得她老坐不住——這件事烏蘇拉在乎嗎？一點也不。母親怎麼想，對她來說已經無所謂了。她只是平靜的回信告訴母親：「不會吧？媽媽，你竟然這麼說。」

在那加丘陵的她，是一個受歡迎、被愛戴的人。在這裡，烏蘇拉．薇奧莉特．葛蘭姆．鮑爾終於能夠做自己了。

這正是行事公平、光明正大能夠為我們帶來的成果。當然，處事細節會因為環境際遇而有所不同，譬如在駕駛艙、在手術房、在建築工地或是在與世隔絕的山間村落，但是待人公正，卻不管在哪裡都有跡可循，有著不分地點的共通性，不必一切都從頭摸索起。依照公正的原則，一步一步走，就能獲得可觀的結果。懂得放下自我去傾聽的人，就能對於周遭的變化掌握更多；懂得給予的人，更能激勵身旁的人回報感激之情，獲得像讓帝國大廈加速完成這樣的成果，也能獲得像烏蘇拉在V支隊中出生入死的戰功。

但要具備這些能力，都不是平白得來的，所以本書才跟大家討論要如何用對方法，同時要在自己的專長領域擁有充足豐富的知識。要正確傾聽，就要能在開放和封閉之間拿捏得當；要正確付出，則要在斤斤計較和任人宰割之間拿捏得體。

或許大家會說，烏蘇拉的故事是在戰時特殊狀況下才管用，在平時適用嗎？畢竟，那加是三不管地帶，沒有政府，沒有軍隊勢力，當地部落要不要和她合作，沒有外人能夠插手。但在現代大都市中，公司企業機構都已有明確的制度和規定，何必要多花時間去做這些事呢？為什麼不能堅持己見去做？

因此，有必要仔細審視本書主張的第三原則——自保。

接下來，我們要到二十世紀的棒球場去逛一圈，看一位以說話尖酸刻薄聞名的人及其經典名言，來找出箇中奧妙。

自保者

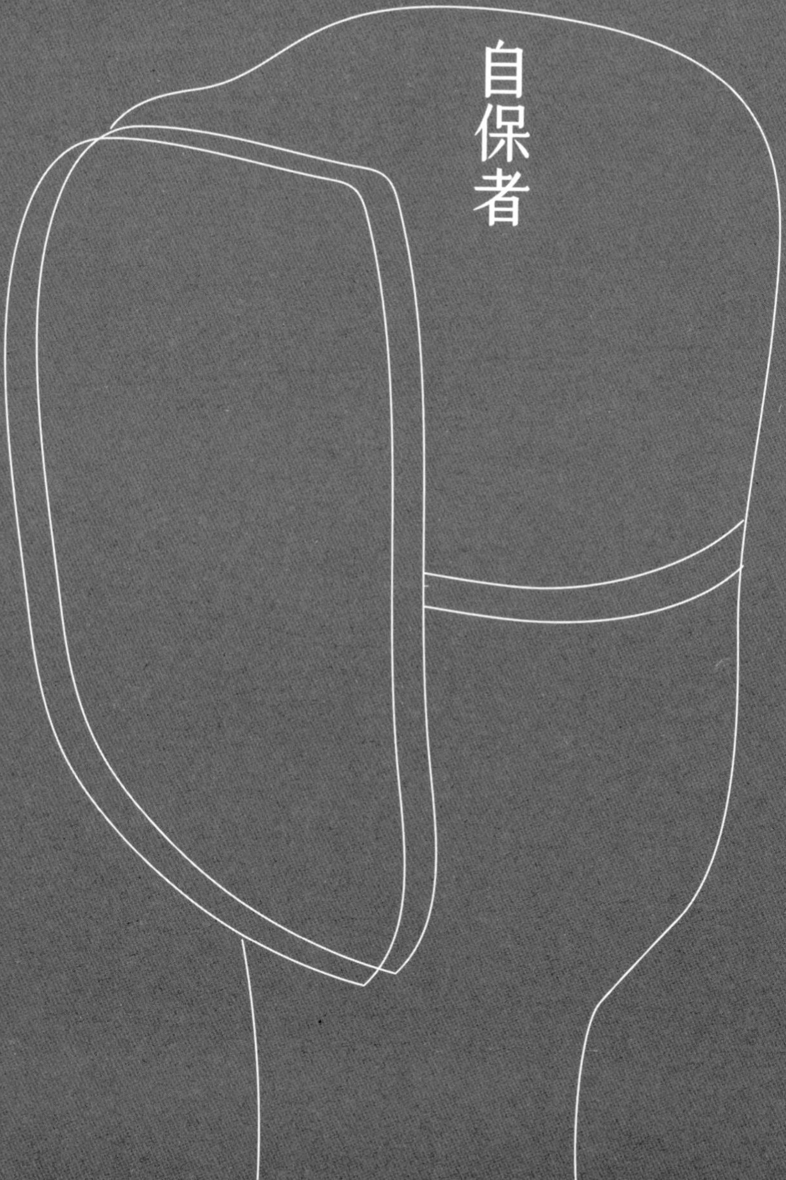

第五章 自保，但不防衛過當

運動教練：里奧・達洛舍與吉爾・賀吉斯

「里奧，你幹嘛啊！你在幹什麼啦？」

過去屬於道奇隊主場的磚造艾貝茲棒球場（Ebbets Field），雖然現在已經不在，但一九四六年七月間，布魯克林道奇隊經理里奧・德羅舍（Leo Durocher），正在這裡與一群新聞記者同座。眼前客隊的紐約巨人隊球員正從休息室走出來，在場上練習打擊。

德羅舍喜歡聊天。他指著巨人隊球員說：「那些都是好人，輸了一場球，一樣回家吃頓好的。」他身邊那位《紐約新聞報》（*Journal-American*）的記者法蘭克・葛蘭姆（Frank Graham）沒有打斷他，讓他繼續說：「那些好人啊，最後都只能吃土。」葛蘭姆擅長濃縮別人的話，聽到德羅舍這麼說，他立刻知道自己找到一句琅琅上口的佳句了。隔天一早，

《紐約新聞報》的頭條就將德羅舍的話簡化，寫成傳頌至今的名言「好人吃土」（Nice Guys FinishLast' is born.）。

這句話很有說服力。其中的涵義就像是：這傢伙謙恭有禮、和善待人、溫柔大方，沒什麼缺點可以挑剔，但感覺就是很無趣，像是爸媽為你相中的理想結婚對象一樣。如果大難臨頭或是剛開始作生意時，你當然不會想要找這種人當隊友，而是去找比較有能力的人。

但各位讀到這裡，應該已經可以分辨，其實為人公正厚道，和成功並不是真的互斥。雖然溫順真的會被人踩在腳底下，但為人公正厚道卻不表示就該逆來順受。反之，若是運用得當，可以力挫多數惡霸。以下這個德羅舍和他頭號勁敵吉爾．賀吉斯（Gil Hodges）的故事就是證據。

德羅舍這種處世態度有他的必要性，或者說他自己覺得有此必要。因為他在職棒界屬於身材較矮但結實纖瘦的體型，就是那種在運動俱樂部裡，很容易被人家欺負的那類人。加上他的姓「德羅舍」有種異國帶著法屬加拿大人的感覺。況且在職棒界，他也不算是天才型的打者。貝比．魯斯（Babe Ruth）有句酸德羅舍的話廣為人知，他說德羅舍不擅投，就連丟個菸蒂，也丟不到地上。

但是他反應很迅速，所以成為很出色的內野手，而且善於假動作。做為棒球員，這種善詐的本性很有利，尤其他在盜壘時還有一招，不管誰擋住他上壘的路，他都能夠硬衝上壘。他常說：「就算是我阿嬤守著二壘，我也照樣把她撞翻。」日後德羅舍自己成為球隊經理，多次出言恐嚇裁判，威脅記者，還慫恿球隊投手藉觸身球以極快速度擊中敵隊的打擊手（當時打擊手還沒有開始使用安全帽，所以有可能致命）。他還偷裝過望遠鏡，好讓他可以窺探敵隊的暗號。

他對記者葛蘭姆說那句話的那一年，事事順遂，他所屬的布魯克林道奇隊在長達六個月的賽季中拿下聯盟冠軍。布魯克林區球迷多半是藍領階級，他們喜歡德羅舍這種作風。他們討厭曼哈頓的有錢人，一副道貌岸然、彬彬有禮的模樣，所以像德羅舍這樣離經叛道的個性很討他們喜歡。

但隔年，德羅舍就因為行為過火而被開除——對自家球員打牌設局可沒有幫助。之後他在大聯盟一支球隊換過一支球隊，事業有起有落，有過輝煌的成績，但也有失意的時候。最後他靠關係，在一九六〇年代中葉成為芝加哥小熊隊的經理。

小熊隊經理這個職位為他的職棒生涯劃下輝煌的句點。小熊隊在聘用他之前的前幾季表現一直不理想，但是其球員組成其實很強，球迷也還算忠誠。該隊的對手包括剛成立的紐約大都會棒球隊——但大家都覺得這支球隊是笑話。自一九六二成軍以來，連輸一二〇場，打破紀錄，而且每年都是敬陪末座，或是倒數第二。

德羅舍對手下球員從不客氣的，動輒大聲斥罵，頤指氣使。這樣一路到一九六九年賽季時，小熊隊在前半季取得領先，之後還持續領先好幾個月，這顯示他的方法應該奏效了。到了該年八月中旬，他們已經遙遙領先。大都會隊則是有輸有贏，落後小熊隊九場，眼看球季到了夏末就要結束，這麼大的差距應該是不可能追上了。

但德羅舍這人的個性愛打落水狗，也因為他這樣，害得小熊隊轉勝為敗。

球隊公關想把他塑造成可愛的守財奴，但私下的他卻不是這樣。他在職棒生涯初期，某天就因為覺得球迷講話羞辱他，找了一名沒值勤的警員把這名球迷趕走，而且他覺得這樣的反擊還不夠。在警員用裝了鉛塊的棒子毆打那位球迷後，德羅舍跟著朝球迷臉部反覆痛毆，把人家下巴打斷還不住手，警員在一旁看不下去，出手阻止他：「你幹嘛啊！里奧？」根據後來他在法庭上的證詞，他曾說：「你在幹什麼啦？讓他走了啦。」

德羅舍這樣的性格也不只展現在職場上。德羅舍留不住朋友，因為他會在牌局騙這些人的錢，老婆和女友他也同樣留不住。（不過，他並非無往不利。其中一任女友在跟他結婚時忘記告訴他，她其實還跟另一個男人有婚約。）他這輩子唯一一件毫無異議的好事，就是他任職於道奇隊時，隊上來了一名黑人球員傑基・羅賓森（Jackie Robinson），但隊友都連署反對他加入球隊。這時，德羅舍站出來為羅賓森仗義直言，對其他球員大吼，要他們去死。不過沒多久，他就原形畢露，一等羅賓森入隊，他不斷出言刺激羅賓森。結果到後來，羅賓森也跟其他人一樣討厭他。

回到前文所提一九六九年夏天芝加哥小熊隊的球賽，原本可為德羅舍的職棒生涯劃下完美句點的。德羅舍一週又一週的逼球員頂著美國中西部酷熱潮溼的夏季天氣不斷練習，不給他們時間休息，結果球員全部與他為敵。他罵三壘手朗・桑多（Ron Santo）是沒種的義大利佬，糖尿病纏身，桑多後來回想：「我受不了，一把從後頸把他捉起來，要不是我控制住，一定會要了他的命。」德羅舍還慫恿球迷在比賽時，朝敵隊投擲電池、鐵釘之類的物品，結果反而激怒對手，讓人更想要打敗小熊隊。

就像前文提過羅倫佐對東方航空員工的苛刻，德羅舍對裁判也是極盡羞辱和謾罵之能事。當時還沒有回放關鍵球判決的技術，所以球隊經理和裁判常常有爭執。體育記者就曾寫下：「先不說德羅舍是否有讓小熊隊團結起來，對裁判的判決提出異議，他已經先讓裁判都站到反對小熊隊的那一邊了。」另一名曾經帶過德羅舍的經理則說他：「有一種火上加油的能力，能讓很糟的情況變得更糟。」就因為這樣，小熊隊從一路領先打到破紀錄連敗。

該賽季最後竟然讓大都會隊拿下冠軍[4]。

德羅舍對此大感不解——跟舉世的獨裁強人一樣，不懂為什麼民主制度會贏過獨裁制度。「好人吃土」這句話自從被葛蘭姆當成文章標題以後，就成為德羅舍的名言，他自己也非常得意。他說：「我覺得，要不是大家心有戚戚焉，這句話也不會流行起來。也就是說，這句話基本上就是真相。」德羅舍多年前就認識大都會球隊的經理吉爾・賀吉斯，賀吉斯以前也在德羅舍帶過的球隊中打過球。他是棒球界眾所周知的好人，但是，他卻不吃土，反而吃香喝辣！

德羅舍在太挑釁與太和善之間，欠缺了中間地帶。人當然應該要保護自己的利益，但是像德羅舍那樣，把別人吃得死死的，卻又太過頭，過猶不及。史塔瑞特做為建築承包商，與加拿大的建築師約翰・鮑瑟兩人就很清楚這點。「自作孽不可活」這句話雖然沒有新意，但芝加哥那年夏天德羅舍的遭遇，確實就是這句話最好的證明。

這個結果並不是告訴我們，待人不好或是兇巴巴的教練，就永遠沒有機會帶出好球隊。文斯・隆巴迪（Vince Lombardi）是美式足球界非常講求效率的好教練，他對球員兇狠粗暴

4 注釋：當時我人在場，這很痛苦。

之程度，讓所有球員都恨之入骨。四分衛巴特·史塔（Bart Starr）聽說他要執掌綠灣（Green Bay，包裝工）隊時：「……我巴不得自己認識虔誠信教的大善人。我跟隆巴迪合作兩週，就知道這個人得有人帶他天天上教堂。」

或許，就如隆巴迪的傳記所寫，他這種性格來自於他利用家庭因素免除了二戰時期的徵兵——但其實他是個身強體健的運動員。在運動場上，他一點也不擔心自身安危，所以連比他壯的人都怕跟他對上。他心裡其實有創傷，而且始終沒有治癒，所以具有強烈的不安全感，也導致他總是很緊張，也常對人大吼大叫，不管是在球場還是在家裡。

不論什麼原因，隆巴迪和德羅舍不同的地方，在於他比德羅舍多做了一步。

在賀吉斯對上德羅舍的那年夏天，讓我們看到為人厚道的領導者，如何把上下關係拿捏得較為對等。這年賽季到了尾聲，形成兩強爭霸的局勢，就這樣兩隊互不相讓了一段時間。在最後幾場時，兩隊各自連續在兩場比賽中登場，但賀吉斯手下的明星球員克里昂·瓊斯（Cleon Jones）已經有點自暴自棄了。

瓊斯在這場比賽中擔任左外野的外野手，離其他隊友很遠，天氣很熱，他累壞了。大都會當晚連打了兩場比賽，這場已經落後了九分，所以當一記快速球飛到他身邊時，他已經沒力氣衝出去接殺了（接住的話，就能夠阻止打者上到二壘以上），所以他作出一副他已經很累的表情，無精打采的走去撿球。他貴為明星球員，反正這場比賽輸定了，何苦為了起不了作用的這一球白費力氣呢？

但賀吉斯知道，為什麼瓊斯不應該認為這是白費力氣：大都會隊的球員對瓊斯非常敬重，所以要是明星球員擺爛，接下來一定會影響士氣。

賀吉斯那個時代的球隊經理作風是，如果球賽進行中要換掉外野手，他會先跟他打暗號，或者請其他教練打暗號。但賀吉斯不這樣做，他也沒對瓊斯大吼。他不罵人也不換人，並不是因為他軟弱。德羅舍把球員看成是小孩子，穿著兒童毛衣的小朋友，玩具是球棒和球，大家在壘間跑來跑去搶分數。賀吉斯不一樣，他是礦工的小孩，是二戰英雄，曾在海軍陸戰隊服役，在沖繩戰役中打過仗，因此獲得青銅星獎章表揚。他知道待人的態度會決定事情發展。

在太平洋打仗時，適當的防衛都要刀刀見血，性命相搏，不用客氣。但在棒球場上，各自卻有不同的目的，這時選擇不同作法才是對的。

所以，賀吉斯請求裁判暫停比賽，然後從場邊的座位上站起來，慢慢的穿過內野，讓場上觀眾全看傻了眼。只有在家中看轉播的太太知道先生打算幹嘛。她事後說自己當時想的是：「老天啊，他該不會打算要……」

賀吉斯走過投手丘，然後慢慢的穿過二、三壘間的遊擊手位置，再悠悠哉哉的，就像剛才瓊斯撿球的樣子一樣，無精打采的，走到瓊斯身邊。這天稍早下過雨，所以外野的草地都溼溼的。瓊斯對那一幕印象深刻：「我看著地上，他也看著地上，兩個人腳下的水，都淹到了腳踝高。」

賀吉斯沒有動怒。兩個人好像要來聊聊天，但是球賽還在進行中啊，不能讓大家久等，所以他轉過身，朝瓊斯招招手，要他過來。兩個人就在全場觀眾、兩隊球員及裁判的注目下，啪噠啪噠的一同走過球場，回到休息區。賀吉斯大氣都沒吭一下。

一回休息區，賀吉斯就讓一名教練派另一名層級很低的候補球員上場，藉此表明立場。他說：「要是你受傷不能跑，那要讓我知道。」不然的話，就要盡全力打球。瓊斯是當時聯盟中打擊率最高的球員，但是賀吉斯此舉卻讓大家知道——用當時一名球員的話講：「你上場的每一刻都要使出渾身解數，不然你就別上場。」

堅持自身立場與維持秩序當然很重要，但是賀吉斯式的藝術在於還加入了厚道。另一名球員回顧，當瓊斯被這樣從外野召回時：「克里昂（瓊斯）並沒有因此心生怨懟。」相反的，一回到休息區，「克里昂馬上就來跟我說，他想回場上打球。」因為，克里昂．瓊斯被打醒了，他知道自己不應該，所以他沒有懷恨在心。

隔天，賀吉斯對瓊斯也不記恨，照樣讓他上場打球。瓊斯像變了一個人似的，整個球隊也一樣。這樣的上下互動關係，就如我們前幾章反覆讀到的，賀吉斯用較厚道的方式來達成目標，非常堅定的將球隊帶向冠軍之路，同時也維護瓊斯的尊嚴。不久，大都會隊就超越了杜羅舍的小熊隊，拿下分區冠軍，一路打向大聯盟世界大賽。

在世界大賽時，大都會遭遇了被看好的巴爾的摩隊。第五場時，換瓊斯打擊，巴爾的摩隊投手投了顆近身球，瓊斯則說是觸身球，即使裁判認為只是近身球，賀吉斯完全沒有多想就站在自己球員這邊——絕不讓步，直到裁判改判。這球讓瓊斯得以上壘，之後一記全壘打，讓大都會隊連得兩分，最後逆轉勝，不久他們就拿下世界盃冠軍，關鍵球員正是整個人態度一八〇度轉變、不再無精打采的瓊斯。他靠著優異的飛身接殺，解決了對手的最後一棒。

賀吉斯這樣含蓄的表達方式，以禪宗公案式的說法就是「自保，但不防衛過當」。就跟本書所舉的其他原則一樣，這也可以運用在很多領域。只是，當運用對象的規模越大時，難度就越高。之前我們提過二〇一〇年代暢銷影集《權力遊戲》的執行製作班奈黛特・考菲爾德。光是帶領棒球隊的九名球員，不讓他們生你的氣，也不要激怒裁判，這已經夠難的了。考菲爾德可是帶領更大型的團隊，讓他們合作完成拍片工作，團隊裡包含數百名的臨演（還有地窖、城堡、不死族大軍）；同時要在數大洲進行拍攝工作，要監督好幾個拍攝小組；還要帶領木工、服裝、噴射火燄操作人員、很敏感細膩的演員、動不動就崩潰的演員、表演教練、腳本聯絡員、分鏡腳本專家等。

重點還有特效小組。特效小組本身就分成兩種，而且互相有競爭性。

在片場會用到大型的特效（特殊攝影，SFX），這組人馬負責的是傳統的拍攝工作：像是爆破、炸開久攻不下的城門、降雪和落雨——這些都是體力活，往往較不被重視。比如說，他們可能花了好幾天搭一場戲的景，牽爆破城牆的火藥線，以製造戲中攻破圍城的效果，但只要導演臨時改變主意，說要用另一種牆，他們的努力就前功盡棄，這都是因為導演以為他們在從事沒什麼難度的爆破工作，隨便誰來搭都可以。

和他們工作性質正好相反的，則是視覺特效技師，他們負責的是戲中亦不可或缺的複雜電腦生成影像（CGI）。這類工作通常是在拍攝後才開始進行，由數百、甚至數千名電腦工程師在遠離片廠的工作室裡，埋首於電腦前繪製。但在《權力遊戲》的拍片現場，一直都會有數名視覺特效（VFX）監督搭配相關工作人員到場，目的是要取得現場的數據和影像，好指導拍攝畫面可以正確，以便後續在加入電腦特效時可以成功。

視覺特效小組知道自己的電腦技術沒有比別人懂，他們也知道別人常覺得他們很宅，沒什麼社交生活技能，只有在片廠出問題需要人維修時才有用處。一般人對視覺特效小組的刻板印象是：上班都穿休閒褲，喝濃縮咖啡；下班則都穿牛仔褲，喝啤酒。

考菲爾德知道，拍片過程這樣的人員配置很容易發生衝突，因為兩邊的工作人員都彼此有防衛心態。

比如說，為了要拍出具真實感的中劍效果，在還沒有電腦特效的時候，就只能土法煉鋼，仰賴特殊攝影小組去想辦法，他們可能弄來一小袋血，藏在衣服下方，再靠鋼絲、或是無線電訊號、或是壓縮氣壓機，來即時製造出血液湧出傷口的效果。

但這樣一來，這位死掉的演員得死個好幾次，每次都還要作足表情，以便鏡頭拍到對的效果，這會耽誤拍戲進度，也會增加製作經費——大型劇組的等待通常超級燒錢。況且每多拍一次，就要換一次戲服，血袋、道具等都要重新裝過。再者，特殊攝影所製造的流血效果也不是每次都能到位，能按照要求的角度湧出來，有時光線較暗，湧出來的血在鏡頭下也不夠鮮明搶戲。這時視覺特效團隊就會跳出來說，他們可以讓拍攝進度加快，因為他們不用那種土法煉鋼的方式，而是在後製時用電腦來完成效果。

考菲爾德一遇到這種情況，她的處理方式也跟賀吉斯如出一轍。新進員工會發現，她其實在該堅持立場時，也是立場很堅定的人，不能順利交差的話她照樣開除。但是，因為她很有自信，所以她不會做過頭。同時，她還有豐富的經驗，能夠判斷自己是不是被別人牽著鼻子走。她說：「我知道鋼纜有多重，我知道片場員工有多辛苦，我老公就是負責推攝影機軌道車的。」

所以當兩個特效團隊僵持不下時，她讓兩邊都坐下來好好談。有時她會說，請大家聽聽看她的建議：乾脆兩邊用力大吼對方好了。等他們相信，大吵一架其實無助於事後，她才說出自己的想法和解決之道。這時就能夠請雙方各退一步。譬如第一次先由特殊攝影組用道具製造出真的血液湧出的效果，視覺特效則負責之後同場戲要重拍時的後製。這樣演員和導演就能既有現場真實的效果，也能有電腦特效的選擇，但卻不至於耽誤到拍戲的進度。

有時候就算雙方無法達成共識，她也會讓彼此了解，不斷攻擊對方無濟於事，只是更激怒對方而已。

考菲爾德在整部劇集的拍攝過程中，都鼓勵這種溫和的態度。她先後贏得多座艾美獎，所有和她合作過的人都對她讚不絕口。《權力遊戲》的劇作家就說她是「這部劇集中最美好的事物」。

考菲爾德和賀吉斯的作法，也可以加碼放在更大規模的行動中，像是主持全球最大型的企業。但如果要這麼做，還得配合其他技巧使用才行。

第六章 自保，但不自我封閉

科技業執行長：薩迪亞・納德拉與史提夫・鮑爾莫

「去他的艾瑞克・許密特那娘們！」

要是里奧・德羅舍再高壯一點，那他就會是史提夫・鮑爾莫（Steve Ballmer）的原型了。後者是比爾・蓋茲（Bill Gates）退休後、接任微軟執行長工作的人。這兩人在捍衛自己的企業時，可以說是有志一同。

有些大個子知道自己體型大，所以往往會特別小心，不想給人壓力。像是曾經在美式足球大聯盟打過後衛、後來成為演員的泰瑞・克魯斯（Terry Crews），他脾氣就特別好。還有像座山一樣高大的巨石強森（Dwayne Johnson），大家也都知道他脾氣超溫和的。但是，鮑爾莫卻不是，他身型像個巨人，足足有六英尺五英寸高（一九六公分），肩膀超寬，他年輕時就發現，裝腔作勢可以嚇唬人：吼員工、湊到別人眼前說話、臉紅脖子粗——這樣做可以讓員工聽話，他因而樂此不疲。

在比爾·蓋茲的薰陶下，他師承同一套的企業經營風格。從那個時期微軟高層寫給員工的備忘錄，我們可以知道，他們對待同業的競爭心態，有如伊斯蘭教聖戰組織一樣狂熱——殺個你死我活，毫不留情。他們不只是要贏過對手，而是要完全殲滅對手。當網景（Netscape）新推出的瀏覽器威脅到微軟的地位時，微軟的執行長就下令，要讓網景「斷了後援」。微軟因此推出免費瀏覽器，徹底摧毀網景。當被提起訴訟後，微軟還竄改影片以誤導對手。

這些作為，看在亞當·斯密（Adam Smith）這位偉大的資本論思想家眼中，肯定不覺得意外。當年他就說了，商人會發動陰謀來對付商場上的對手，對消費者也同樣不手軟。要求這些商人遵守社會規範，讓他們不容易搞鬼，促進公平競爭，則是政府的職責所在。

因為微軟公司在創立初期，得以在桌上電腦軟體市場中輕易取得獨占地位，這讓它大幅獲利。公元兩千年時，當鮑爾莫升任執行長，該公司已經在市場上居主導地位，像是台無堅不摧的坦克車一樣。當時的大學生無不夢想著能夠在微軟謀得一份職位。

但是科技業的變化迅速，很快的，像Google，還有風光一時的諾基亞（Nokia），這時開始威脅到微軟的一哥地位。按理，繼任微軟領導人的鮑爾莫這時應該好好想想，過去微軟成功的策略為何，再繼以思考未來走向。但他的行事風格不是這樣，他覺得，兵來將擋水來土淹，要是有對手威脅到微軟的地位，那他該做的不是防堵對手，而是殲滅對手。

例如：微軟的軟體工程師馬克．魯科夫斯基（Mark Lucovsky）在離職前，禮貌上曾知會鮑爾莫，說他要去 Google 任職，當時 Google 執行長是艾瑞克．許密特（Eric Schmidt）。

鮑爾莫心裡那個兇惡的德羅舍就冒出來了。

他先是用不堪的言語表達不滿，大吼：「去他的艾瑞克．許密特那娘們！」接著根據魯科夫斯基呈給法庭的文件記載，鮑爾莫做了一件嚇壞魯科夫斯基的事：他開始找武器要攻擊魯科夫斯基。他在辦公室拿來一張椅子，抬起椅子後大吼一聲，把它扔向魯科夫斯基，所幸被閃過。

這還沒完，他接著還說：「我要殺了這傢伙！」椅子丟到桌子彈了回來。在魯科夫斯基遞交法庭的訴狀中，沒有說鮑爾莫後續又朝他丟了哪些東西，但是他記得鮑爾莫接著又說：「我以前幹過這種事，我還要再幹一遍！我一定要殺了 Google！」魯科夫斯基則趁亂逃出辦公室。

所有威脅到微軟的外部勢力都要全數殲滅。Linux 作業系統就被微軟當成頭號敵人，因為鮑爾莫視其免費（相較微軟而言）模式威脅到微軟的 Windows 和 Office 系統。鮑爾莫因此對 Linux 的用戶放話，Linux 像癌症，跟共產主義一樣差勁。

賈伯斯（Steve Jobs）在二〇〇七年發表第一台智慧型手機時，看在微軟眼中，當然也不能手軟，他不只出言批評，還打算暗中讓它消失。當一些企業界用戶想買 iPhone，去詢問鮑爾莫意見時，他語帶嘲諷的說：「這手機沒有鍵盤，要發電子郵件很麻煩。」而且買的人是傻子，因為它「是市場上價格最高的手機」。為了進一步打擊蘋果公司，他千方百計阻止微軟軟體開發商和蘋果手機的新作業系統合作。鮑爾莫過去的經驗告訴他，這招很有用，可以斷了蘋果的財源。

一些非微軟的外界軟體開發商，只要有和敵方陣營合作的，也會遭到詆毀。如果微軟非得和他們合資時，微軟不會招待他們，也不會帶他們到進入企業核心部門。

微軟的歷任執行長中，只要有人提出的新企業模式可能危及 Windows 作業系統的收益，會被群起圍攻。這些人不知好歹，看不出微軟就是靠著將晶片、作業系統和軟體綁在一起販售的祕訣，才能夠獲利至今。想拆售，等同於攻擊微軟公司，大卸八塊都不足惜。

現在仍可以看到鮑爾莫的影片在網路上流傳，當中可以看到他汗流浹背，在員工前面亂跳，粗野的咆哮著他的理想和厭惡。這還只是他在眾人看得到時的表現。據魯科夫斯基出庭作證時指出，鮑爾莫私下對人更加沒有節制，總是怒氣沖沖，辦公室天天像在颳颱風。也因為這樣，微軟開始落後於其他對手。

推崇這種作風的人，往往在十六世紀政治思想家尼可洛·馬基維利（Niccolò Machiavelli），以及他的著作《論君權》（*On Principalities*，亦譯為《君王論》〔*The Prince*〕）中尋找支持的論點。

馬基維利在書中寫道，人善被人欺，因為「努力為善的人到頭來只是自我毀滅」。他還說誠實是傻子：「謊言說得好，是做為統治者最佳的武器。」他書中最讓人印象深刻的一段話，就是為何要為了當個好人劃地自限：「畢竟，愛和恐懼很難並存。若要擇一，選擇讓人怕你比被人愛戴更保險。」

但這些建議，就連對馬基維利自己都不管用。

馬基維利之所以落魄到要獨自一人關在農舍裡寫書，就是因為他的事業不順。他是當時佛羅倫斯共和國的高階官員，他自以為了不起，在敵軍入侵時，組織該城的民眾為民兵組織，抵禦外侮，但最終還是被敵人攻破。他因此淪為下一任領導人的階下囚，飽受凌虐（牢房裡的虱子跟蝴蝶一樣大），最後被驅逐到農場去。

他寫完《君王論》手稿後，生活也沒有獲得改善。儘管入城的梅迪奇家族（Medici）折磨他，但他還是想在該家族門下謀個一官半職，所以打算將自己剛完成的書獻給朱里亞諾・德・梅迪奇（Giuliano de Medici）。但書還沒寫成，朱里亞諾就歸天了，所以馬基維利只好將書轉獻給朱里亞諾不成材的流氓姪子羅倫佐（Lorenzo），此舉卻沒給他帶來好處。據說，馬基維利想將此書手稿呈給羅倫佐時，羅倫佐誤以為他是外地來的訪客，要帶獵犬獻給他。梅迪奇家族世世代代都奉行厚黑學，沒必要讓馬基維利這麼一個敗軍之將寫書來教他們怎麼厚黑。

好幾代的義大利領導者和人民都是這樣憤世嫉俗，統治者的權力也未受到限制，更沒有一個機制讓領導者知道自己正走在錯誤的道路上。結果因此（再加上其他因素）讓義大利陷入數百年的紛擾、潦倒和失落。在一個充滿不信任的地方，是不可能團結合作的。偶爾出現幾個試圖力挽狂瀾的人，也始終寡不敵眾。

就鮑爾莫的邏輯，他不過只是把過去對他管用的方法，拿來當做執行長而已，像是：用身材優勢來威嚇人，不擇手段讓剛竄起的微軟成長茁壯。但這些作為，即使在草創初期，其實也不見得有必要。當他的任期屆滿，十多年來所累積的敵人的憤怒，隨著他的成就，一起被書籍報章四處傳誦了。

媒體對他的評價如出一轍，《富比士》（*Forbes*）雜誌批評鮑爾莫是「美國大型上市上櫃公司中最差的執行長」。他防衛手段的兇惡激烈和劃地自限，讓微軟錯過了智慧型手機、社群媒體、關鍵雲端技術、以及他在位期間所有大型科技的發展。雖然，微軟的繼位者在變化莫測的科技業，也常顯得左支右絀，但上述這些真的是鮑爾莫該負的最大責任。

鮑爾莫的問題不只是他不願接納新想法。他本人非常聰明，和比爾蓋茲在哈佛大學當同學時，他在數學方面有出色的表現，而且他閱讀的領域非常廣泛。他心情平靜時，對於自己發脾氣時的表現也會感到很不好意思，不過他會辯說那只是一種感覺的強烈宣洩。但是，不管他事後有多後悔，傷害都已經造成了。

所以，當他宣布辭去執行長職務的那一天，微軟的股價狂飆七成五。

繼任者薩迪亞．納德拉（Satya Nadella）則是在每一個重要層面都和鮑爾莫完全相反。他在二〇一四年接手微軟後，他讓大家看到，即使是在他這個職位上帶領這麼大型的公司，還是有可能採取跟吉爾．賀吉斯或班奈黛特．考菲爾德一樣的作風，在抵抗外敵之餘，除了兼顧像是防止價值體系敗壞、建立複雜結構、公司獲利等核心任務，還能不對他人使用恫嚇、謾罵、霸凌等。

大家可能會說，因為納德拉人比較好，所以當然會這樣。這話說來可輕鬆了，哪有人天生個性就比較好或比較不好？當我們知道，是什麼原因讓薩迪亞願意當另一種人，讓他願意盡可能敞開心房，接納外界世界的變化，這將對我們有很大的啟發。

納德拉成長於印度，他是家中獨子，父親則是高階政府官員，常常要出差。青少年時，他立志想考進印度中產家庭的夢幻名校——印度理工學院（Indian Institutes of Technology），但在入學考就被刷掉。他父親是考試機器，搞不懂怎麼會生出一個這麼沒用的兒子。納德拉二十一歲時，選擇前往美國念研究所，但他的目標不像很多印度學生，不是選麻省理工學院就是加州理工學院，而是位於密爾瓦基市的威斯康辛大學電機系（University of Wisconsin, Milwaukee）。

在那個年代，威大電機系的確很強，他們的在校訓練也很紮實，所以納德拉日後才能進入微軟。到了微軟後，他從基層做起（所以他對非名校畢業的學生特別照顧），公司當時對印度人有點歧視，他說：「印度人只能爬到某個職位，之後就上不去了。」也因為他的印度口音，公司裡很多高階主管都看不起他。但因為印度本來就是充滿各種歧視的國家——種族、種姓、宗教——所以他早就習以為常。他當微軟執行長的個人特質並不突出，但表現也不算差，大家認為他在策略方面很有概念，但是就跟微軟喜歡用的人一樣：懂實務卻不擅長人際關係，凡事小心謹慎的科技人。

進公司不久，他就娶了建築系學生安奴（Anu）為妻，兩人是在印度認識的。微軟的同事覺得納德拉講電話時會一手玩曲棍球很有趣，他在印度時就已經迷上曲棍球，但除此之外，印度已經離他很遙遠了。

薩迪亞二十九歲時，小他五歲的安奴懷了兩人的第一個孩子，但是，就在預產期的前幾週，忽然胎兒沒了心跳，緊急送醫進行剖腹產。孩子詹恩（Zain）出生後，產房裡所有人都發現這孩子不對勁。「他完全不會哭。」

所以，大家又請救護車緊急送詹恩到另一間醫院。他那時只有三磅重，救護車穿過華盛頓湖，抵達西雅圖兒童醫院。後來診斷結果逐漸明朗：孩子因為在子宮中缺氧，導致身體和認知上的能力都嚴重受限。

前一天，薩迪亞才剛把家中的育嬰室裝設好，心裡還在盤算，不知道產後多久可以讓安奴回建築業上班。「這麼一來我所有的計畫都灰飛煙滅了。」詹恩這一生都要靠別人照顧。「看到事情變成這樣，我替自己和安奴覺得很難過。」在此之前，兩人過得無憂無慮，現在全變了樣。他也經歷前述范．甘奈特所說的「通過儀式」。不過，蛻變完成後的他，會是什麼樣子呢？

當孩子確診為嚴重腦性痲痺後，他勇敢面對，陪孩子經歷一次又一次的開刀。儘管他不明白，為什麼這樣的事情要降臨在他身上？這個問題擊倒了他。「我記得很清楚當時的自己……我不會說當時的我狹隘或自私或怎麼樣，但就是少了點什麼。」

現代人往往覺得人可以不受環境影響，自己想要變成什麼樣的人，只要勇敢堅持，都可以變成那樣。但人生並不是這麼一回事。

薩迪亞當時滿腦子只想到自己，這樣的他，當然也無法替他任職的微軟公司著想，他也沒有多餘的慷慨可以給別人了。是他的太太安奴，讓他慢慢有了轉變。

他們定居美國的過程很曲折。薩迪亞和安奴在印度結婚時，他已經先拿到了綠卡——這張讓外國人定居美國的證件可不是隨便就拿得到。但是，綠卡持有人不能帶外籍妻子入境。後來薩迪亞常講這個故事，為此，他特別從西雅圖飛回印度德里，一下機立刻去當地的美國大使館，走過長長排隊領護照的人龍，對裡頭的官員說，他要放棄綠卡。

官員們聽了全傻住，因為沒人會放棄綠卡的，但薩迪亞・納德拉堅持要放棄。他說他要改簽Ｈ１Ｂ的工作簽證，這樣他就可以帶著太太安奴到西雅圖去，雖然這不能永久在美國定居，但要是他們兩人之後不能一起拿到綠卡，那他就要搬回印度定居。這舉動看似很大方無私，其實全是為了他自己。他看似在幫安奴，其實自己才是整件事的主角——他在扮演一個浪漫愛情片的主角，建構自己想要的生活方式。（不過兩人後來很快的都拿到綠卡。）

等孩子兩歲時，納德拉開始理解之前的苦難還只是開端。為了照顧詹恩，安奴辭掉工作。因為詹恩要不斷接受手術，她得往返於醫院和住處，還要陪孩子在醫院接受後續治療。這段時間對他們夫妻倆都很煎熬。安奴事後回想，自己當時心裡總在想：「是我做錯什麼才會變成這樣嗎？」

有次，詹恩在雜貨店發作，她看到旁人臉上的不屑，令她怎麼看自己也覺得很不順眼。但她很努力的讓自己轉念：「我強迫自己要往正面看，願意幫我拎嬰兒推車的人，我感謝他；對我翻白眼的櫃台人員，就不要理他。」藉由讓自己感謝別人的善意，她重獲自由。沒想到是因為詹恩，讓她的生活獲得意想不到的豐富度。

薩迪亞也因為類似的遭遇，讓他逐漸產生轉變。他看著安奴，慢慢的，他也在轉變，最後「不必她來對我耳提面命，我自己開始學著改變。我沒有遭遇問題——是我兒子遇到了問題。我應該開始站在他的角度去感受世界。」他一度非常生氣孩子的狀況終生無法改善，但是，現在他卻發現，雖然詹恩四肢癱瘓、雙眼幾乎失明，但是他喜歡音樂，也喜歡和人互動。

為什麼不能把他當成一般人？

所以，薩迪亞不再自責，也不再怨天尤人。「安奴教會我要原諒自己。」在這個過程中，他深入認識佛教，知道身為一個人，能控制的就只有那麼多，「只有這樣你才能開始成長……對你周圍的一切都表示同理和同情。」如果要以本書的禪宗公案式來總結，那就是「自保，但不自我封閉」。

這樣做讓人變得更有人性，也正是蛻變後的納德拉重新帶回微軟的改變。他不必因為害怕劇變而對外界封閉自我，他反而去理解這個世界，與它產生連結。吉爾．賀吉斯之所以成功帶領大都會隊，是因為他能夠在自保之餘，不會得理不饒人。納德拉領導的是一家大型企業，所以要做的比他更多，他的自保之道是敞開大門，謹慎接受外界所帶給他的事物，過濾掉危險。

即便納德拉還沒升上執行長，他還在微軟伺服器部門時，個人作風就跟微軟高層那種只要看到敵人就得殺得對方不剩一兵一卒的作風完全不同，他的同事開始發現到他有點與眾不同，讓他在原本就和其他人格格不入的作風中嶄露出自信。不傲慢，而是抱持一種態度：如果對手走上一條和我們不同的路，該怎麼辦呢？當然，如果將來有一天，對手可能會傷害你時，你也要有自保的能力。但是如果你總是認為路只能有一條，不允許別人走另一條，你可能永遠也不知道另一條路上會出現什麼，而你又錯過什麼。再加上他原本就具有優秀的戰略意識，兩者相乘就具有強大的威力。

所以公司逐漸讓他擔負越來越多的責任。他的謹慎自持和細膩作風，也讓他能夠每次接到任務，都一再達成公司的收益目標，最後，二〇一四年鮑爾莫辭職後，他被指派為微軟執行長。上任後，他了解到自己的第一個任務，就是改變公司內部敵我的態度。鮑爾莫在底特律長大，他父親是福特汽車的執行長，對那個行業而言，競爭者的存在就是會傷害你——通用汽車的市場占有率爬升的話，那福特汽車的占有率自然就會下降。鮑爾莫自然會將這種心態帶進微軟。納德拉能夠體會這種心態——在兒子詹恩出生後，他心裡也出現一種「人我不能兩全」的心態：孩子不健全，當父母的就被拖累。但太太安奴卻不這麼想，她讓納德拉看到，這樣的眼光是多麼的狹隘短淺。同理心和尊重可以是積極有效的工具。「身為電腦科學家的一面，我欣賞人生中這套非常簡潔的指令組合。」

他想在微軟散播這樣的態度。

納德拉並不是聖人。就像世俗哲學家米克．赫朗（Mick Herron）所言：「權力帶來責任、以及拔掉眼中釘的機會。」所以一上任，他就新官上任三把火，一口氣拔除了好幾個他信不過的高階執行長。但這些畢竟是少數人，不久他就成功將企業文化導向謹慎的開放態度。

鮑爾莫任內稱 Linux 作業系統是「癌症」，跟「共產主義」一樣惡劣。納德拉為了標榜他不同的作風，他在上任不久後一場發表會上，面帶微笑，頭上則打出「微軟❤Linux」的投影片——這一刻，讓一位分析家以「太陽打西邊出來」來形容。微軟從此開啟和開放資源並肩合作的時代。

鮑爾莫在任內對蘋果電腦深惡痛絕，對 iPhone 更是不假辭色。微軟公司內部盛傳的一則軼事是，一次某位新進員工不經意的帶了 iPhone 參加公開活動，被鮑爾莫看到，鮑爾莫就搶走該員工的手機，作勢要將之踩爛。在他開玩笑之餘，只見這名員工一臉尷尬，自尊心受到踐踏。但納德拉不同，為了展現自己不同的作風，他一上任不久，就在發表會帶 iPhone 上場，一邊講解日後微軟也將參與蘋果生態系統。他也開始和 Google（讓 Office 產品可以在安卓系統上運作）、臉書以及其他企業合作。納德拉指出：「企業結盟太常被誤解為是零合遊戲，一方有得，另一方就有所失。」

要讓這種新態度在微軟紮根，他還需要在微軟內部推動另一層改革。如果員工常被公司當作對付外界的工具，那就無法真的對外界變化採取開放的態度。過去在鮑爾莫任內，微軟盛行的員工升遷機制被稱為「強制配額分級評等」（stack ranking），也就是讓同組員工互相評比，例如十名工程師和行銷人員合作一個專案，能被評為出色的只有兩人、普通的名額則有七人、不適任則有一人。

這種作法不能說不好，因為一個專案合作中，大家都看得出明星級人物是誰，但是微軟的作法卻非常的死板，結果造成員工為了升遷評比爭得你死我活。因為，萬一當中有人靠著阿諛奉承獲得出色的評等，那同組其他人就只能拿到普通，甚至掉入不適任的地獄裡，這樣一來，恐怕普通人就難以安然脫身了吧。因為這類專案往往耗時數月或數年才有成果，可是評比卻是即時性的，公司往往無法等到產品問世後從產品優劣來判斷表現，只能靠公司內部組員對你的一時主觀看法來評比。這助長了員工爭功諉過的惡習，把所有好點子都占為己有。

鮑爾莫任內有一則廣為人知的漫畫，就明確點出這種負面影響：亞馬遜網站講究效率到死板的地步，其內部階級嚴明有序；微軟則是內部殺得頭破血流，人人拿著手槍指著對方。

強制配額分級評等，很成功的地方在於由上到下打造出很多小鮑爾莫的分身——員工間動輒針鋒相對，毫不退讓，全都著眼於微軟內部。然而，也多虧了鮑爾莫，他一旦發現這個制度的缺失後，他開始瓦解這個制度。納德拉上任後順勢推了一把，讓這個制度徹底消失。雖然微軟之後還是有考核制度，但作法就更全面了。

這讓微軟的員工願意慢慢敞開胸懷，試著信任彼此，接受人和人之間看法各異很正常，繞過那道高牆，看到外面的世界。《權力遊戲》系列是靠著班奈黛特．考菲爾德的努力，讓兩個意見分歧的特效團隊，得以建立互信的態度。在《權力遊戲》的片場，光是這樣的態度，就足以讓兩個特效團隊願意對彼此敞開胸襟；在微軟，這樣的態度更足以讓整間公司放眼於整個世界。

當然，對於日理萬機、萬人之上的執行長而言，是沒有必要過度歌功頌德的。微軟所面對的世界，是複雜且持續變化的環境。為此，納德拉當然也不得不付出一些代價，像是使用者介面、使用者隱私，其執行成果因此讓他任內的微軟部分產品不盡如人意——這裡面其實有一個適用性更廣泛的但書，那就是：靠個人的優點，所能影響的層面有限。

就拿臉書創辦人馬克．祖克柏（Mark Zuckerberg）為例好了，他樂善好施，以作風慷慨聞名，而且深以自己對員工體貼為榮。但是，他所創辦的臉書，卻淪為政治偏激的主力戰場。對於人類而言，這顯然不能說得上是件好事。同樣的，一家菸草公司的執行長，他對手下的祕書再好，或是他個人登上大位過程如何正派，都無助於改變該公司危害人類健康的負評。

所以，儘管納德拉的功過還未到蓋棺論定的時刻，他擔任執行長頭幾年的努力，卻已經可見成效。在鮑爾莫時代的微軟，對於微軟之外其他相關產業發展是不屑一顧的，他們一心只往內看。但在納德拉手上，他開始策略結盟，引進外界合作關係，讓微軟得以茁壯，而不是走向凋零。正因如此，微軟才得以重獲活力，迎接移動服務和雲端運算的到來。更因為訂閱式服務，讓微軟的銷售部門終於鬆口氣，這讓該公司得以將買家感受擺在服務的核心。

相對於鮑爾莫被《富比士》雜誌評為「最差執行長」，納德拉繼任還未滿六年，就已經在二〇一九年底被選為《金融時報》年度人物（FT Person of the Year）。他為微軟帶來的獲利硬是把鮑爾莫比了下去。二〇二〇年初，在納德拉的帶領下，微軟的股東回報（shareholder return）超過一兆美元，其市值也得以超越三星和臉書的總合。

可是，每當納德拉聽到有人對他的讚美時，他卻總是非常謙虛的說，他只是有幸參與其中，主要是靠全體員工的努力。但是，這份讓微軟得以重獲動力的態度從何而來──納德拉這點應該比任何人都更清楚。納德拉的兒子詹恩現在已經二十多歲，依然只能仰賴輪椅，也不能和父親用言語交談，納德拉說：「他和我唯一可以溝通的方式，就是當我靠近他時，他會笑。這樣就夠了。讓我每天都開心，也讓我這輩子都值得了。」

講到這裡，本書內容已經將近一半。我們看到只要用對方法，就可以靠著公平、正派、厚道的力量克服困難──不管是在片廠、建築工地、叢林游擊戰，或是為大公司開疆闢土。

這些典範行得正、坐得直，可說是達成了本書所提出的三原則──也就是先前提及的行為三原則。這三個原則是大自然中與生俱來的分類：所有生物都必須要與環境互動、採取行動，並且抵禦其他人的行動。無私的傾聽就不會盲目冒失，能夠放低身段來作好事前準備，能夠避免專注在錯的事情上，讓你更有成效。再加上慷慨付出，則能吸引創意和感激。最後加上正確分辨敵我的防禦力，能讓敵人也成為朋友。

要知道這三原則有何神效，只要換個角度就可以明白。一個願意傾聽、激發你的潛能、且始終維護你權益的人，有誰不想和他一起工作呢？

雖然，要怎麼做到這三點，很難形式化的去描述，但是有一些基本要點可以參考。尤其是要如何拿捏尺度：既不過於自私，又不過於失去自我；可以慷慨，但也要顧慮到控管；自保時，擁有強大的火力，但備而不用也不是件壞事。

上面幾章的每個故事，都有總結成禪宗公案式的句子，可以當作備忘錄：

- 聽而無我
- 聽而不固
- 付出，但也給別人機會付出
- 給予，但有限度
- 自保，但不防衛過當
- 自保，但不自我封閉

單憑其中一項，並不足以達到成效。想要成功，不管是在企業或是在人生，都不能只信奉單一法則，因為這過程中有數千個小決定要抉擇。上述的結論，是提供讀者一路上作決定時，能當作很好的參考準則。

丹尼．鮑伊在奧運開幕式上，就因為成功達成這些準則，創造了「完美的開幕式」。他在傾聽時冷靜而有自信，他對工作人員有所付出，又適時站出來捍衛大批志工的權利。上面各章所舉的正面案例，他們的一生也都印證了這點。

很多人也立志想成為這樣的人，但卻功敗垂成。如果想知道，這麼做還需要什麼才能成功，那應該來看看這個多年來始終功虧一簣的人──雖然他出發點良善。成功對他而言，卻是難上加難。

反思：我們是誰？

第七章

同舟共濟，你也在同艘船上

探險家：威廉・布萊船長的仁心善舉

「在這個下午之前，我還滿懷希望，可以在不處罰人的情況下進行探險……」

一七〇〇年代後期的英國皇家海軍船上，軍官對水手說話可是沒在客氣的。但是，即使是在那個對下屬不講客套的年代，威廉・布萊（William Bligh）的作風還是讓人傻眼，他甚至因為這樣，被當時的英國海軍部訓斥，指責他用語不當。如果回去看當時海軍認可的用語，以現代的標準而言肯定會覺得實在太不可思議；布萊的用語則更讓人瞠目結舌，突破想像力的極限。

布萊的名字，現在已經成為髒話的代名詞。他廣為人知的另一個原因，則因為他是一七八九年邦蒂號（Bounty）在南太平洋發生叛變時的船長。在該船去程途中，他因為聽到有人轉述某船員無禮犯上，未經證實就對一名船員使用鞭刑。該船於大溪地停泊，打算收集當地的麵包果樹以便前往牙買加時，他又對船員執行更多的鞭刑。布萊依循正規鞭刑的方式，命人將船員的上衣扒除，綁在船桅或船底的鐵格子上，再以讓人聞之喪膽、俗稱九尾貓（cat-o'- nine tails）、上面有九綑鞭繩的特製鞭子，鞭打十多下不等。

對現代的統馭治理標準而言，布萊堪稱惡魔，而且他可能還比一般人想像的更狠。他那個時代的英國水手都知道，只要是在船上參與叛變的水手，軍方絕對會追殺到天涯海角，毫不寬恕，因此水手不會為了芝麻小事輕易叛變。可是布萊所遭遇的叛變紀錄，可不只邦蒂號這一次。

據英國的官方紀錄，他一共遇過四次之多。

邦蒂號叛變發生於一七八九年的南太平洋探險。八年後，布萊又在帶領配有六十四把槍的「監督者號」（Director）時，被船員驅逐下船，這艘船原訂前往英國海峽和北海探險。七年後，他所帶領的「戰士號」（HMS Warrior）軍官，又寧可冒著喪失自由的危險，也要送他上軍事法庭受審，理由是行為「專制跋扈」。

就是這一次，讓海軍部判布萊敗訴，並命他以後嘴巴要收斂點。不過，他人生還有一次叛變等在後頭。一八〇六年，當年出資讓布萊前往大溪地採麵包果樹的贊助者，覺得還是不要讓布萊留在英國本土比較好。剛好這時澳洲新南威爾斯的總督一職出缺，當局覺得把他擺到那裡比較不會惹麻煩。這時的布萊，雖然已經不復當年的年輕氣盛，但是對人的舉止態度卻一點也沒有改善。

在前往澳洲的路上，共有好幾艘船同行，他和另一艘船的指揮官不斷為了羅盤正確性、該在哪裡取得補給、又該由誰主導全局等事發生爭執，惹得該指揮官最後氣到下令對準布萊的船開砲，想叫他閉嘴。這種情形等抵達目的地後，更是一發不可收拾，不到一年，他所率領的陸軍，就全都拿出刺刀和上膛的毛瑟槍要逮捕他，當地居民據說「更是熱烈支持軍方行動」。布萊因此被關在離島長達兩年，最後才被允許返回英國。

儘管布萊遭遇過兩次海上叛變、一次海軍軍事法庭敗訴（史上罕見的陸、海聯合控訴），外加一次被自己手下的陸軍叛變且成為階下囚。但其實，一般人對威廉・布萊船長的印象並不算公允。因為，布萊在海上探險時，完全不是像上面所描述的那樣：海上天候不佳時，他永遠樂意幫助部屬，也始終關照手下的船員，確保他們的鞋子是乾的；船員的吊床被冰冷海水浸溼時，他讓出自己的床給他們睡；一些採用鞭刑的指揮官，更被他斥為落後。

多數人在遇到不同的狀況時，都會有不同反應，但是，卻很少有人的一生，可以比威廉・布萊的故事更充分展現出，人因為情況不同、而出現性格上的巨幅轉變。

這件事距離邦蒂號叛變發生還早十多年，當時布萊只是個二十一歲的海軍少尉軍官候補，在英國皇家海軍艦艇上服役，巡邏於英國本土西側的愛爾蘭海上，以便逮捕走私客，尤其是那些從曼島（Isle of Man）來的走私客。

他並不適合跑船。年輕的布萊原本是個藝術家，他的徒手畫風很有魅力。他也喜歡閱讀和數學，在球形三角學的幾何運算上特別有一套。他的夢想是成為英國皇家學會那些擁有高深知識的院士，成為牛頓和其他理性主義者的繼承人，加入改造世界的行列。但是，他的家庭並不富裕，無法讓他循正常管道加入海軍，所以他十六歲就上船當水兵，從基層幹起。

因為這樣，他很小就跟那些遠洋艦隊的粗人廝混在一起，要有翻身的機會，就得靠自己的雙手打拚。有一次在登陸曼島時，他遇到一名跟他一樣愛看書的女孩，女孩的父親和大哲學家大衛．休謨（David Hume）、亞當．斯密（Adam Smith）等人交好，更是投他所好；而且，她的祖父還是格拉斯高大學的校長。

所以雙方很快就有共識，將來要結為連理，但兩人暫時還不能結婚，至少還得等兩年，因為布萊工作上出現了好機會：他的繪圖技巧和導航能力，被詹姆斯．庫克（James Cook）船長相中了。原本只是名水兵的布萊，於是有機會參與庫克船長下一次的海上探險。

布萊對庫克船長徵詢出海的事欣然答應，他巴不得有此機會。庫克船長是當時最偉大的探險家，而且，他正是布萊夢想成為的偶像人物。當時很多探險隊，船長對於下屬都像是對待奴隸一樣。船上的低階軍官每天早上用棍棒毆打水手，只為趕這些人下吊床，像在趕牛一樣。有一艘英國艦艇上的船長甚至還規定，最後一個爬下桅桿的船員，就要接受鞭刑，不管他滑得多快。

當時探險隊中的水手死亡率很高。死因不太一定，有的是失足，有的是傷口感染、壞血病，當然也有毆打致死的。蜂湧入船的老鼠，始終都比船上的人多，一個月就可以偷吃掉好幾千磅的食物。被老鼠吃剩下的食物，往往都是爬滿了米蟲的餅乾、腐肉、臭酸的奶油。船上甲板、夾縫和所有沒擺東西的地方，全都布滿汗水和噁心的髒水。中間則夾雜著豬、羊、鴨，還有狗在上面散步。

第一個改善這種狀況的船長就是庫克，他不允許自己率領的船隊變成被人厭惡的奴隸船。英國皇家學會最受尊重的會長艾薩克・牛頓（Isaac Newton）在這個時代發現萬有引力，為人類勾勒出一個俐落、清晰的共通法則，詹姆斯・庫克船長的船隊簡直能與之相提並論。他深信，出身社會底層的人，並不是天生就個性衝動或有暴力傾向，所以只要寬厚待人，必定能夠讓他們變好。庫克船長因此下令，他的船隊中不得有鞭刑，除非在絕對必要的情況下。

庫克船長同時也認為，海上航行中，疾病不可以被視為無可避免的天災。在船上生病，並不是上帝的旨意。所以他命船員要盡可能每日用醋勤加洗刷船上甲板。他還命人研究當時最新的科學文獻，以查明怎樣搭配水果、麥芽和鹽浸白菜（就是當時才剛發明的德式泡菜），可以讓船員不致患上致命的壞血病。

這樣的作法果然奏效。庫克船長生涯第一艘大型船隻「奮進號」（Endeavour），會成為影集《星際爭霸戰》（*Star Trek*）片中太空船「企業號」（Enterprise）的靈感來源，其來有自。因為，奮進號不僅像是來自未來、帶著各種先進科技的交通工具，它也具有企業號開創未來、冒險挑戰的精神。庫克船長的日記中寫道，他「不僅要比任何人類走得更遠，還要走到人類所能抵達最遠的地方。」

一七六八年奮進號從英國啟航，當時布萊才只有十三歲，等到三年後奮進號返英時，它已經駛過七萬英里的大洋，拜訪了許多當代人前所未見的各地文化，發現許多動植物的新品種，也帶回許多以前歐洲人從未見過的各式珠寶、首飾、衣物和武器。同樣值得大書特書的是，該船因為奉行庫克的新防疫手法，全程只有一名船員死於非命——這可謂前所未聞的創舉。當威廉·布萊在一七七六年離開曼島，要加入庫克船長艦隊時，搭上的就是這樣的新式艦艇。

這時的布萊年方二十二，他擔任庫克船長的航海官。而這次接替庫克船長心愛船隻奮進號的是「決心號」（Resolution）。當時海上導航的工作非常繁瑣複雜，布萊要使用六分儀、航海圖，還有當時才剛發明、但非常精確的航海鐘；他還使用自己精通的球形三角定位法，再配合運算，以修正由牛頓時代科學家艾德蒙．哈雷（Edmund Halley）所開發的磁偏角。庫克船長相當看重布萊的意見，布萊也不負所託，總是精準導航。決心號於是一路從英國啟程，途經大溪地和位於太平洋的夏威夷，最後向北駛入白令海峽，來到俄國人口中一個被冰雪覆蓋、名為「阿拉宵卡」（Alaschka）的大島，駛進被許多冰封住的港灣。布萊搭上小船，帶著其他探險隊員進入內陸，一直走到眼前盡是十二英尺高的冰牆他們才撤退，而當時居然是八月中旬的夏天。

回到英國後，布萊娶了當初定下婚約的曼島女孩伊莉莎白．貝沁（Elizabeth Betham），兩人共組家庭。接著他又啟程踏上另一趟探險之旅，憑著優異的導航能力、精確且美麗的素描技巧，一步步成為英國皇家海軍最資深的軍官。一七八七年，布萊被指派帶領英國皇家海軍「邦蒂號」（Bounty），這時的他已經邁入而立之年，他眼前有個最好的模範可以學習當一名好船長，那就是庫克船長。這趟航行的任務很簡單：因為大溪地是麵包樹的產地，其碩大的果實富含營養（高澱粉、味道像麵包）。當時的人認為，如果可以將樹移植到加勒比海種植，就可以成為該區英國殖民地的經濟糧食作物。

布萊被下令要採摘大型的麵包果樹。為此他在啟航前，特別將船身做了一番改造，以適合移植果樹上船：船身正中央有一個大型的種苗園，顧及採光和通風；還有鍋爐可以升火加溫，保護植株；更加裝木架以盛載六百棵以上的麵包樹；還有特別設計的用水回流裝置，以便不浪費一滴澆灌植物的水。

邦蒂號是比庫克船長的奮進號再小一號的運輸船，跑得更快。依據當時的法令，布萊不能以艦長身分登船，因為一定要官封海軍上尉以上的軍官，才能夠指揮艦艇。但他很清楚，要帶領船艦，一定要帶人帶心，同舟共濟，所以他打算好好教育、厚待這些船員。當船抵大西洋上的西班牙特納利夫（Tenerife）島時，他將軍令狀打開，大聲朗誦其中要點給船員聽：「我們要一路直達大溪地。」他們可能無法繞過南美洲，因為出航時已經比原先預定晚了好幾週，到時候南半球的冬天氣候，會在他們抵達南美合恩角（Cape Horn）時不利於行船。如果是這樣，那就必須要掉頭朝東駛，繞過非洲。

他接著說明，但如果要朝東航行，那旅程就會加長。為了以防萬一，所以從現在開始，餅乾的配額要縮減。但他想到一個辦法可以激勵船員士氣，他認為這是很棒的發明。因為以往海上航程的工作時程是四小時制，每工作四小時，就休息四小時，但他將邦蒂號改為八小時制，這樣船員就可以好好睡上八小時不被打擾。

布萊的航海日誌這麼寫：「我一向認為，給予船員較多的睡眠，有利於健康……也會讓他們更滿足和快樂。」他對於自己受船員愛戴的程度，也不是昧於現實的自我感覺良好。一名後來加入叛艦事件的船員曾寫道，布萊當時講的話「船員都欣然同意」。

布萊命船員要定期以醋清潔甲板，以杜絕疾病（而且成效斐然，船上醫生因為沒病人可看，每日只是閒晃，到處找酒喝，然後又醉倒床上）。航程中，海豚成群結隊遊到船邊，就像一道牆一樣數量稠密。一天下午，海上還飛過一群蝴蝶，讓所有人為之驚豔。只要天氣許可，布萊還會特意安排，讓水手每天都可以唱歌跳舞。他寫道：「最讓我欣慰的就是，到目前為止，我還不必懲罰任何人。」

因為大家都知道布萊人很和善，之前和他一起出航過的水手，都志願要參加這次的航程，人數還超過參加庫克船長航程的人。其中有一位船員佛萊徹·克里斯欽（Fletcher Christian），是位高大黑髮的年輕人，他已經是第三次和布萊一同出海了。在出發前，他還和布萊一家人共度，和他的孩子玩在一起。踏上邦蒂號後，布萊還將他升職，好讓他可以更常跟高級官員同桌用餐。

因為克里斯欽的家人和布萊的妻子一家一樣，都是知識分子，克里斯欽的哥哥還是劍橋大學的學者，所以布萊特別喜歡和克里斯欽聊天。一名曾參加過布萊先前航程的大副就寫信跟布萊說：「我看得出來你對這位年輕人特別偏愛，……你每隔一天就邀他到船艙共進午餐和晚餐。」不久，布萊就宣布將克里斯欽升為少尉。

邦蒂號通過福克蘭群島的緯度時，先前耽擱的行程開始為航程帶來危險。原本舒適的熱帶天候不再：冬季降臨，浪也變得比較大。當艦艇駛過南美洲最南端時，雨滴變成了雨中帶雪，然後變成了只下雪。船上的帆因為酷寒凍得裂開，從桅桿上下來的船員常凍到手腳發麻，「有時連開口都有困難」。

但這是布萊拿手的地方。他知道天無絕人之路，凡事都能迎刃而解！為了在風浪搖擺中獲得穩定的視線，他甚至把自己綁在桅桿上。有一次如同英國多佛海峽（Cliffs of Dover）峭壁一樣高聳的大浪，將海水全沖進船肚裡，連緊閉的艙門都擋不住，船上到處溼答答，船員無處可過夜，為了讓溼透了的船員可以取暖，布萊還特地讓出船長艙，讓「床位全溼的船員可以安穩在此過夜」。

布萊尤其在意的事，就是水手們的腳能夠維持乾爽。為此他特別指派兩名船員負責照顧爐火，將所有船員的衣服都攤平烘乾。他也提高每個人的食物配給量，讓大家早餐除了吃得到原本配給內的鶺鴒和糖，還不論多晚都供給熱湯。船開到合恩角，有天天氣特別差（「大雪紛飛，被凍到失去彈性的船帆盛接了太多的降雪，差點就垮了，非常嚇人」），為此布萊特地命人把船上最後一頭豬宰了，給船員加菜來鼓舞士氣。

但由於南極北上的暴風雪越來越強勁，布萊開始擔心船員的人身安全。他在航海日誌中寫下：「我覺得船員和軍官們應該無法再撐太久了。」於是他下令，不再往前駛過南美半島頂端的的航程，全船折返，向東航向非洲。雖然這個航向會讓整個航程拉長好幾個月，但是「我需要把船員照顧好」。船員聞此無不歡欣喝彩，甚至好幾位船員還在日記中稱讚布萊船長人有多好，一名日後叛變的船員就寫：「這艘船真的很棒。」船醫的助手則指出布萊船長「格外關心船員」。

到這裡，都還沒有人對布萊心懷怨懟、私下咒罵，因為到目前為止他的安排都讓人沒有話說。布萊的目標，就是要讓他帶領的艦艇像件運作順暢的機器一樣。按照他從庫克船長和許多前輩身上學到的人道精神，要讓這樣的機器運作良好，就是要讓船上的人都快快樂樂。

如果他的作法能夠成功，那他的收穫也很大。詹姆斯．庫克船長出身於英國約克郡低層農場工人之家，卻能夠成為英國皇家學會院士；布萊同樣出身微寒，如果這趟航程能為他打下名號，成功將重要的麵包果樹苗運往目的地，又彰顯了人道主義精神能多成功，那他肯定也能和庫克船長一樣，躋身英國上流階級。

但是有兩個因素，讓他晉身上流的希望功敗垂成。船上官階僅次於他的航海官約翰．傅萊爾（John Fryer），他年紀比布萊大，對於布萊爬到他頭上心生怨懟；年紀更小的佛萊徹．克里斯欽，竟然被提拔到和傅萊爾同官階，更是惹得他不快。當航程還在大西洋時，傅萊爾竟想要挑撥離間，他跟布萊告狀，說馬修．昆塔爾（Matthew Quintal）這個身材矮壯的二十歲二等船員對上級出言不遜。

布萊自己並沒有親眼目睹事發經過，但身為英國皇家海軍的艦艇指揮官，他必須要採信副官傅萊爾的報告。就這樣，原本布萊用心良苦，想對艦上船員一視同仁，讓他們享有同樣的配糧、還能唱歌跳舞的計畫，隨著傅萊爾的告狀灰飛煙滅。他不得不依軍中規定，對昆塔爾處以殘酷的鞭刑。布萊在日誌中寫道：「在今天下午之前，我還滿懷希望，以為這趟航程，可以在不處罰人的情況下進行探險。」天不從人願，他命船員將昆塔爾雙手綁住，處以鞭刑。

事情似乎很快的就被大家淡忘了（除了昆塔爾以外）。幾個月下來，船上作息也恢復原來一片平和愉快的模樣。但當航程來到最後階段，也就是原訂要駛往大溪地的兩萬八千英里旅程的尾聲，在接近紐西蘭東岸，享受著怡人氣候時，傅萊爾不知在賭什麼氣，又拒絕簽結該船的雙月開支清冊，這份清冊日後成為海軍調查該艦是否有抄小徑的證據。傅萊爾這樣的行為是非常嚴重的犯上作為，因為上司的命令就該徹底執行，否則布萊的一切努力都可能因此白費。布萊非常不滿，命所有人到甲板上集合，並命傅萊爾站在他旁邊，隨即語氣嚴肅的大聲唸出人人為之色變的軍法：艦上如同國內，皆受政府法令約束，違者絕不寬待。

軍法條約中，對於「因膽怯、輕蔑或不滿而出言煽動群眾者」，最重可處以死刑，還有一條（第三十一條）對於出納帳務未按正常程序處理者，則可「予以革職，免除其皇家海軍職位」。這一來，傅萊爾的軍旅生涯就毀於一旦了，在那個社會福利制度很差的時代，這會讓他一家人陷入貧困潦倒之中，因此傅萊爾冒不起這個風險。布萊在日誌寫下：「這個愛惹麻煩的人這下子才了解自己犯了錯，於是在全船的人面前在清冊上簽名。」

解決這件事後，布萊鬆了一口氣，恢復原本和氣的態度，和佛萊徹・克里斯欽等人愉快的共進晚餐，閒聊好久；也和一般船員相處得跟以往一樣融洽。日誌寫道：「從晚上四點到八點，大家一起跳舞，非常愉快，讓我希望將來也能帶著他們一起回家。」一切都回歸正常。

一七八八年十月，該艦終於駛抵大溪地這座海上天堂。綠意蓊鬱的山脈，在海港後方綿延開來；潺潺小溪淙淙流入當地人保護的瀉湖中，沙灘上滿是棕櫚樹。十幾艘獨木舟迎向該艦，不久布萊和船員就被當地居民的熱情所淹沒（「我被原住民團團圍繞……幾乎看不到其他船員」），原來這些波里西尼亞的原住民紛紛帶來食物，而且當地的美女，全都不穿衣服。儘管面對著神祕的陌生訪客，她們卻一點也不吝惜於展露她們的好身材。

等當天太陽下山後，船上全都堆滿了木頭、水果、布料。當地的波里尼西亞男性留下女性後就離開了，這些留下來的女性，則和水手們在吊床或床上纏綿。布萊本人雖然沒有加入水手們的行列，但他能夠理解，「我不能要求船員和當地人的邂逅能夠有多保守和自持。」

接下來幾天，船員的生活節奏有了重大改變，布萊和船上的植物學家開始安排採集麵包果樹苗，並將之種在他處的保護區，等到半年以上這些植栽長得夠強健，才可以重新裝盆，要移上船時再挖出來。當這些事忙完後，船員們歷經海上數月的緊張忙碌生活，忽然之間變得無事可做。

布萊看著島上的小朋友放風箏之餘，他注意到，原來這裡的小朋友跟英國小朋友沒有兩樣，放風箏時也是一路快活的踮步跳過。他每天花好幾個小時觀察島上的植物生態、栽培方式和地形，並寫成筆記，一做就是好幾個禮拜。他也花很長的時間和島民的領袖聊天，有些人都還記得他上一次陪庫克船長來的時候（酋長的妻子伊蒂雅〔Iddeeah〕擁有一身衝浪、摔角的好技藝，在布萊教會她使用槍械後，她神準的槍法更是讓大家驚豔）。上次造訪時，他學過一些當地語言，這次造訪的旅途中，他又特地和船上的植物學家認真學習更多大溪地語。

他的船員也幾乎都和當地家庭有密切的來往，這些家庭也很快的就接納他們。多數船員還都互相挑釁對方不敢刺青（當時刺青在水手間還不流行，跟後來不一樣），他們也常去村裡看摔角比賽，有時自己也會參加；或者在近乎完美的海灘上漫步。

在英國本土，二等水手是所有階級中最低的——因為生活困頓而營養不良，又因為打架鬥毆或者苦力工作而常有殘肢、身體變形；有一名船員臉頰上有一處明顯傷疤，後來感染到他的眼皮，然後又感染到他的咽喉；另一名船員「左手因為斷過，所以比右手要短一點」，其他人則是有被斧頭砍過的疤、或是燙傷的疤。

但來到大溪地，每個人都獲得如神一樣的待遇。

這種和家鄉的天壤之別，只要大家始終留在這裡，就不會改變。但是，總不能放任邦蒂號沒人照顧吧！有一次，當所有人重新回到船上，要把它移往另一處停泊時，布萊才發現這陣子以來，大家的變化有多大：守望員的動作變得笨手笨腳，爬不上去；測深員（負責用鐵錬去測水深的人員）同樣手腳遲鈍；先發小艇的組員也變得慢半拍。很快的，身為首席引航員的布萊，就聽到邦蒂號船首擦撞礁石的恐怖聲音。

他們竟然觸礁了，這真的是丟臉極了！當時，還有好幾位和布萊要好的大溪地人也在船上，忽然間天氣開始變差，烏雲密布，大浪襲捲。要是不趕快把船移走，船身一定會被大浪往礁石裡帶，最後一定會撞出個大洞，然後海水就會往裡面灌，把船淹沒。

幸好布萊想辦法讓船脫身了，但這次意外夠他擔憂的了。他訓練的船員怎麼可能讓這種事發生？這時是十二月下旬，三名船員叛逃，還偷走一整箱的武器。雖然這些人很快就被找到，但是當晚負責守衛的軍官竟然完全沒有察覺異狀。三人被抓回來後，布萊下令對三名叛逃的船員處以鞭刑，儘管他的處罰遠比軍法規定的最低鞭數還要低很多，但已經夠三人難過了。他對這名看守失職的軍官也非常生氣，因此罰他關禁閉一個多禮拜。

之後布萊又發現，船上備用的船帆，按理要定時拿出來透氣，卻始終沒有人去做。這樣的疏忽是非常不可原諒的，他手下的軍官、還有二等水手也一樣，都應該了解這件事的重要性。因為，回航的航程將近一年，這些備用船帆到時候要派上用場，現在全都發霉，開始腐爛了。布萊在日誌上寫：「罕有其他怠忽職守的罪責比此更為嚴重。」

這讓他明白，要不趕快離開這座該死的島嶼，事態一定會更嚴重。但是，天候因素再加上麵包果種植工作，卻讓他們無法即刻啟程，所以他的心情越來越糟。在船再度揚帆前，他就已經破例用可怕的九尾貓鞭了一名水手十二鞭，原因卻只是「無禮」；另一名因放任當地人偷竊的水手也被罰十二鞭；另一位責任無關輕重的年輕廚師助理，也因怠忽職守的罪名，被判固定綁束再處以鞭刑；船上的屠夫也因為坐視殺豬刀被偷而無作為，被處以嚴重鞭刑。

原本體貼的布萊怎麼了？或許，他從來就不是真的善良體貼，他在乎的只是自己的任務，以及想要證明用科學理性的方法可以奏效。他船上的水手，只不過是讓他達成這些目的的工具而已。善待船員在達成這個任務上之所以合理，是因為它可維持船上一種穩定平衡的關係：布萊表達公平慷慨，船員報之以好心情和賣力工作。可是，因為大溪地的影響，卻讓雙方的關係惡化。庫克船長和布萊一直極力想改變的惡性循環出現：水手永遠臭著臉，軍官就越兇悍；水手因此臉更臭，軍官只好變得更兇，周而復始。

我們在史塔瑞特建造帝國大廈的故事中可以看到，性格強悍且世故，往往可以讓整個工作團隊的互動因此有所轉變。但是布萊不是這樣的性格，他和船員的衝突，比較像是望子不成龍的父母那樣，只是失望的大吼大叫。希勒爾提到的「公平」因此無法維持平衡，布萊無法同時專注在任務上，又對船員體貼。

好不容易，船員把長到夠大的麵包果樹苗都搬上了船。當全船在一七八九年四月四日起錨出航時，布萊心裡知道，一定要讓全船再度恢復之前的效率。因為這一趟航程，要越過半個地球，來到加勒比海，中間只會在南非的開普敦稍作停留。他於是要求船員勤加練習，不斷反覆操演在桅桿上升降船帆的動作。這次再度出航，食物配給也改得更為嚴謹節制，因為從大溪地帶上來的新鮮儲糧，要留到稍晚時才能食用。

這待遇跟從英國啟程在大西洋上的那段航程其實是大同小異，但重點是，在大溪地一待近半年的日子，讓所有船員心性發生改變。許多人一開始只是來尋花問柳、放浪形骸一番，就如同布萊所述：「婦女的嘴都沒有放過……他們還用很多不尋常的方法來滿足性慾……放蕩行為的誘惑實在太大了。」隨著該船在島上停留的時日一久，多數船員開始和婦女有了一對一的關係。他們也和當地人結成朋友，和村裡小朋友玩在一起，享受豐盛的美食。許多婦女因此懷了孕。

船才離開大溪地不到一個禮拜的時間，布萊又開始下令對另一名水手處以鞭刑，懲罰他怠忽職守。以往，對於布萊的命令，艦上軍官往往無所不從，毫不遲疑，但這次狀況卻不一樣，尤其是當中的佛萊徹．克里斯欽。他為什麼態度會和之前判若兩人呢？原因是他幾乎每晚都在岸上過夜，在大溪地有一位名為馬烏阿圖阿（Mauatua）的婦女與他相好，現在腹中正懷著他的孩子。布萊在當地並沒有鍾情於任何女子，就算他有發展地下戀情，也都是稍縱即逝，他始終把任務擺在第一位。

他把不滿全都發洩在船員身上，對他們辱罵，而佛萊徹．克里斯欽和他交惡更是讓他傷心。一名船員回憶：「不論船上出了什麼錯，船長的怒氣總是燒向克里斯欽先生身上。」

克里斯欽不喜歡這樣，他請求布萊高抬貴手，但布萊已經聽不下去了。他在日誌中寫下：「這等怠忽職守又沒用、小心眼的軍官，我相信從來沒在別的艦艇上出現過。」他認為，適當的處罰、酷刑，連軍官也不能豁免，應該是必要的。布萊這麼做，可能也是一種自我防衛，尤其在對抗充滿誘惑、海軍軍紀鞭長莫及的大溪地，這可能讓他進入皇家學會的努力化為烏有。

船上的衝突在駛離大溪地第十九天時，到達了引爆點[5]。當時船上以椰子做為重要的飲用水來源，布萊為此在第一層甲板的槍枝儲藏室中存放大量的椰子。船上軍官奉命看守這些椰子，但在四月二十三日這天，布萊卻發現有一個椰子堆明顯變小。

是誰偷椰子？他急忙追問每位軍官，但大家都說不清楚，很顯然兇手就在其中。這些軍官互相包庇，只是想跟他作對！布萊忍不住了，開始大罵髒話：「去你媽的……我要對你們用刑逼供。你們全給我去死！」這時的他，已經不再像冷靜的庫克船長了，他不再了解人終歸是人，所以必須提醒自己隨時保持冷靜。他不敢相信軍官們竟敢忤逆他，他失去了理智，接著勃然大怒。在一路上，他理性行事，一帆風順，怎麼大家突然間變了？佛萊徹・克里斯欽挺身出來勸他，卻讓他更為動怒，他盛氣之下乾脆轉身回房。

根據當時船上木匠威廉・普賽爾（William Purcell）所述，克里斯欽眼睛泛淚，普賽爾還問他：「怎麼了，克里斯欽先生？」

克里斯欽回答：「可以請你去問他要怎麼處置我嗎？」

普賽爾想安慰他，說他也一樣遭受到布萊的言語暴力。但他不了解的是，他和克里斯欽的地位有差別。普賽爾身為船上木匠，他受英國海軍部法令保護，可以保他不受鞭刑；但是克里斯欽不同，他只是少尉官階，而且實質官階是船上大副，這樣的身分是有可能遭處鞭刑的。

但是以克里斯欽的出身，鞭刑對他而言是不能想像的奇恥大辱。他的哥哥可是劍橋大學的院長！克里斯欽對普賽爾說：「要是我自己去問布萊，他可能會把我降職為一般水手，甚至可能對我處以鞭刑……那我們兩個的關係就完了。」

船上的緊張情緒逐漸升高。儘管我們現在所能得知的細節並不多，但我們知道，五天後就發生叛艦事件，帶頭的人正是佛萊徹·克里斯欽：布萊在凌晨五點被人從船艙中押出來，一路拖行到甲板上，雙手反綁，然後就被驅往小艇，同艇還載了其他十八名船員，全都是叛變船員不信任的人。布萊不肯屈服，但卻沒了頭緒：「我要求克里斯欽說出叛變的理由。」這時一名被驅到小艇的船員想帶一把燧發槍上船，但被馬修·昆塔爾看到，他之前被布萊下令處過鞭刑，這時顯然是想報一箭之仇，所以就把槍搶過來，不讓他帶上船。

5 注解：邦蒂號叛艦事件和後續發展，是我從當時的航海日誌、日記、政府調查文件、法庭轉譯稿、以及當代的回憶錄綜合而成。

叛艦最後的那幾個小時，場面可以說是完全失控。叛艦船員不斷的喝蘭姆酒，把長劍拔出來揮舞，還大聲喊要：「把那些渾蛋的腦子轟掉！」布萊也不甘示弱的吼回去，臉色鐵青。他對克里斯欽大叫：「看在老天爺的份上，你就別鬧了，記得當年你還抱著我家寶寶在大腿上跳舞呢。」但他的話完全起不了作用。克里斯欽面無表情的對被驅逐到小艇上的水手長說：「柯爾先生，你也看在眼裡的，這一路來，他都把我當狗一樣對待，讓我過著地獄般的日子。」

布萊仍想挽回局面，但是，對於克里斯欽而言，布萊是這場鞭刑和凌虐的始作俑者，說什麼他都不會輕饒。但是，他內心肯定多少還是覺得有些過意不去，所以，他給了布萊一只羅盤，還有幾大桶的清水。因為，被放逐海上，沒有清水肯定活不成了，但也僅此而已，不能再多給了。當布萊要求大家停止暴動時，克里斯欽舉起刺刀，指向他的老朋友胸口說：「要是你敢輕舉妄動，我立刻命人將你處死。」

對於布萊一干人而言，事態已經不是他們能掌握的了。眼看邦蒂號準備駛返大溪地，而且以克里斯欽等人當時高漲的情緒，可能會把邦蒂號上的大砲瞄準小艇發射。布萊和被逐船員於是趕緊划走，眼睜睜看著邦蒂號慢慢駛遠，艦上的上桅帆高高升起，乘風而去。

這時，小艇上的平衡又再次出現變動。

對布萊而言，他的目標——也就是他的個人私慾——始終不變。那就是他要證明給大家看，冷靜理性是可以行得通的，可以帶領一整艘船的人橫渡大洋，暢遊世界，達成重要任務。在啟程到大溪地的這段過程，他這種冷靜理性的態度，讓他得以善待船員，尤其當全艦經過南美頂端，遭遇惡劣氣候的壓力下，他的作法也讓全船得以同舟共濟。當時艦上的指揮體系井然有序，布萊也竭盡所能，用鼓勵、加餐、保暖等舉動，讓指揮體系成為讓船員工作更有效的推手。

當全船停靠大溪地那段時日，環境條件卻改變了，等到再度登上邦蒂艦駛離大溪地時，指揮體系變得軟弱無力。這時，為了同樣的私慾，布萊藉由鞭刑和咒罵髒話來達成目的，他強迫水手和軍官重新振作，好維持艦上的理性。

現在，布萊和船員被放逐在茫茫汪洋上，然而，指揮體系自動恢復，這完全不是因為布萊做了什麼，是因為出現了新的環境條件。因為，只有布萊擁有導航的能力，也因為知道自己不可或缺，他的本性就自然流露。在這樣的環境下，他想證明理性可以奏效的慾望再次浮現。「一旦我有時間可以反思……我就發現自己的心智享有充分的支援，重獲希望。」雖然英國本土遠在一萬兩千英里之外，但只要抵達英國本土，把事情經過向海軍部交代清楚，那他就可以重新出發。

日本浮世繪畫家葛飾北齋（Hokusai）就清楚人心之善變。他一幅著名的版畫《神奈川沖浪裡》(*The Great Wave off Kanagawa*)中,以懾人的大浪為主角,由畫面左側撲天蓋地而來,套句畫家自己的形容,就像是挾著像「肌肉紋理」一樣的力道而至。畫面中也有人坐在船上,從右向左行駛;中間則是不動如山的富士山。但卻只有畫家本人才能窺得全貌,在船上載浮載沉的船員則是一無所知。

這世界的藝術萬變不離其宗。生命就是像這道濤天巨浪,不斷衝擊我們;渺小如你我,要如何在其中存活?身為人,我們可以做的是,選擇要讓過去的哪一部分、哪一個自己來面對當前的局勢變化。有些人的本性會讓他比其他人更願意公正待人,即使有先天上的差異;有些情況會讓更多人即使本性並非如此,也願意公正待人。

布萊被驅逐上小艇後,面對的第一件任務就是如何找到食物,他知道在離大溪地不遠處有座小島。這第一步讓他走對了,因為,這座小島雖然有高聳的岩壁,但才離開邦蒂號不到幾天,就讓他們找到島上的一處岩灣。但在探勘食物的過程中,他們發現竟然有一條長藤從岩壁上方垂吊而下,這顯然是為了攀爬方便而垂降下來的,絕對不會是天然的藤蔓。

果然,沒多久島上原住民就來到布萊一行人面前,這些人一開始態度很和善,但一等他們發現布萊等人沒有後援、沒有砲艇時,和善的態度立刻變了。有一群原住民站到小艇旁,無視於布萊一干人正想將小艇推上淺灘,反將小艇掉頭轉向大海,雙方於是僵持在海邊。另一群原住民則到處找大塊的石頭，最小兩英磅重，最大則有八英磅重。

但布萊這時已經恢復平靜了，他該怎麼保護船員呢？他傳令下去，要還在船上的人待命，儘量靠近岸邊，但要留意潮浪，以備不時之需。同時，他又想辦法讓當地人的領袖轉移注意力，跑到內地一座洞穴裡不動聲色的寫他的日記。原住民中有一位叫納加第（Nagatee）的人最為和善，因此在將近黃昏前（「要是迫不得已要動武回船……在夜裡下手會比較有優勢」），布萊一手緊握短刃，「另一手握住納加第的手，兩人一起走向海灘，所有人都嚇得說不出話來」。

現場還有很多原住民戰士，惡狠狠的敲著手上的石頭。岸邊只有布萊和船上的木匠兩人。突然間，納加第拋下他們跑走，戰火於是一觸即發。原本在高處蓄勢待發的波里尼西亞人，這時見狀立刻趕往現場準備攻擊，布萊和木匠則拔腿朝小艇涉水狂奔。船上的船員這時划起槳要往外海去，但是後方原住民已經抓到船尾的繫繩往後拉了，這讓小艇哪裡也去不了。這時，船上的舵手約翰·諾頓（John Norton）趕忙跳下船，解開繫繩，但是原住民一拳把他擊倒，布萊和木匠則已被人拉上船。他們回頭看，才發現諾頓一個人被拿著石頭的原住民團團包圍。

諾頓之前和布萊在船上共事過，這次是他特地來和布萊再度共事，布萊也喜歡他這個人「行事進退有據」。布萊推測諾頓應該還沒死，只是掉進浪裡，但他們一行人實在幫不上忙。

這時，布萊作出一個重要決定，因為當地人還是「緊握著繫繩不放，幾乎就要把船拖上岸了，但剛好我口袋有一把小刀，所以當機立斷就把繩子砍斷」。

就這樣，一行人再度上路。離當地最近的一座歐洲人據點是遠在三千英里外的荷屬帝汶（Dutch Timor）。「……我們改變航向，越洋而去，但對於航道幾乎一無所知。十八個人坐在一艘二十三英尺長的小船，因為超載而吃水很重。我們手中沒有航海圖，只能靠我憑記憶力和對於地理的常識，再加上一本記載經緯度的書籍，這樣帶著大家求生。」

但這已經是最好的情況了。布萊要大家分享自己的過往人生，他也不例外。晚上他則帶著全船一起高歌。舀水的工作很累人，但布萊不僅沒有置身事外，他還想出一個妙招，減少太平洋噴濺的海水：他在船身拉起絞緊的布料，藉此讓船緣高出幾寸，減少海水濺進船身。他還教資淺的船員怎麼讀秒，以便他計算船速；只要雨勢稍歇，他就會在僅剩的幾張空白紙上計算船的進度，也讓全船知道自己置身海上何處。

船上食物數量有限，所以公平就很重要。為確保公平，所有主食都鎖進船長櫃裡，還用椰子殼做成一個秤，一一秤重。這樣一來除了以示公平，二來則可以拉長用餐時間。如果抓到大型鳥類，就把鳥腹剖開，讓所有人平分鳥胃中還沒消化的烏賊和小飛魚。

布萊還很聰明的，讓船員靠著在船底找到的一些信號旗碎布，拼湊縫成一張英國國旗。

因為英國國旗可以讓船員想起家鄉，這可以鼓舞眾人的士氣。他說，一旦抵港登陸，他們都要能正確的說出自己的身分。

布萊的這套方法果然奏效。在經歷了數週的風雨和食物短缺後，一行人聽到了奇怪的呼嘯聲。布萊心知，這表示他們來到大堡礁了，接下來就是要在礁石之間找到空曠的航徑。船員於是完全不需鞭策的同心協力，一邊掌舵避開礁石，一邊划槳，速度不僅快，還毫不因為礁石心生畏懼，順利讓船大轉彎進入該海域。眾人隨及來到平靜的海面上，不久就看到一座島。島上似乎沒有原住民，他們於是大膽上岸。

到了這裡，原本的平靜和紀律又變了樣。始終站在協助和鼓勵立場的威廉．布萊再度回復成兇惡的模樣。

當然，他會這樣也不是全無原因。問題出在要小心用火，不然萬一被當地人發現，他們的營地就會有危險。但是，才一下船，一名水手就立刻自行生火，造成火勢一發不可收拾，整片草地跟著燒起來，「突然間整座小島都籠罩在大火中」，眾人的行蹤連遠在幾英里外都可以發現。因為海的另一邊正在漲潮，這害得大家完全無法趁隙逃跑。為此，布萊心想，既然都已經這樣，大家又很缺新鮮食物，不如派一隊人馬出去，獵食陸龜來吃，但最後眾人卻一一空手而回，讓他大嘆了一口氣，寫道：「我一點也不意外，畢竟黃昏時為了撲滅大火，大夥吵鬧了好一陣子，就算有烏龜，也都被我們嚇跑了。」

幸虧島上不是只有陸龜，還有其他的食物來源，鄰近幾個短暫停泊的地點也一樣，食物不虞匱乏。所以，後來布萊宣布，希望船員找到的食物能夠拿出來一起分享。但有個水手擅自去打獵，卻將食物據為己有，被布萊發現後處以鞭刑。之後，木匠前往更遠的地方搜集食物，但他也同樣堅持自己找到的東西歸他所有。布萊雖表示抗議，木匠還是不願退讓。

雙方為此唇槍舌戰，逼得最後布萊不得不掏出懷中利刃。「因為我實在不知道，如果不做個了斷的話，這樣吵下去要吵到何時，所以我決定破斧沉舟，背水一戰，誓死維護自己的領導權威——我拿起短刃，命令他也拿出武器，和我來一場殊死鬥。」以上是布萊的說法。然而，根據傅萊爾的說法，布萊像是發了瘋一樣，旁人一直勸他冷靜，他卻以死要脅傅萊爾，要其他人不要插手。

所幸木匠識時務投降，才沒有造成任何死傷。眾人折返小艇，情況又回復先前的樣子。再沒有人敢未經同意就私自生火，也沒有人敢獨占找到的食物，因為大家都得靠布萊才能回到老家。之後，頂多就是有人對食物不足而抱怨個幾聲，除此之外，再也沒有人多說什麼——這段敘述不管在傅萊爾或是其他旁觀者的口中，也都是一致的。

就這樣一路維持平靜，直到他們抵達已有大批歐洲人定居、對他們沒有生命威脅的帝汶島。在這裡，布萊和英國政府再度取得聯絡，安排歸返英國所需的資金。一等上路，船員又開始爭吵，吵到後來太超過，布萊不得不下命，令人持刺刀逼傅萊爾和木匠就範後加以逮捕，兩人因此上銬將近一個月。

布萊究竟是什麼樣的人呢？人都是會變的，有些造成轉變的原因對所有人都會有影響。像社群軟體推特（Twitter），因為不要求用戶具名，所以即使是平常奉公守法的人，在這裡也會被激出最黑暗的一面。對布萊而言，讓他轉變的原因則是秩序遭到破壞，以及不被重視。其他時候，即使他的手下遭到脅迫，只要大家能夠維持一個清楚的指揮系統，所有人都能按部就班，像是全船在南美遭遇暴風雪船帆結凍時、或是在太平洋上小艇差點沉沒時，他都能維持和善、助人為樂的船長形象。但是，當大家無法各司其職，像在大溪地時放任船帆發霉，他也會跟著崩壞。就是因為他這種總是受到情境起伏而改變的本性，讓他在狀況好時，他就跟著好；狀況壞時，像邦蒂號叛變，他就跟著不好。在老家和妻子、孩子相處時，他的心情總是很沉穩；但是，在海上，他卻很容易因狀況失控而態度丕變。

布萊好不容易回到英國以後，他的另一面又回來了。他上次出航，被指派的任務是要運送麵包果樹到牙買加去，但是沒有完成任務，結果他又說服英國海軍部出資讓他二度出航。這次他不只在船上打造一個現代化的植物種苗室，他還帶了兩艘船，並且隨身率領一支十八人的武裝海軍陸戰隊。這支陸戰隊的目的，就是要充當他的私人保鑣，只聽他的命令。他們不和船上水手打交道，建立私交，這樣一來就不會有叛變事件發生。

他帶領著這支小型艦隊重返大溪地，因為有海軍陸戰隊的保護，可以讓大家看到他像以前狀況好的時候那樣，總是很理性、很助人為樂。在大溪地時，他不忘讓所有人都忙著操縱船隻，同時看顧麵包樹幼苗的移植，這樣可以讓船員心無旁騖。就這樣一邊等待幼苗茁壯，一邊裝載貨物上船，在短短離上次航行不到三年的時間內，就完成環繞地球近兩圈的海上之旅，也終於將他口中該死的麵包果樹運往牙買加。

英國駐牙買加當局見到他，佩服得啞口無言，頒給他一筆厚厚的犒賞獎金，布萊從此大富大貴。一七九三年八月七日，布萊返抵英國國門。這天，他在航海日誌中心滿意足的寫：

「這趟航程以功成名就劃下句點。」

他的航海生涯中日後又發生的幾次叛變事件呢？這些後續叛變，也同樣讓我們看到，布萊這個人不能單純以好或壞來蓋棺定論。數年後、一七九七年在監督者號所發生的叛變中，由來自北海和英倫海峽的十多艘船所組成的艦隊所發動，叛變原因主要是對於自十六世紀以來就沒有調整過薪資表示不滿。不過，這次叛變的水手都非常客氣，他們還事前先請船上的軍官下船，讓海軍上將尼爾森（Nelson）說：「以叛變而言……這可以說是我見過最有君子風度的一次。讓人以英國水手為榮。」布萊這個人，在任務危在旦夕時，可能下手很不留情，但這次叛變過程中，他跟其他軍官一樣，都只是被水手請下船，並沒有人特別針對他。

一八〇八年他在澳洲遭擒的那次叛變中，雖然他以貴為新南威爾斯總督身分落難，但這其實更怪不得布萊。當地的英國陸軍風氣敗壞已久，他們走私蘭姆酒，逼良為娼，就是因為布萊想杜絕這些壞事，而讓他們想要造反。這中間，如果說布萊有哪裡做得不好，有哪裡可以拿來指責的地方，那就是他被海軍部指控說髒話：他在一八〇四年的戰士號上，出言侮辱一名不良於行的陸軍少尉。這件事他是真的說不過去。

什麼時候該變、什麼時候不該變，真的很難說。第二次世界大戰期間，負責控管美國國內物價的約翰．肯尼斯．蓋爾布雷特（John Kenneth Galbraith），他的工作主要負責石油配給等。他曾說過，有一成人是會替他人著想的，有5%的人口則是自私自利的；其餘的八成五，也就是絕大多數人，則是遊移在兩者之間，看別人怎麼做，自己就跟著怎麼做。

然而，有時候還是會發生一些情況，讓那一成的好人選擇改變原來的自己，而那5%的自私人口，則會覺得自己做對了；那八成五的人這時會怎樣呢？他們就是威廉．布萊。他的故事告訴我們什麼？身為出色的水手和領航員，有時候也是位出色的船長，但是，身為一位發號施令的領導人，到頭來我們還是認為他是失敗的。一個人真正應該被蓋棺論定的，其實往往是他人生中最困難的那些時刻。因為，這才是關鍵的時刻。比如，布萊如果在艦艇離開大溪地的頭幾週，能夠把自己控制好，可能就不會發生叛變了。

正因如此，最好能夠清楚了解自己內心有哪些魔鬼和天使。也就是說，要能夠隨時提防著那些會讓自己最壞一面出現的狀況，並且不斷去探尋，哪些狀況才能激發出自己善良的一面。

這類改變有些會造成很大的影響。一九四〇年代時，北卡羅萊納州的史岑姆・特蒙（Strom Thurmond）曾以支持白人可以對黑人動私刑為政策，競選總統寶座。但數十年後，他被選為北卡羅萊納州的參議員，而投他票的人當中，竟然大多數為黑人選民。這些人之所以願意投他，並不是被什麼選舉的花言巧語蒙蔽，而是因為這時的特蒙，已經轉變為他們所喜歡的人。

特蒙為什麼會出現這些轉變？一位為此感到不可思議的記者，訪問此時已屆高齡的參議員。特蒙笑著說：「啊，因為我變了。」

特蒙所面臨的問題，我們也都會面臨到。這個問題的核心，在狄厄特里希・邦赫佛（Dietrich Bonhoeffer）的一段文字中表達得特別清楚。邦赫佛是二戰前德國反對派運動的英雄，他是路德教派的牧師。在一九四五年春天、他被處決前不久，他在獄中寫下這段文字：

我是誰？他們常告訴我
我走出牢房的監禁中
平靜、雀躍、踏實。

我是誰？他們告訴我
我忍受著不幸的日子
毫不低頭、微笑著、自豪著，
就像贏慣了的勝利者。

我真的是別人口中的我嗎？
或者我只是我所認識的我？
雖然有人壓著我的咽喉，掙扎著想要呼吸，
渴求善良的話語，
啜飲重大事件的期望，

我是誰？是這個人還是其他人？
我會今天變這樣、明天變那樣嗎？
還是兩個都是我？

我是誰？

大家都笑我，只有我問這少人問的問題……

II 考驗

透過上文布萊的故事，我們來到本書最關鍵的一點。先前我們想知道，人是否有辦法不當壞人，卻還是可以成功，而我們找到的答案是：「有可能，但不容易。」之所以如此，是由於為人公正、厚道是要講究技巧，它不是一門公式定理，必須仰賴使用者的經驗，而且很不易取得判斷力。本書前幾章提供了一些蛛絲馬跡，讓大家知道要如何去獲取相關經驗，也透過抽象的禪宗公案方式總結了其中的原則，讓人知道如何將一時的判斷化為行動。

然而，這無法建立出一份詳細指南供大家參考。就算你擁有充足的經驗和判斷力，也還是需要足夠的穩定度，才能讓計畫順利完成。布萊在這一點上就掌握得不好；而像是機長比爾．海恩斯、或是組織遊擊隊的烏蘇拉．葛蘭姆．鮑爾等人，則掌握得很好。這也是為什麼，在本書所舉的幾則真人真事中，是後者成為典範，他們獲得創造性的網絡、感激之情、以及廣泛的支持，而不是里奧．德羅舍或是法蘭克．羅倫佐。

但即使如此，也不表示他們就勝券在握。本書所舉的範例中，一些更自私、或是更有心機的人物，也在別的地方有他們的優勢，也有那些靠著霸凌、欺騙等手法成功的人。每種方式都有其優點，但也有其缺點。

正所謂禍兮福之所倚，福兮禍之所伏。

最大的問題在於，上述這些成功案例，能夠適用到多大的範圍？丹尼．鮑伊在倫敦奧運的完美開幕式讓人驚豔，但奧運開幕會場可不比外頭的真實世界。大型建築工地、甚至更大的科技公司，雖然規模比較大，但都只能算是真實人生的部分縮影而已，不是嗎？

所以，接下來我們要將為人公正、厚道放在最廣泛、最極端的情況下，去檢視我們的主張。我們要回到最近一次民主制度像現在一樣被猛轟的年代，從中比較當時的兩個相反型人物：約瑟夫．戈培爾（Joseph Goebbels）和法蘭克林．羅斯福（Franklin D. Roosevelt）。

一開始的十年間，戈培爾似乎才是得勢的那個人，風向似乎都站在他那邊，那種人性中最卑劣的一面真的是聲勢壯大。藉由看戈培爾如何利用這些跟正向、善良原則相反的人性，我們反倒可以更了解善惡的本質。透過這個故事，我們也才看到，正因為戈培爾扭曲的人性，創造出那樣的盲從和仇恨，才製造了破綻，讓羅斯福等人得以擊敗他。

在這些事情尚未發生、戈培爾和羅斯福站上大位之前，他們思考人生未來方向的無名歲月，其實才是決定日後他們為人的關鍵。這些年代，才是讓他們選擇戰爭或和平不同途徑的始末緣由。

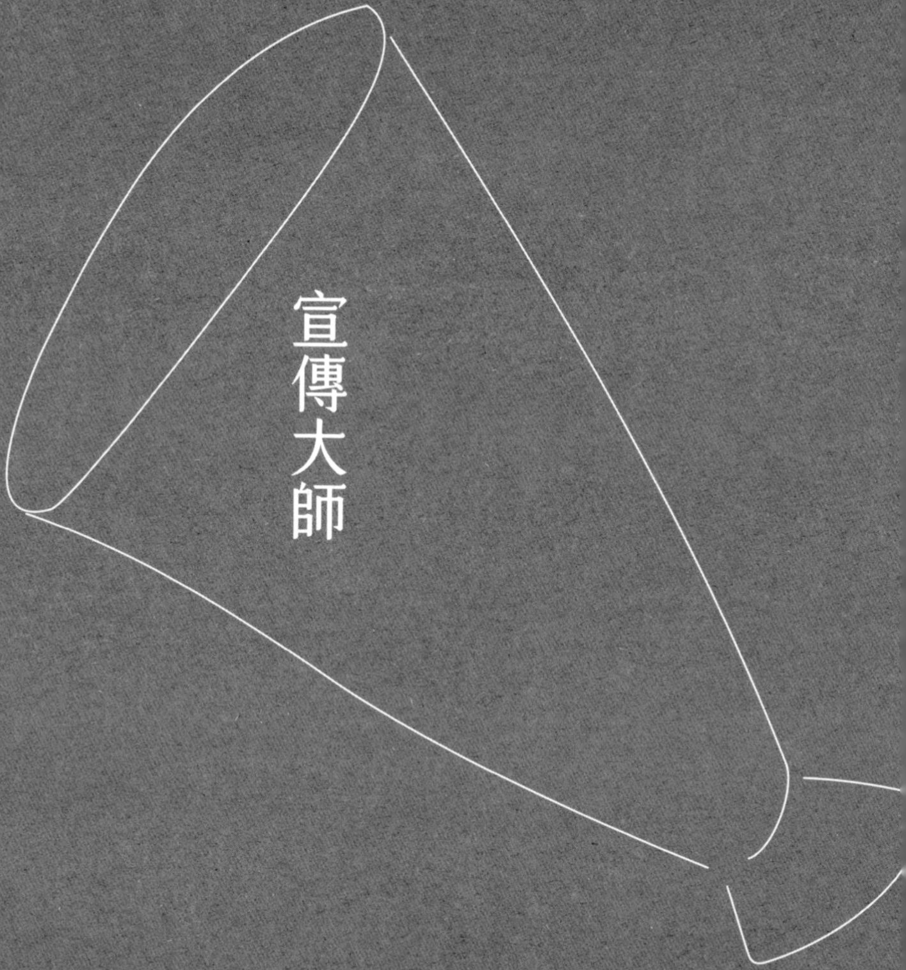

宣傳大師

第八章 轉變中的青年：喬伊與艾爾西

（「逆行倒施就會敗亡」）

德國紐倫堡

一九三六年九月十二日

〔以下是由一名不知名的德國記者，在第三帝國國會造勢大會上所寫的官方報導〕

……不到下午七點半，影子已經拉得很長了。紐倫堡的高塔在黃昏夜色中泛紅。昏暗夜色中，很難看清楚操場上九萬名男性和兒童的樣子。

突然間——

聚光燈向天上投射！光柱中出現兩百多張巨大的反萬字旗！這麼一來我們就知道這廣場規模有多大了。在更多的燈光投射下，照亮前方完美無瑕白色大理石砌成的講台。這景象真是叫人終生難忘。太美了！

擴音機廣播大聲要求群眾遵守秩序。只見車輛急駛而過，之後雷伊博士（Dr. Ley）的聲音從擴音機中傳出：「請注意！元首到了！」更多藍色探照燈向天空照去，高達數百米，在頭頂形成我們這些凡人畢生難見壯麗的光之聖堂。

就在這時，入口處我們看到了元首的身影！他幾度停下腳步看向上方，穿過他身邊的人牆。歡呼之聲如海浪般包圍著他。

帝國勞工陣線領導人雷伊博士接手麥克風說：「元首、元首，當一切絕望時，您相信我們。（現場如雷掌聲）元首，除了您以外，拯救德國大業沒人敢居功！（更多如雷掌聲）」

所有人都投身在這場歡欣鼓舞之中。

元首這時說話了！「黨內同志們！（掌聲如雷貫耳）我們是為了數百萬人民的靈魂在戰鬥。如今我們也成功了！（雀躍歡呼聲）」

元首繼續說：「這是我的預言：要讓猶太人知道德國沒有他們容身之處！（萬歲之聲不絕於耳）第三帝國，第三帝國將會千秋萬世！德國萬歲！」（盛大的歡呼聲迴盪在陰暗的廣場上）

在深沉夜色下，置身偌大的群眾之中，聽到這些話語，是讓人無法抗拒的。過去，他們一直被灌輸一種想法，就是德國媒體都是「謊言媒體」（Lügenpresse），到了最近這三年，這些媒體更加令人不屑，其言論也一再被抵消、失去影響力，只有領導人說的才是實話。因此，不需要過去四處找真相的習慣，只要相信聚光燈下領袖說的話；不要用過去的習慣、經驗、標準來批判領袖說的話。

在當時，這樣的觀點快速蔓延。一九三〇年代，世界各地全球化的腳步停止了。傳統職業一一消失，老一輩的政治人物也不再管用。人民昂首期盼救星到來。

但他們的期盼，迎來了什麼樣的救星呢？

到了一九三六年希特勒所辦的那場造勢大會時，全世界可以選擇的解決途徑有兩種。一種是由法蘭克林．羅斯福在美國所提出的方式：他要美國同心協力，集全國之力來幫助其他國家。另一種方法，則是在德國所採用的方式，納粹的目標是分化——在當時，他們利用剛發明的收音機媒體和新聞短片當作傳播工具，藉此針對社會上特定少數族群發動攻擊，將少數人和外國人妖魔化，並斥責、毀謗獨立新聞來源。

德國當時的成功，來自很多層面的貢獻。但其中，最具象徵性的，就是約瑟夫．戈培爾。身為第三帝國宣傳部長，說戈培爾這名字是魔鬼的代號，那還真是一點也不為過。戈培爾可以說是把本書所要強調的那些原則，做出相反的示範。他讓這些反面示範，帶出人性最黑暗的一面。

但戈培爾能夠爬上麼高的職位，其實是讓人很難想像的事。納粹在德國所推行的運動，標榜的是強壯的體魄、暴力，讓這個運動更加精彩。但是戈培爾卻是個體型瘦小的人——身高只有五呎四，還有一雙O型腿，走路都得拖著腳，嚴重不良於行。納粹黨員反猶太的態度是眾所周知的，但戈培爾在二十多歲時，曾經應徵過柏林一家猶太人摩西（Mosse）家族所擁有的報社，該報社素以對猶太人樂善好施聞名。另外，他也和一名猶太女性交往過一年多（「我和艾爾瑟〔Else〕有過許多次甜蜜幽會……我愛她的程度難以形容。」）

這樣的經驗、背景影響了他此後的作為。在某個關鍵時刻，他一度因為個性中善良的一面想要做點好事，但他有所遲疑、態度搖擺不定……最後完全放棄。對於一度信任他的那位女友而言，這傷透她的心。但是，因為他先前被人嘲弄不良於行，很不幸的，讓他對於人性最卑劣的動機有了深切的體悟。這也強化了他內心的冷漠、算計，讓他以對人性的體悟達成最殘酷的目的。

現代醫學已經了解，戈培爾身體上的殘缺，其實是因為阿基里斯腱過短所造成的，要矯正很容易。但在他出生的德國西部工業小鎮萊特（Rheydt）鎮上，他的父母卻只想得到用運動來治療。戈培爾的父親是工廠職員，母親則是沒有受過教育的農家女，他們所想出來的矯正方法，卻是適得其反。戈培爾日後曾在私人回憶錄中寫道：「我記得有一個週日，全家人一路從家裡走到蓋斯騰貝克（Geistenbeck）。隔天我的腳舊疾發作，痛到只能躺在沙發上。」醫院對他下的診斷是「終生跛行」。跛行自然跑不快，被人嘲笑時，他也無法脫身或逃離現場，矮小的身材更讓他無法反擊。家中雖有兩個哥哥，但不確定當時他們有沒有幫他討回公道。

從當時一些殘疾孩童所撰寫的回憶錄中，我們知道，當時的世界對殘疾孩童非常不友善，會幫他們取難聽的綽號、用歧視性的字眼，一群人會聚在一起只為了嘲笑這些小朋友——不是一、兩次，而是不斷用讓這些小朋友一輩子難忘的方式來羞辱他們。戈培爾寫下：「我的童年蒙上了厚厚的一層陰影，在同儕間不受歡迎。」

日後在他的自傳體小說中，戈培爾創造了一個跟他很像的角色，連右腳不良於行都像他。他為這個角色取名為米夏埃爾（Michael）。他寫，米夏埃爾「是很奇怪的人。只要看到他灰色的大眼，你就能夠了解他這個人，不用親自認識」。其他的小朋友「都不喜歡他，他對小朋友也很兇、很粗魯。要是有人請他幫忙，他只會臉上笑笑的轉過頭去。」

但事實上，戈培爾寫：「米夏埃爾痛恨被人孤立，這讓他覺得『苦不堪言』……很多時候他都覺得自己很無助。」因為這樣，日後的米夏埃爾變成有「暴虐獨斷的傾向」。小說中，米夏埃爾不甘於終生在萊茵省的小鎮上默默無聞。「他的大志是將來要成為大人物。」

到了念中學的年紀，戈培爾訓練出急智，這樣他可以反制嘲弄他的人。而且他在校的成績變得非常出色，至少讓他可以在萊特這樣的小鎮中稱霸。一九一七年他中學畢業時，大部分同學都被徵召入伍，但他選擇繼續攻讀大學，爸媽對此也沒有反對。

但是大學生活卻不是他原本期待的樣子。德國社會很重視階級，每一個階級都看不起比自己低的階級。一個從萊特小鎮來的小伙子，爸爸還只是個工廠職員——你的階級就已經被認定了，沒什麼好爭的。還好他有天主教徒的身分，多少可以突破一些這種階級限制，所以戈培爾加入了波昂大學的天主教徒兄弟會。不過，這也不至於讓他擁有顯赫的地位，他在日記中就寫這讓他很困擾：「我真的慘到家了，金錢方面有問題，社會階級的差異，真是集天災人禍於一身。」

所以他去當家教賺點外快，藉此買些好衣服裝點門面，拉齊階級差異，但大家似乎總還是拿他的腳開玩笑。他好不容易才交到一個朋友卡爾．海恩茲．柯利許（Karl Heinz Kölisch），剛好他有兩個妹妹艾格妮絲（Agnes）和梨賽兒（Liesel）。戈培爾終其一生都很想討女生歡心，但他外表上沒有足以贏得柯利許家兩個女孩芳心的地方，這點他心裡很明白，他寫他自己「既蒼白又瘦小」。他深自遺憾，再加上身體上的缺陷，簡直就是「讓人憎惡」。

即使明明就坐在那裡好好的，他的腳卻常常莫名又腫又痛。他還會在靴子裡用鐵板把腿固定住，但也起不了作用。

為了贏取女性的芳心，若無法靠外表取勝，就得在其他方面下功夫。所以戈培爾轉移目標從柯利許家的大人下手，同時也扮演兩個小妹妹的傾聽者，偶爾插入一些對方愛聽的讚美和笑話——這招果然奏效，彌補了他外表上的不足。他最美的夢想終於實現。

才十多歲的戈培爾回憶：「波昂的艾格妮絲，有一晚我陪她時，她第一次真心對我好。」既然只要下點功夫，掌握將女性玩弄於股掌之間的訣竅，就能夠遂其所願，那怎麼不把野心再放遠一點呢？戈培爾似乎是用了什麼方法，要艾格妮絲別把兩人相好的事張揚出去，他說：「不要跟別人說。」這讓他可以繼續神不知鬼不覺的，又朝第二個妹妹下手。「波昂的梨賽兒……有一晚和她待在朋友的房裡，她頗用心，讓我很滿意。」但是為了確保事跡不會走漏出去，他還特地給她上了一堂「性病起因和防治方法」。

接下來幾年間，戈培爾閱讀各種書籍，包括賽萬提斯（Cervantes）、易卜生（Ibsen）、托爾斯泰的小說、韋伯和席梅爾（Simmel）的當代社會批評論述，他自己的著作則顯得晦澀神祕，而且態度高傲。到了一九一九年，他決定要攻讀文學博士文憑時，他選擇海德堡大學——當時全歐洲最古老的大學中最受敬重的一所。

當時，海德堡大學文學所教授群中，有位著名的德國詩人兼文學史家菲特烈希・岡朵夫（Frederich Gundolf）。戈培爾使盡一切阿諛之能事，請到岡朵夫指導他的論文。他曾寫，岡朵夫本人是橫空出世的天才，是大師。戈培爾為了獲得博士文憑，夙夜匪懈。到了一九二一年、他二十四歲時，就把畢業論文寫好了。他說岡朵夫對他「格外的寬容」。取得文憑，他的飯碗就有保障了。

但真的是如此嗎？雖然岡朵夫推他一把，但在外校審查階段，對戈培爾這篇以十九世紀不知名劇作家為題的論文，卻只是給予勉強過關的評價。他寫得太過倉促，連一些基本的研究都沒做，更別說提出有深度的分析了。

畢業論文獲得低分，讓他不可能拿到學術界的工作，但戈培爾內心對人世的憎惡之情，卻讓他做了不同的解讀。他覺得學術界全是「一群心胸狹窄的老學究」，更何況，他本來就有鴻鵠之志，不願困在淺灘。天才如歌德、杜斯妥也夫斯基之流，全憑自己的筆留名青史，他也不落人後。「我的理想是：擁有生花妙筆，筆耕自足。」

然而，戈培爾的文運不濟，德國幾家主要出版社和報社的編輯，也同樣覺得他的作品太做作。其他作家在柏林蒸蒸日上，卻只有戈培爾備受冷落。

所以到了二十五、六歲時，他只好搬回故鄉萊特，放棄成為偉人的夢想，跟爸媽、兄弟、以及最小的妹妹，一同擠在小屋子裡，生活又回到從前高中時期的毫無作為。大學同學都已經順利取得晉升中產階級的職業，擁有中產階級的人脈。戈培爾覺得自己「格格不入、充滿革命情懷」，但在家人的眼中，他卻是「家中唯一不事生產、沒人把我的話一回事、毫無建樹的廢人。我真的要瘋了！」

更糟的地方在於，戈培爾認為這一切怪不得他，全都是因為德國經濟太差，或者應該說，全都是資本主義惹的禍——這點雖然他當下還沒空仔細去想，但有件事他很清楚，歷史上不乏「擁有聰明才智、才華洋溢的人，卻為貧窮所苦，終致毀滅」。他愛赫曼．赫塞（Hermann Hesse）的首部小說《鄉愁》（*Peter Camenzind*）書中年輕的主角，渴望逃離，一開始時卻不知道逃離後會變成什麼樣子。「我只是覺得，我的好運終會到來，讓我得到名聲、或許還能找到心上人……」

於是，在朋友的介紹下，他認識了艾爾瑟．妍珂（Else Janke）。妍珂跟他年紀相當，都是二十出頭，這很適配。她是猶太人，充滿好奇心，在學校當老師，這點也很好。因為這樣一來，他就可以躍上比自己父母、兄弟、朋友更高一階的社會階級。

兩人一開始並不算熱絡，在第一封信中她稱戈培爾是親愛的博士先生，但不久兩人就親暱的互稱喬伊（Joey）和艾爾西（Elsie）。對於戈培爾的跛腳，她不介意，也很懂禮貌，她會陪戈培爾媽媽閒聊八卦，一聊就是好幾個小時。她也很聰慧，兩個人一起出去見女方朋友時，忽然間萊特這個小地方變得不那麼乏味、落後，戈培爾也很喜歡她的朋友。對她，他可以盡情傾吐無法跟別人訴說的作家夢：「觀劇後跟艾兒在冷冽清澈的夜裡漫步。夜色中的草地裡一絲迷霧升起……真是幸福的漫步……靜謐、無聲，貼近萬物生靈。」

這是情侶們朝思暮想的情節：無所不談、無所不能。更美的是，艾爾瑟．妍珂還兼具務實的美德。她清楚麵包與愛情一樣重要，如果喬伊的劇本沒寫完，也沒寄出去，就沒機會登台問世。所以，她會假意笑罵道：「你可別太陶醉在浪漫中喔。」然後她陪著他一起打字，把劇本寫出來，並且陪他找到最適合演出該劇的劇場，看是要送去杜塞朵夫、科隆、還是其他城市。

她還特別幫他準備一本寫作日誌以供參考。在日誌的第一筆紀錄中，一九二三年十月十七日，他寫：「我用她的名字開始這一切。沒有她的話，今天我要怎麼開始？」他決定不要再晚睡，所以他寫：「八點就起床！」並且開始多運動。更重要的是，他要把劇本寫完，好多賺點錢。

在此同時，即將撼動世界的勢力正在不為人知的角落蠢蠢欲動。萊特教堂的牧師，在布道會上公然反對猶太人，在大學裡，猶太人也經常成為被人嘲弄的對象，但是……有必要做到這樣嗎？戈培爾自己的論文指導教授菲特烈希．岡朵夫本身就是猶太人，但他卻是所有老師中最慈善的一位。戈培爾素來崇拜的德國十九世紀文豪海涅（Heine）也有猶太人血統。和妍珂在一起的時光，讓他對猶太人改觀。當他一再讀到當時文壇對海涅的嘲弄批評後，戈培爾終於忍不下去，寫信對朋友說：「其實，我還真的不是很喜歡這股過頭的反猶太主義。」這實在「太損人也不入流」。

戈培爾這時也經歷了人類學家范．甘奈普所稱的通過儀式。過程中的第一個階段，是他離開童年家鄉、來到波昂和海德堡念大學，這是分割階段。大學畢業後回到家鄉，這時卻退後了一步，回到最早的原點，進入與外界隔絕、沒有時間感的第二階段。

與妍珂的相遇，原本可以幫他走出一條不一樣的路：他有機會因此成為劇作家、或是文化批評家，進入一個不一樣的世界，和一位討得父母喜歡的當地女子成親，成為家鄉小鎮上的人物。因為他有急智、詼諧、又平易近人。但這個可能卻沒有機會成形，因為他所有寄出的劇本、還有向摩西家族經營的柏林報社投遞的求職函，全都杳無音訊。

妍珂在背後給他打氣，讓他不致絕望或是忿忿不平。戈培爾很會彈鋼琴，在踏板上墊上一塊小木板，這樣他的右腳就可以踩到踏瓣，或者也可改用左腳去踩右踏瓣。她還存錢幫他買了一整套的舒曼鋼琴曲集樂譜，但都撫慰不了他的灰心喪志。

人都不喜歡展現自己最絕望的一面，妍珂一路走來本是他的希望所繫，現在卻成了他的失敗根源。他再次掉回憤世嫉俗的深淵，這才是他熟悉的世界。他自認找到原因，那麼多成功的劇作家都是猶太人，這不是太啟人疑竇了嗎？如果說，投稿和應徵失敗，原因都不在他，而是這些人排斥他的徵兆呢？

一開始這份猜測只藏在心裡。在一次觀劇後，他寫了一段話：「一句話總結，搞笑的猶太噱頭……」但其實，該劇的劇作家根本就不是猶太人，但妍珂可不知道戈培爾心裡的想法，也就無從糾正他。戈培爾這種憤世嫉俗的心理日益嚴重。在一九二三年十月二十七日的日記中他寫：「我相信她非常愛我……但可惜她生錯了族裔。」她身為猶太人，怎麼可能了解他作品中的微妙之處？他在日記中開始怪她，要不是她這麼早催著他把手稿寄出去，這些作品肯定還可以寫得更好。

在這之後，他可能不小心把這番心情當著妍珂的面說了出來，因為她有留下文字記錄自己受辱的心情：「對於種族的那番話，至今還在我耳中迴盪！我認為就這方面而言，你的主張絕對是誇大了！」但她還有一招。在那個還沒有避孕藥的年代，男女性愛往往帶有承諾的成分，妍珂用這招制住了戈培爾一陣子。那一年除夕夜，戈培爾在日記中寫：「我愛妍珂，自從她許身於我後，我覺得和她的連結更深了……」

但即使是這招，她給戈培爾指點的這條明路也越來越沒希望了。有次，更是完全絕望，戈培爾的父親常抱怨他在家啃老，不像其他幾個兒子有正經工作，讓他在日記中寫：「要是我能娶到妳，妍珂，那好多問題就可以迎刃而解……有時候我為自己感到汗顏，我花了家裡好多錢。」但是錢的問題還不算大。他還寫，自己始終是「不對的族裔」，他在新聞報導中讀過，有一個剛成立的政治團體，其領導人希特勒正在接受審判，因為他力圖為受屈的偉大靈魂抗爭，打倒一切阻撓的惡勢力。

這名領導人就了解他這種有志難伸、坐困愁城之苦，所以應該擺脫所有的限制。這種衝突並非新鮮事。早在一八六四年時，杜斯妥也夫斯基就寫過：「我並不會感到訝異，要是突然有一天，某個其貌不揚的人，跑出來對我們說：『各位，我們何不將理性全都拋諸腦後……再一次依自己的意願過日子吧！』他肯定能找到知音——人性不外如此。」

戈培爾就是想要這樣的生活，他也一樣有志難伸太久了。差不多在一九二三年底，就在遇到妍珂幾個月後，他小心翼翼的來到離家不遠處的納粹黨支部辦公室，參加了一次會議。這是很大膽的舉動，因為他個子很小，要是其他參加的粗人和他對不上眼，他肯定會成為練拳的沙包。但因為當時，還很少有知識分子加入納粹黨，所以，該支局的人不但沒有因為他個子小而嘲笑他，反倒看中他的伶牙俐齒，想要借重他。他在這裡很受歡迎，還被邀請再次來訪。不久更被賦予重任，撰寫講稿，之後更升任其他要職。

另一條明路出現了，這讓他願意重新與外界接觸。但這個世界，卻不是妍珂想像中的那個。前述我提到，威廉．布萊在大海上的性格變化，皆隨著他艦艇的命運而改變：有時他冷靜自若，就像他的恩師庫克船長那樣，是皇家學會院士般的學者；但是，如果遇到困難，他則會化身兇神惡煞、動不動就用鞭刑的怪獸。

戈培爾有一段時間也像布萊。在一九二三到二四年冬季，與妍珂熱戀期間他和她的朋友相處，帶出了他討人喜歡的一面。但他同時也逐漸將重心放在新開發的領域，這邊的人則催化出他性格中截然不同的另一面。他的日記中就寫下所見所聞：「萊特的失業工人發起暴動……是絕望和饑餓所促成的。」妍珂又開始和戈培爾母親見面，或許是有意撥亂反正，要戈培爾回頭，但兩人怎麼勸也勸不動他。

最後，戈培爾做了重大決定。日記中他變得越來越冷酷無情：「猶太人像毒藥一樣，正在毒害歐洲。」一時間來到一九二四年，妍珂和他之間的通信越來越少，他也不再被暱稱為喬伊，而是又變回正式的博士先生。

攜手共渡的日子到此結束。

第九章

第三帝國宣傳部長：約瑟夫・戈培爾的勝利

「第一原則是絕對不能讓人感到乏味。這點比什麼都重要。」

在戈培爾和妍珂最後一次通信後，不到一年的時間，戈培爾就被任命為納粹黨柏林辦公室主任。在一般地位穩固的政黨中，新黨員是不可能升得這麼快的，但當時納粹黨還是個小黨，在柏林市只有幾千名會員，而該市的市民人數達數百萬之多。戈培爾在日記中很興奮的提到黨多麼器重他才能的事。柏林是當時德國的首善之都，要是能夠讓黨在柏林的命運改觀，那之後其政治運動能夠發展得多蓬勃，誰都說不準。

而且，還真給他成功了！他先是在柏林嚐到甜頭，之後又在更大的區域獲得成功，他一面對希特勒用力的逢迎拍馬，一面執行黨的行動（他在日記中寫道：「我們英勇的黨員在巴士上硬把一名猶太人扯下來。」）。不久，戈培爾畢生的夢想終於實現。一九三二年一月二十三日的日記中他寫下：「老闆要指派我為電影、廣播、宣傳部的部長。這可是重責大任！」執掌納粹黨的宣傳工作，他得以讓歐洲最強的國家、這個擁有七千萬人口的大國——德國任憑他擺布。

是什麼讓這兩個人湊在一起的？

在戈培爾這邊，當然是因為恨意：必須找代罪羔羊來解釋他的失敗。為了確保自己能夠成功，戈培爾運用自己越來越接近希特勒權力核心的職位，來營造震懾德國民心的夜行軍：派出成千上萬的納粹衝鋒隊，拿著亮晃晃的火把在夜裡造勢；安排電台廣播，將這讓人興奮的壯觀場面即時放送到全國和全世界。許多希特勒最重要的演講，背後都是由他代筆和規劃。其參與程度隨著他的地位上升也越來越多。他所主掌的納粹宣傳部不斷製造各種新聞短片、海報、廣播節目、書籍、教程、宣傳手冊；宣傳部也控制全德國的劇場、音樂演出和電影演出；該部門也以祕密監控的方式，操控監督輿論；由於戈培爾是希特勒的親信，他的部門得以發動街頭攻擊行動，才會導致日後該部門成為推動大屠殺的參與者。

戈培爾在納粹黨內和德國境內的作為，靠的是他一輩子所累積的三寸不爛之舌，以及過去備受欺凌，而了解到霸凌運作模式的經驗。也就是他那套顛倒是非黑白的功力，讓納粹德國得以在一九四一年攀至權力巔峰。他這種成功所仰賴的方法，正好就是本書的反面教材。

他不願傾聽他人，而是讓所有反對者噤口；他不對人付出，而是將所有不表效忠、或是露出憎恨的火苗都踩熄。只要有人出言批評，他一定發動攻擊，遇到異己，務求趕盡殺絕，不論影響力大小。[6]他怎麼把這些負面元素勾勒成功，這一點正好給予我們深入了解人性黑暗面的機會。因為這可以讓我們看到善良的人，在世界會遭遇到什麼樣的反作用力。

不傾聽且噤聲

戈培爾在一九二六年被拔擢為柏林黨部主任時，納粹黨在德國還只是個名不見經傳的小黨，戈培爾因此面臨要提升黨的能見度、並為自己吸引關注的重責大任。但是他的一些動作，卻遭到柏林警察局長反對，這位局長是位非常強悍的退伍軍人，名為貝納特．魏斯（Bernhard Weiss）。魏斯在一次大戰時在陸軍騎兵隊擔任上尉，先後得過鐵十字勳章、鐵十字一級獎章。在當時已經執掌柏林刑警隊多年。

一九二七年，德國政府頒布禁令，禁止納粹黨進行集會。戈培爾於是下令，請原本在紐倫堡造勢的柏林黨員和納粹黨衛軍——人數超過四百多人——全數搭火車回柏林，打算集結在柏林中央火車站。他的目的，是想藉此恫嚇當局，但是魏斯完全不受威脅，他派出武裝警察部隊，駐守進站火車附近的各個據點，將戈培爾的人馬全數逮捕。

戈培爾跟公權力無法正面衝突，但是他正在操持納粹黨報《進攻報》（*Der Angriff*），所以他就利用報紙，將以前嘲弄人的本事拿來對付魏斯。《進攻報》上，他們刻意不稱呼魏斯的本名，因為這對他太客氣有禮了；相反的，戈培爾用很酸的語氣稱他是「伊希朵兒」．魏斯（Isidore Weiss）。伊希朵兒在當時是德國猶太女性很常使用的名字，戈培爾在報上這樣稱魏斯，不只在暗示魏斯是猶太人——他真的也是——而且還要告訴世人，魏斯刻意隱瞞自己是猶太人的事實。

然而真相是，魏斯其實讓所有人都知道自己是猶太人。他以身為猶太人為榮，任命他為警察局長的普魯士內政部長，還特別提到能在警界請到像魏斯這麼有能力的猶太人，實在是件好事。

但這已經不由得魏斯分說了，因為戈培爾栽贓他故意隱瞞猶太身分，在報紙上日復一日、前後講了好幾百遍：不只在《進攻報》講，也在公開造勢場合上講。這些集會原本都只有少

6 注釋：關於時間序。納粹黨的支持度在一九二〇年代其實有起有落，但多數時候它取得來自小眾、邊緣人的支持。一直到一九三〇年德國國會選舉，納粹黨才第一次在全國性支持度上超過一成。而戈培爾在柏林的成功，對此貢獻頗多。希特勒在一九三三年一月當選總理一職後，很快就全面執政，但即使到這時，納粹黨本身在德國選舉的得票率都沒有超過四成。

數納粹狂熱分子參加，他們會在這裡喝倒彩、叫囂、大聲高歌。

一般的柏林人卻因此開始有些搞不清楚真偽，因為同一個假名標籤聽了太多次，雖然有時只是嘲笑式的、有時是尖酸刻薄的提到，但是三人成虎之下，大家開始起疑，會不會魏斯這人真的有什麼不可告人之事？

一開始面對這樣的攻擊，魏斯一笑置之，覺得這很幼稚。等他開始要否認，他還把戈培爾告上法庭，但事態已經一發不可收拾了，沒有人要聽他的辯解了。戈培爾當然清楚自己的目的。孔子說過：「惡利口之覆邦家者。」正是這件事的寫照。戈培爾寫道：「伊希朵兒現在是一種心態類型，不是一個人或個體。」這樣的誣衊其實有意要轉移公眾的注意力，讓大家不要注意到其實在當時，不管戈培爾或是整個納粹黨，都沒有實質的政策可供討論。

給對手取綽號、詆毀對方的招數實在太好用了，讓戈培爾此後樂此不疲。所以在他所辦的報紙版面上，或是在他的演說中，柏林最大勞工政黨都不被稱為社會民主黨（或社民黨），而被他戲稱為「逃兵」（即使其黨魁領袖都曾經在一戰時為德國效忠上沙場），類似的標籤他之後也一用再用。當社民黨黨魁要求他道歉時，戈培爾不但不道歉，反而變本加厲，唸得更大聲，裝作一副他不懂被取這個綽號有什麼好生氣的樣子。但其實，真正沒當過兵打過仗的人是戈培爾，他連補給兵或後勤的工作都沒做過。偏偏沒有人注意到這件事。

當德國總統、也就是退役將領保羅・封・興登堡（Paul von Hindenburg）擋到納粹黨的發展去路時，他也被取了綽號。在戈培爾口中，興登堡成了「腐敗政府」的黨羽，他原本備受尊敬的退役戰爭英雄的形象不再，還被指責與「貪腐政治」勾結。興登堡的支持者心知此話不實，但是戈培爾講得頭頭是道，還能火上加油——他在報上登漫畫嘲諷興登堡。《進攻報》的攻勢絲毫不鬆懈，不知情的讀者不明所以、一頭霧水，也開始懷疑德國總統是否真的腐敗了。興登堡的支持者也同樣把戈培爾告上法庭，還讓他因此被罰八百馬克，但他一點也不以為意。他在日記中得意的寫下：「興登堡的一級葬禮。」

這一套手法可以說是戈培爾的看家本領。他從過去慘痛的教訓中學會了，小朋友間取綽號，只要取得恰到好處，絕對會讓對手重傷。因為過去替別人揹過太多黑鍋，他更是深明給別人貼標籤，自己就可以成為掌控局勢的人。重點不在真偽，而是用這種手法讓對手毫無辯解、招架的餘地，等於束手就擒。

戈培爾在一九二七年的黨員造勢大會上曾說：「一個新社會運動，重點不在傳遞知識，而在信念。」他說，強調理性主義的猶太人就是輸在這裡，重直覺的天才都明白，德文中「國民」（Volk）一字，是德國國族主義者一向主張任何外來者無法獲得的身分，而這些國族主義者就是贏在這點上。戈培爾寫下：「耶穌在山上寶訓中並沒有提供證據，他只是斷然說出自己的主張。」戈培爾要做的也是這樣，他想對人民傳遞任何訊息，啟發任何想法，都不是難事，因為對他而言，人民會相信他不斷反覆、重申的事，這效果就像是唱片反覆播放一樣，只要他創造出那張唱片，讓人民經常聽到，人民就會認為是真的。

他這個想法，有了收音機這項利器，簡直就是如虎添翼。在戈培爾父母的年代，根本誰也想不到聲音可以在空中傳遞得無遠弗屆。即使戈培爾在他還是大學生的年代，商用收音機也尚未問世。正因為在當時這項科技初來乍到，所以也還來不及建立一個機制，來修正考核其放送內容的真偽——這不容易辦到，不像報紙行之已久，所以有一套查核訊息真偽的方法。但當時人們對於收音機的新奇狂熱，助長了廣播的吸引力。

在所有被詆毀的對象中，最重要的就是媒體，它被戈培爾視為頭號敵人。因為，它最能證明戈培爾騙人。也因此，要反制媒體，就要特別訂立一套不同的方式。光指責這些媒體「不正確」是不夠的，因為，不正確可能是不小心造成的，更何況，正不正確要靠科學驗證，一般人也無從判斷起。再者，這些媒體報導其他事也沒見它出過什麼錯。所以，要把它們定位為謊言媒體——意即，刻意說謊的媒體。

這比說它不正確好得多。為什麼？因為這樣一來，報導與事實的偏差，就不是不小心，而是刻意為之了。說謊是受到情緒指使的行為，也就是說，是你故意造成，是心懷不軌。雖然現在戈培爾不再相信教堂布道時講的那套，但是教堂中牧師傳達聖經中對猶太人的指控，正是他現在對媒體要發動的攻擊：猶太人的錯，不在他們對於加利利和耶路撒冷發生的事情與使徒有不同見解，而在於猶太人刻意說謊，這才是他們的罪名所在。正如媒體對納粹黨的指控，是刻意說謊一樣。在二十世紀的柏林，大家所面對的，不是聖經教義詮釋之爭，在這裡，大家爭的是你死我活的政治角力戰。媒體就跟猶太人一樣，在說謊；也跟猶太人一樣，是有心、惡意抹黑、掩蓋事實，不讓世人知道那些改變世界局勢的大事。

這時，戈培爾又把一些私人恩怨扯進來，成為他的助力。因為，當時德國多數媒體雖然把持在信奉路德教派或天主教的家族、或是一些沒有特殊宗教信仰的公司手中，但退他稿的摩斯媒體是由猶太家族所操控。柏林最聲名卓著的《弗斯時報》（*Vossische Zeitung*）——其地位相當於英國的《衛報》（*The Guardian*）或美國的《紐約時報》——也同樣在猶太家族手中。

這兩家報社本身擁有出色的記者，又在德國知識分子階層很受歡迎，但這些事對戈培爾一點也不構成困擾。他慫恿支持者只要有機會提到這兩大報，就用難聽的綽號去指控，還要當面嗆記者、恫嚇他們。看到支持者跑去報社外面示威遊行、或是叫陣謾罵，他一點也無所謂。

「謊言媒體」的指控是強迫性的，一天喊過一天，從沒停過。這麼喊下來，沒多久眾人腦海中再也不記得這兩家是正直辦報了。報社的記者也不再被認為是專家，提出證據也不再有人相信。即使對於政策細節如數家珍、精通多國外語和其他專業能力，也不再取信於大眾。這些人全都成了戈培爾口中一再覆述的「全民公敵」：心懷不軌、毫無公信力可言，說的話全都聽不得。不管這些人說什麼，都不必當一回事。

戈培爾這種搬弄是非、扭曲事實的作為，正好是本書所提倡的三原則的反面教材——和艾爾·海恩斯、馬丁·布隆姆利等人用心待人且傾聽，所追求的目標正好相反。他們希望做到的是，保持開放態度以追求真相，但戈培爾的目的，卻是要對真相抱持封閉的態度。大眾所相信的事，是他要他們相信的。他這種作法，的確瞞得了一時，但不可能瞞得了一世。在當時之所以還瞞得住，那也只是因為，這種作法帶給德國的毀滅性災難，離當時還很遠。

人們之所以相信戈培爾所「揭發」的報界陰謀，是因為它帶來一種附帶的喜悅感。陰謀論解釋了人生充斥的各種殘酷打擊、各種意外。偌大的世界卻乏人關心，好多疑問始終得不到答案，就像哲學家帕斯卡（Pascal）所懼怕的那樣。但陰謀論解釋了一切，原來發生在我們身上的，都是有人暗中搞鬼，存心要讓我們的日子難過。更何況，這種假設無從證明起。戈培爾這種對報業的指控，讓他得到信心，而這樣的信心，深得大眾所喜愛。

不求付出且暗中破壞

除掉謊言媒體後，戈培爾少了一個包袱。如果再把執政當局所仰賴的每個制度都除掉，像是所有威瑪共和憲法中制衡機制都拿掉，就肯定沒人能奈何得了他了。希特勒需要這樣的自由度，戈培爾與他沆瀣一氣，就成了最好的執行者。

被戈培爾攻擊的那些機構，當然不高興成為被針對的目標，但這對他來說沒有影響。他壓根沒有要他們幫忙，他是要分化這些機構，任其宰割。

第一個被他鎖定的目標，就是政府的立法機構，其中最具權力的就是國會（Reichstag）。德國的國家體制，主要是由知名社會學家馬克斯·韋伯（Max Weber）所制定，他是戈培爾母校海德堡大學的知名學者，享譽多年。但這樣一個象牙塔中的學者，怎麼可能了解民間疾苦？戈培爾的黨羽抓住這一點，以立法機關的無能猛攻：德國國會反應不夠迅速，落伍又守舊，大家不應該以它馬首是瞻。

這番攻擊同樣以給對手取貶意的綽號開始，然後再步步進逼。國會中，以被納粹黨稱為「逃兵」的社民黨議員居多數，當然，其中也有許多猶太人；要是當中有人既非社民黨、又非猶太人，但卻與納粹政策相衝突的，那就給他們栽上陰謀論的罪名，誰知道他們是不是背後受到國際資金的控制，而這些資金的金主，基本上也都是猶太人！——這樣的理論，戈培爾早就已經多次向德國人民宣傳過了，此時也就很輕易連結起來。儘管這分明不是事實，因為，在當時，英國、法國和美國多數的大型銀行，都是不讓猶太人投資的（英美兩國也往往不讓天主教徒合資），但戈培爾刻意隱瞞這個事實。

戈培爾對報業媒體的詆毀，不是去說他們錯誤報導，而是去指責他們居心叵測。同樣的，他在詆毀國會時，並不是去說國家被錯誤的民主體制所誤導，或是指責其體制沒有效率，需要改革——他們做的都太溫和、沒效率。他有個方法可以一招斃命。在《進攻報》上，他還特別給這個詞劃線，大聲疾呼：「我們反對偽民主」。誰會想要被一個偽制度所定的規則綁手綁腳？民粹主義的選民總以為，體制就是個幌子，任誰都可以看穿它的真面目。因為民主體制是假的，若戈培爾的政黨當選或執政，參與立法，就不會跟著一起墮落。一旦主政，「進入國會的殿堂中……我們不會跟著大家狼狽為奸，我們會將之一舉鏟除。」

另外，透過司法程序打擊對手，也是很重要的步驟。即使當納粹黨的議員已經有機會進入國會了，有幾名依然尊重《威瑪憲法》的法官，還是試圖力挽狂瀾，阻止這些納粹議員幹出最下等的勾當。戈培爾當然不能放過他們，他給人取難聽的綽號、再公開嘲笑的下三濫手法，也盡數用在對付這幾名法官。他深知，一部憲法的弱點，就在於制定憲法的人。所以他鎖定那幾名堅持要寬厚判決的法官，指責他們這樣做不愛國、不尊重憲法。而且，就算他們明明生為德國人，就算他們的雙親、祖父母也都是德國人，還是被指為不是純正的德國人。

當法院做出的判決違背納粹黨的宗旨時，這些法官就要再一次遭受羞辱。一九三五年，薩克森邦的法院作出判決，將攻擊囚犯的何恩斯坦（Hohnstein）集中營官員定罪。同為保守派、但還未加入納粹黨的德國司法部長發表言論，表示支持該判決。

這時，希特勒立刻下令特赦這些官員，戈培爾也立即對當地法官和司法部長大肆撻伐：錯的是這兩個人，因為他們違背了全體國民的意志。竟然有公務人員膽敢如此羞辱德國！戈培爾高呼：「身為法官，裁酌案情，不應以公正與否為考量，而要考慮這是否有用。」

為數不少的德國人民鼓起勇氣與之對抗。像在一九三三年一月，正當希特勒崛起之際，年輕的路德派牧師兼神學家狄厄特里希．邦赫佛，就準備要在柏林當地的電台演說。他打算向大眾解釋，德國即將要踏上的路有多危險，有太多人把這位新領袖當成偶像在崇拜。他們相信單靠希特勒一個人，就可以解決所有的問題，為此，破壞那些讓他無法施展長才的制度都無所謂。

就在邦赫佛人來到電台錄音室，準備對著麥克風講話時，播音卻突然被中斷。戈培爾的爪牙始終緊盯著他，所以他這番言論說什麼都不能流出去。（邦赫佛後來雖然一度離開德國，在紐約找到安全的棲身之所，但大戰開始後，他又回到德國——他希望繼續自己的傳道工作，並且暗中推倒希特勒政權。）

戈培爾一邊針對國會議員和法庭恫嚇威脅，一邊不忘控制大學校園。控制校園不是難事，因為長久以來，就有許多學生和教職員熱心支持納粹黨。一九三三年，戈培爾親自在大學校園發動他最高明的宣傳攻勢時，就得到高度的支持，當時他大肆攻擊大學所強調的批判性和理性思維。

一九三三年五月十日星期三這晚，全德各地準備開始大量焚燒書籍，裡面有許多當然是猶太作家的著作，其中愛因斯坦和佛洛伊德的著作尤其最遭憎惡，但也有許尼茲勒（Schnitzler）和祖威格（Zweig）的著作，還有傑克·倫敦（Jack London）和湯瑪斯·曼（Thomas Mann）等作家，因其作品中支持的道德標準與新納粹計畫衝突。連戈培爾過去最推崇的海涅，如今也難逃送入火堆的命運。

納粹黨從全德各地的家庭、圖書館和書店中，搜出成千上萬本被他們列管的書，大學城和柏林街頭也都沒放過。戈培爾等人共同計劃在夜間舉辦焚書活動，以製造壯觀的聲勢。他們安排大家在焚書火堆前莊嚴宣誓，還有樂隊演奏，政府要員前來致詞。另外，在大學城，還有教授和學生，充滿興奮之情的前來演說。

整個焚書活動的中心保留給柏林市。在這場活動中，戈培爾來到柏林歌劇院前的大廣場：

熊熊火燄在他們面前燃燒，眾人紛紛將各式書籍朝越燒越旺的火堆丟去。戈培爾刻意將全德的焚書活動安排在同一時間舉行，並透過全國性的電台宣布，串連起所有活動，藉此讓全德國人知道「過度誇張的猶太知識論時代已經結束」。他在萊特的家人，以及在家裡的妍珂，當然一定也在收聽廣播，但戈培爾還不滿意。他說，德國人很明智，「將一些過往的知識垃圾全交給了火燄」。以後大家不應以追求成為「博學多聞的人」為目標，應該成為「有特色的人」。

此後，教授所給的答案不能被視為權威，也不能加以信任。任何人給的答案，都不能信任。一九三〇年代的德國，不管是立法機關、法庭、大學，以及說謊的新聞媒體，全都遭到詆毀顛覆。那麼群眾對於領導階層的決定，還能根據什麼去懷疑？

在當時，國際組織算也是獨立於上述單位的權威來源，因此，戈培爾也不能放過。當時的國際聯盟（League of Nations）對於少數族群權利相當關注，戈培爾指責這真是可悲、不當。國際紅十字會對於緊急救難以及大眾健康衛生也太過死心眼，被戈培爾斥為錯誤。國際性的自由貿易組織以及記者權益組織，還有諾貝爾基金會對於獨立科學研究的讚揚等，戈培爾也說這些全是錯誤的，不斷挖出來嘲弄和詆毀。

不談自保且一味攻擊

只要任何行動遭遇到反抗，戈培爾的作法就是慫恿支持者以暴力回擊，以遂其所願。

本書所提倡的第三原則，強調要有適度的自保。但戈培爾卻是以完全不成比例的方式攻擊對手，原因在於，他前半生中一直是個弱者。在小學時，他就是萊特小鎮裡那些恃強凌弱的小朋友欺負的對象。他到了二十出頭時，也還是一樣懦弱無能，連為自己的才情找份適當的工作都辦不到，還要靠女友妍珂不斷鼓勵。即使到現在，他的身體也還是手無縛雞之力。不過他已經離開了妍珂，不必再聽她根本沒作用的鼓勵和嘮叨，輕聲細語的催促：「你有去申請另一份工作嗎？」現在的他不可同日而語了，他被超級保鏢——這些人都是納粹運動初期主動投效、充滿戰鬥意志的年輕戰士——所保護，就像有銅牆鐵壁一樣。靠他們，戈培爾終於可以居高臨下，在一人之下、萬人之上。不管德國過去強調過什麼待人公平的理念，他都要全部一腳踩下。

他剛來柏林不久時，一次聚會中曾有一位擾亂分子在群眾裡對他叫囂。戈培爾聞言，只是眨眨眼，點點頭，然後對群眾說，這名鬧場的人會被「客氣的請出場外」。但事實上，他派人將該滋事者抓起來，痛毆一頓，然後當著講者和群眾的面，把他扔下樓梯，此舉換來滿堂彩。數分鐘後，大家又發現有一名記者混入大會中，在場的人也都知道戈培爾對記者是怎麼想的。所以戈培爾只是在高處輕輕點個頭，這名記者（其實他出身蕭爾〔Scherl〕出版社，算是納粹的同路人）也一樣被痛打一頓，再次在全場觀眾和演講者的喝彩聲中，被推下樓梯。

戈培爾經常在下指令時，特意避重就輕，但他的用意不是出於謹慎，而是要創造出一種不言可喻的心意相通，好像聽懂笑話時的會心一笑那樣。在場的人都同樣抱持著只能做不能說的想法，透過這名記者讓大家凝聚向心力，藉由輕輕點個頭來慫恿暴力，把惡質人性全都勾引出來，真是拿捏得恰到好處。

又比如說，當戈培爾想要求支持者貼出政治海報時，他會半正經半嘲弄的提醒他們，「要是有過度熱情的黨員將這些海報貼在空屋、花園圍牆、或是猶太人店家的窗戶上」「就道德的觀點來看，是有點遺憾了」。但他接下去會說，如果反對者把海報撕下來，那就要「給他個教訓，直到他了解自己錯在哪裡，但可別弄傷了人家」。這時他會搭配點頭和眨眼，和觀眾來個心靈相通。

尤其如果傷害的對象還包括女性時，那就更讓人覺得痛快了。最好這個對象還是個受過教育或是穿金戴銀的女性，因為這代表這些女性的出身背景，正好是他出身微寒的對立面。他經常會慫恿黨內一些強悍的同志到柏林高檔購物街去閒晃，像是侯爵壩（Kurfürstendamm），伺機鎖定看起來像是猶太人的女性加以威脅。這些納粹爪牙威脅女性的作法，一開始會先站得離對方很近，近到讓人覺得恐怖，但明明戈培爾提醒過他們，要小心別弄傷人家啊！他日後曾得意洋洋的說：「大眾不懂我話中細微的涵意，他們只要找到對象，一個也不會放過。」

而且，他們不是只威脅對方，而是將人打倒在地，打得鼻青臉腫，被納粹鎖定的男性也沒有獲得比較好的待遇。戈培爾同樣撇得一乾二淨，好像跟他無關。他說，很可能是那幾名猶太男性「正好在事發時被不小心波及」，但他又沒有權力和方法叫下手的人住手。

我們現在無法找到戈培爾留下的隻字片語，表達他對這些酷似妍珂女子攻擊的罪惡感。事實上，這樣的攻擊的確有可能發生在妍珂身上，只要她和友人存了一筆錢來一趟柏林血拼之旅的話，就有可能遇到。但他一度曾提及：「有時想到妍珂，我就深以自己為恥。」在同時期的一篇日記中，他提到自己「作了一個奇怪的夢」，夢中他回到學校，身後跟了一群猶太教士，不斷叫他。「我領先了幾步，就回頭吼他們。雙方就這樣對峙好幾個鐘頭，但他們始終落在我身後。」

造勢大會上，群眾都在期待戈培爾下達新的暗示。「製造暴動可以獲得最低四百馬克的補助，其他就不用我多說了！」他一些比較外放明顯的情緒流露，則是留給小型的聚會，例如：「吊死他們、吊死他們！」他只是潦草寫下這幾個字，光這樣他的同黨就能了解，該怎麼做才能達成他的心願。

為什麼戈培爾這種方式會這麼吸引人呢？和多數人同流，讓你覺得比被排除的人更強大。在當時，德國有許多人和戈培爾有同樣的感受，他們都厭惡當下局勢：一戰戰敗，但明明德國那麼奮勇作戰；通貨膨脹來得莫名其妙；被他國占領的情形時好時壞；全球化貿易動搖傳統產業的根基——這些負面影響，都是小老百姓無力改變的。看到別人過得比較好，又不能報復，這些不滿、怨懟之情，全在這些興奮的造勢活動中找到宣洩的出口。

一九二七年，戈培爾最欣賞的作家赫曼・赫塞的小說《荒野之狼》（*Steppenwolf*）問世。赫塞本人不是納粹黨人，但此書的主角，卻表達了戈培爾的情緒，這種情緒也正是當時瀰漫整個德國的情緒：「我一向不敢對外張揚，但卻厭惡、不恥且咒罵的，就是中產階級那種自滿得意、健康舒適，並小心營造而成的樂觀心態……」杜斯妥也夫斯基筆下那個其貌不揚、鼓吹放棄理性的人真的降臨人間了。

戈培爾教大家如何把赫塞的憤怒宣洩出來——這樣做，保證他的支持者能瞬間獲得力量、超越他人。而且就算不是自己動手，聽到有人這麼做，都充滿吸引力。當代採訪摔角的體育記者史提芬・強森（Steven Johnson）曾說：「人們來看摔角不是在看誰打贏，而是來看有人被狠揍。」這種靠攻擊弱小得到征服和居高臨下的感覺，讓人無比陶醉。當年曾目睹侯爵壩群毆事件的記者在震驚之餘，卻也明白了一件事，那就是在戈培爾指派的那群年輕人眼中，「群毆成了這群年輕人的日常娛樂」。

這種駭人聽聞的群毆事件，其實背後另有更深的目的。戈培爾知道自己必須要不斷吸引公眾的注意力，這就表示他永遠要搶先一步，推陳出新、搗亂、不能停下來。一九三三年三月間，德國宣傳部剛正式成立，在他就任部長初期，他在一場會議上召集德國境內數百位廣播從業人員，向他們開誠布公的解釋作法。

他說：「第一個原則是絕對不能讓人感到乏味，這點比什麼都重要。」另一個場合中，他同樣強調：「柏林需要有新鮮的聳動誇大……這個城市喜歡這一味，政治宣傳若不能洞悉此點，一定無法切中目標……科技進步，宣傳也要與時俱進。」

所以，就是要不斷製造新聞話題。新聞越多、越層出不窮越好。待人厚道這種事自然被拋在腦後。

要達成戈培爾的這個目標，最簡單的方法就是要不斷改變話題。比如說，侯爵壩事件錯在誰身上，戈培爾巧妙的把焦點轉移到別件事上。「如果因為是猶太人行為跋扈張揚，才會在那裡被打，那是因為德國人已經從被猶太人打壓的親身經驗中，學會了應對之道。」經他這麼一轉移焦點，話題從究竟發生了什麼事，轉移成該由誰負責，以及什麼程度的憎惡情緒可以被容忍。

另一種手段則是不斷改變政策，再用完全無視先前說法的方式來自圓其說，這樣民眾就會被搞得團團轉，分不清真相為何。像一九三四年的幾起事件就是例子。希特勒從一般百姓到坐上大位的過程中，納粹衝鋒隊（SA, storm trooper）這支由國會團體所組成的部隊，一直掌握著納粹黨的命脈。該組織長期由恩斯特・隆姆（Ernst Röhm）率領，他從第一次與戈培爾見面以後，就一直獲得他的賞識和支持。戈培爾曾提過：「他對我很客氣，我也喜歡他。他是個開放、直率的軍人」。

一九三四年四月，戈培爾在已經被他所掌握的國家媒體上發布一則文章，文中讚揚隆姆對外交使節團演講內容。他說，這讓德國人想起，隆姆是多麼了不起的一個人。他還說，隆姆是唯一一位從希特勒早年就和他走得很近的友人，所以只有他能以德文中同輩相稱的「你」（du），而非敬語「您」（Sie）來叫希特勒。但不久後的六月，希特勒卻命人處決隆姆和隆姆的支持者，只因為他怕這些人功高震主。

事發隔天，戈培爾就在全國性電台放送了這個消息。

他告訴德國人，隆姆這位捍衛國家的英雄，其實根本不是英雄。戈培爾有一副低沉的嗓音，很難和他矮小的個子聯想在一起，而且音色很溫和。透過廣播和擴音機，全德國從北海到阿爾卑斯山，所有人都聽到他這番話。他說，隆姆「一直在從事可恥又噁心的不正常性行為」。同時，也有證據顯示，他一直在密謀推翻政府。

但這套說法實在不合理。因為一直到六月處決隆姆之前，戈培爾一直在對德國人宣揚隆姆，說他是國之棟樑，國家不能沒有他。但現在卻改口，隆姆一直以來就在和納粹黨作對。偏偏，即使是這樣的不合邏輯的說法，還是能在戈培爾的三吋不爛之舌下硬被說成對自己有利。

為了解公正厚道在正確使用下的強大效果，接下來我們要看如果走在公正的相反面，能將之扭曲到什麼程度——我們要深入透視，看人心可以黑暗到什麼程度。

戈培爾一再推翻自己的說法。這種不相信事情會持久的說法和態度，其實對他有一個好處，那就是所有人會越來越依賴納粹宣傳部和他這個部長，他們就是專門散布這類讓人眼花撩亂假消息的來源。戈培爾後來又放了一個假消息，那就是透過多個媒體和新聞短片、廣播報導，宣布波蘭和德國不再是盟國，而是敵對關係。另外，蘇聯在一九三九年以前，一直都被視為德國的頭號勁敵，卻突然在這之後，被戈培爾塑造成是與德國友情堅定的盟國，然後，又在一九四一年夏天，隨著德國入侵蘇聯後，再度恢復為頭號敵國。

就算一些較小的事，戈培爾也常用誤導、變來變去的方式讓人摸不著頭緒。他曾經說過，要製造有效的宣傳攻勢，就要「很精巧的捏造一連串明顯漫無目標的前後不一致」。一九三三年五月，有一天他向一群電影從業人員保證，不用操心，政府絕對不會箝制創作自由。但兩週後，他就打造了第三帝國電影委員會（Reich Film Chamber），目的正是要箝制創作自由。

同年夏天，柏林愛樂（Berlin Philharmonic）指揮威廉・福特萬格勒（Wilhelm Furtwängler）以非猶太人的身分，表示他對音樂界猶太裔同僚受迫害之事感到憂慮，戈培爾馬上宣布絕對沒有迫害猶太人一事，福特萬格勒和其他德國人鬆了一口氣。但話才講完，戈培爾馬上來個迅雷不及掩耳的大翻盤，對猶太音樂家進行攻擊，將之一一革職。德國音樂界這下不知所措——到底應該如何是好？只能一直關注戈培爾下一步有什麼動作。戈培爾在日記中寫：「這招真的很成功。」

德國上下都要以他馬首是瞻，這讓戈培爾樂在其中。他享受眾人的讚美，卻不能接受批評，散播紛亂就是讓他可以繼續享受的方法。卡爾・容格（Carl Jung）的理論認為，有些潛意識所受到的傷害，永遠無法被治癒，也不會隨著年歲成長而康復。現代評論者查爾斯・布羅（Charles Blow）則指出「粉飾傷痛讓心靈成為爛泥沼澤」。戈培爾的政權，就跟其他的獨裁政權一樣，是彌補他成長階段的痛苦、永遠也填不滿的虛榮黑洞。

舉例來說，打從一開始，他對於參加群眾的人數就沒有說過實話。在柏林寬廣的維滕貝格廣場（Wittenbergplatz）演講時，人數少到讓人尷尬，《柏林地方日報》（*Berlin Lokalanzeiger*）估計現場大約只有五千人到場，但戈培爾卻硬吹噓說至少有兩萬名群眾。

對於自己演說時的表現，他也是極盡誇耀之能事——不管是向別人形容，或是在自己的日記裡都一樣。一九二九年日記中，他寫某一次演出：「這是至今我最出色的演講，雖然我心情鬱悶，但是我卻非常的專注！」在他第一次上廣播節目後，他寫下：「這場演說的效果非常出色。我狀況極佳。今天報章雜誌的反應都很好。」

就算後來當上宣傳部長，他只是更變本加厲的吹噓自己，甚至還派手下去恐嚇報社編輯，以確保相關報導都很正面，再加上宣傳部自己還會製作歌功頌德的新聞短片。提到這時期的一次廣播演說，他寫：「讓全國留下深刻的印象。」提到另一次公開演說時，則寫：「大戰期間，全德上下沒有一場演說像這場一樣，獲得全世界這麼廣泛的引述和評論。」關於一九三六年德國冬季奧運，他則寫：「所有人力讚我們的籌辦，演出真的非常出色。」

只要是附會、支持這個觀點的人，就會被視為好人；但要是持不同觀點，那就會被視為敵人，或者裝作沒看到。凡事都是以他為中心。像長期以來，他一直貶抑巴伐利亞國王，說他是「狡猾又詭計多端的兩面人」。但是，在國王邀他演講，並告訴他「（戈培爾）在《帝國報》

（*Reich*）中所寫的文章是每日讀物後」，戈培爾立刻改變立場，他寫：「國王非常能夠理解我……對於我所做的事，總是抱持高度興趣。他是真正人民的國王，能夠體恤百姓。」

戈培爾的日記多達三十二冊，其中卻很少提及自己的妻子瑪格妲（Magda，兩人是在他辦公室認識的，並於他和妍珂最後一次通信的第三年結婚）。只有幾次看到他在日記中提及她的倦容，因為有一次兩人預計前往希臘旅行時，她得了風寒。除此之外，他只有談到她有助於改變別人對他的觀感，像是正式宴會時，聽到別人稱讚她，讓他心花怒放。（他寫：「她豔冠群芳。」）

但是，一旦妻子試圖拉抬自己的公眾聲望，他就不假辭色了。像有一次，瑪格妲單獨出面支持納粹服裝設計部門，他就寫：「不能這樣……她只會給我添麻煩。」

在他自己的宣傳部中，戈培爾也是同樣的作風：所有人的注意力一定都要在他身上。為此，他不惜傷害自己的部屬。只有少數幾位低階黨員沒被波及，但這是因為他們對戈培爾不構成威脅。在祕書、打字員以上階級的黨員，日子就沒那麼好過了，戈培爾對他們的態度可以說是喜怒無常，時而友善，但時而翻臉不認人。

對一些高階黨員，戈培爾的打擊更是很不留情面，所以這些人為了自保，只好化被動為主動，對他卑躬屈膝，阿諛奉承到讓人不屑的地步。比方說不斷強調，自己在戈培爾英明的領導下工作是多大的榮幸。而戈培爾對這些人的態度，卻總是變幻莫測。像他曾經多次讚美一位顧問到令人作嘔的地步，但一轉過頭去，卻告訴媒體，這人已經被開除了。這名被開除的顧問，還算幸運的免去牢獄之災，但是下放工廠的苦差事仍是難逃。又隔了幾個禮拜或幾個月的時間，戈培爾允許他重返原職——但這位顧問已經搞不懂上面究竟要什麼，也充滿無力感，就跟當時德國的大眾一樣。因為受到這種持續凌虐的人，會不斷處在一種滿懷無力感的狀態，結果造成一種錯覺：只要事情出錯，那一定是自己造成的，而不是戈培爾的錯。

對戈培爾而言，沒有人不在他的攻擊名單之外：高階官員、隆姆之流的長期支持者、過於獨立的妻子，甚至連真相都不例外。他曾說：「我們所發起這一連串運動的目的，就是要動員人民來遂行國家的理想……只要目標得以達成，批評者要怎麼數落我所採用的方式，就讓他們去說，我完全無所謂。」

不包容且排外

戈培爾還有很多的作為，與本書所標榜的正直背道而馳，而且一直到現在還迴盪在我們的身邊，這些都很值得繼續深入探討。他厭惡包容，想盡辦法要製造隔閡分裂。為此，他編造出一個神話，聲稱在不久前的過去，德國曾經有過一個輝煌的年代——德國必須重回那個年代，但是被一些敵人阻擋了去路。這些敵人如今滲透在你我之間，吞食著正直、忠心的德國人民。這些德國人民的敵人，就隱身在大家身邊，絕對不能縱容輕放，要找出他們來，並且加以隔離。一旦這個目標得以達成，善良的德國人就能夠進入核心階層，那些敵人則會被排除在外。我們越鄙視這些族群，日子自然能越來越好。

當然，他這樣的作風會遭到反抗和抵禦。戈培爾所領導的宣傳部從祕密觀察中發現，有很多非猶太裔的德國人，並不願意和猶太人作對（有些則是雖然贊成對整體猶太人如此，卻希望自己喜歡的猶太鄰居或店家可以不受牽連）。戈培爾於是了解到，一定要打破這種私人連結關係。

首先，他讓所有猶太人都被冠上歧視性、貶低的字眼。不能把猶太人當人看，不能讓他們被德國人視為是生活中不可或缺的人物，像是木匠、醫生、工程師、或是警察之類的。要讓這些猶太人被定義成一個狹隘的類型，像是他們一定都很容易背叛人、或是俄國共產黨員，或者是滿肚子壞水之類的。

「安上負面形容詞」這點很重要。就像給貝納特．魏斯取綽號，還有汙蔑原本備受尊重的德國總統興登堡。當人們聽到這類綽號出現時，一時之間會覺得有點過分，多數人可能還會覺得有點荒謬好笑。但是，戈培爾讓大家聽習慣，一個禮拜不斷反覆聽或看個幾百遍，而且分別出現在傳統新聞媒體、或是新興媒體像是廣播和新聞短片。不用多久，以前連一個猶太人都不認識的人，或者對猶太人不了解的人，現在腦子裡對猶太人的第一印象就變了。就算是對於這些描述不認同的人，也開始在腦子裡出現兩個族群的分別：一種是德國人、一種則是猶太人；而後者對於善良德國人的效忠是有問題的，不能讓這種人出現在我們的身邊。

再加上之前戈培爾已經對媒體進行過多年的醜化行動，所以在那個時候，再也沒有獨立的聲音敢於批評這種作為。同樣的，也因為之前戈培爾對於法庭獨立審判這個觀念作了很多攻擊和破壞，所以法律這邊，也失去可以對抗戈培爾汙蔑猶太人的力量。

為了更徹底的破壞原先的社會平衡，戈培爾又刻意推出一些出現漏洞和疑慮的法案。像是立法限制猶太人不能在特定行業工作，卻留有但書，讓某些猶太人可以留在那些行業裡，比如打過第一次世界大戰的猶太退役軍人就可以得到豁免。但之後又暫停這項限制，再過一陣子又說退役軍人不能再自動豁免，然後法律又再度喊停……就這樣，大家被搞得一頭霧水，猶太人終究還是被排除在外。

另外，戈培爾也安排暴徒衝進猶太禮拜堂（包括在科隆和萊特附近）。他們闖進去見人就打，把桌椅都打翻，再淋上汽油，放火燒了禮拜堂。消防車雖然趕到，卻隔岸觀火，不打算救火。（一名消防員事後回憶：「我們奉令不得用水灌救。」）這些消防員就在外面袖手旁觀，直到好幾個鐘頭後房子燒光了，才開始灑水澆在鄰近的房舍上，以防火勢延燒到隔壁。

放火燒禮拜堂同樣招來大批民眾圍觀，然後暴民會將當地的猶太人挖出來，全聚在一起，命他們下跪在大火通明的禮拜堂前，雙手擺在頭上。這時，當附近居民好奇前來圍觀時，眼中所見的景象是地上跪著的那群男男女女，都是過往熟識的鄰居、店家老闆或是友人，然而，這些原本熟識的臉孔，現在卻不是同一個人了，不一樣的表情、不一樣的性格，所有跪在那裡的人都變成相似的臉孔——充滿了驚恐。從此，這群猶太人變成社區裡徹徹底底的外人，所有旁觀者則因為都不是猶太人，而變得更團結。

在離萊特鎮四十五英里外的採礦小鎮丁斯拉肯（Dinslaken）中，暴民也衝入當地的一座猶太孤兒院裡。院長以薩克・海爾斯（Yitzhak Hers）是位知識分子，但看著這樣的暴行卻束手無策。他說：「五十個人衝進屋裡來，他們刻意把外套或是夾克的領子翻起來，一進屋子就開始大肆破壞，好像排練過一樣的流暢。」小朋友們看到破壞行動，本能想要保護自己的東西，卻被暴徒一把抓起往牆上扔。海爾斯院長踉蹌逃到冰冷的戶外，想保護聚集到他身邊被嚇哭的小朋友，但他卻發現一旁有數百名圍觀群眾，他向這些人求救。「群眾裡有些是熟識的面孔，像是以往給孤兒院供貨的商家或是供應商。」

但落到這般地步的海爾斯，已經不再被視為是樂善好施、救濟孤兒的榮譽市民了，他已經成為受害者：渾身是血，冷颼颼的天氣裡站在溼答答的草坪上，連件像樣的保暖外套都沒有，身邊滿是被嚇到、不停哭喊的孤兒們。這時，他抬頭往上一看，發現「一股濃濃的黑煙直直往禮拜堂上方竄去，從這些黑煙冒出來的方向，很明顯可以看出，是納粹黨來縱火。」海爾斯再轉向圍觀群眾求救，他心裡原本期望這些人當中應該多少有人還惦記著老交情吧？「才昨天或是上禮拜，大家才剛作過買賣的，不是嗎？」可是，這一刻他卻發現風向變了。「大家都變得好消極，冷眼旁觀我的孤兒院就這樣付之一炬。」

戈培爾可樂壞了。「從帝國各地都有捷報傳回，五十間、七十間的猶太禮拜堂都起火了……人民怒火中燒，看來是止不住了。」這一晚他稍事休息，遠眺地平線，他在日記中滿意的寫道：「只見『血紅天空』。」血紅天空其實是各地猶太禮拜堂起火，照映到夜空的顏色。在德國，人們把這一系列全國性針對猶太人的縱火破壞事件婉轉的稱為「水晶之夜」（或譯「碎玻璃之夜」，Kristallnacht），因為那些被砸破的窗戶玻璃就像水晶一樣。一名路透社記者在事後訪問到戈培爾，戈培爾對這一系列事件的原因，則說得一副理所當然的樣子。他說，他這麼做都是為了國家：「目的就是要將德國人和猶太人區分開來。」

在興德堡總統下台兩年後，戈培爾還非常得意的寫下：「德國國會中再也沒有黨派之分了。」他說，我們之所以這麼輕易就禁絕黨派，是因為「我們努力了好多年，才讓人們認識到自己的弱點……以及缺點」。這一路走來相當辛苦，但現在回顧，一切都值得了。在稍稍感傷一番後，他又硬了起來：「接下來只要進行一項法律行動，就可以將這些人徹底鏟除了。」在當時，希特勒雖然是全德國這些活動的主要動力，但沒有戈培爾在宣傳部推波助瀾，是不可能成功的。

德國境內對於戈培爾這等行徑，並不是沒有反對的聲浪和作為，原本反對者很多，但慢慢的，年復一年，卻開始減少。原因在於，暴民所激起的場面讓人興奮，圍觀也讓人心跳加速。這帶給人一種確定感、一種同仇敵愾的感受，一種因為被鄙視的少數人而產生優越感所帶來的喜悅，還有杜斯妥也夫斯基所說推翻既有一切的快感——這些，正是德國人長久以來遺失、渴望重新尋回的。一些政治家、企業領導人、有識之士，原本都應該對此有所警覺和提防，卻也很快的就被吸收到戈培爾這邊。雖然日後很多人都後悔，但在當時，這股吸引力真的是勢不可擋，大家一個接一個、不動聲色的，就被這種強烈的快感所吸引。再加上，加入這個勢力，對自己的事業能起相當大的助力，更讓大部分社會中堅人士爭先投入。何況，加入之後，就不必擔心會被針對，這也讓人鬆了一口氣。頓時全德國上下一片欣欣向榮，高速公路也建了，工作機會也回來了。一戰後德國淪為戰敗國的弱國形象一掃而空。

在他剛認識妍珂初期，戈培爾寫過一部自傳體的小說，小說中他的化身、主角米夏埃爾

「胸懷壯志，渴望成為大人物」。在現實生活中，戈培爾可是說達成比這還要壯大的理想，遠超乎他自己所能想像。連希特勒都對他投以敬意，真的讓戈培爾太喜出望外了。他擁有多棟渡假別墅和豪宅，外頭到處是聽他演講就欣喜若狂的群眾，上自官員、藝文界的高官，下至平凡百姓，見到他無不恭恭敬敬，奉若神明。

要是他想聽樂團演奏貝多芬，他立刻可以召到一向聽話的柏林愛樂卡拉揚（Herbert von Karajan）前來指揮。要是他想找人討論文學作品，一通電話打去，渴望納粹高層關愛眼神的海德格教授（Heidegger）不管人在多遠處，都會慨然赴約。要是有哪位女明星被他看上眼，別忘了，宣傳部可以掌握全德影藝事業，有誰敢不從？許多歐洲各地的名門望族，也對他終於開始鎮壓討人厭的猶太人的作為深感愛戴，同時，他們也喜歡看到他在場時那種威風凜凜、不可一世的感覺。之後，當全歐都看到戈培爾公開嘉獎暴民對付猶太兒童的殘酷手段，並在新聞報導這波攻擊擴散多遠而露出冷笑後，一向對他崇拜有加的英國婦女黛安娜·米特佛（Diana Mitford）決定商借戈培爾的客廳當作她辦結婚典禮的場地，在這裡，她嫁給英國法西斯聯盟的領導人奧斯華·莫斯里（Oswald Mosley）。

戈培爾現在忙到沒時間回家鄉了。但有機會回去時，他的日記總不忘提到，那些老相識的眼界有多狹隘又多無趣。他還曾經在家鄉和妍珂偶遇，但她拒絕見他，此舉可謂相當大膽——畢竟，當時的戈培爾位高權重，只要他輕輕點個頭，他身邊的保鏢就可以立刻逮捕妍珂或是她身邊的親友。（「我今天巧遇妍珂，她態度冷漠也沒多說話。真是教人傷心。下午的時候她壓根就不現身。好！」）

但這有什麼關係？萊特鎮有一座古堡，多年來埋在荒煙漫草中，那何不換他來當這座小鎮的領主？戈培爾於是交代下面一聲，馬上，小鎮的所有權就轉入他的名下。建築師也馬上動工，將古堡修復得煥然一新——這世界沒有他叫不動的。

整體德國也一樣出頭天。當時德國在工程和化學兩方面已經所向無敵，也有非常井然有序的公務員體制；在軍隊方面，則有非常出色的參謀系統。如今所有非猶太裔的德國人都團結以後，德國的擴張野心開始逐一實現了。到了一九四一年十二月初，英國和蘇聯已經被德國打得紛紛求饒。（德國經濟走強對此也有助益，雖然就預算而言和戈培爾無關。）在大西洋另一頭的美國，狀況也很淒慘，呈現疲態，美國國內更因為黨派勢力而分裂，法庭和工會到處爭吵不休、抗爭不斷。希特勒對著興奮的德國國會發表演說，他表示：「當我在二十三年前決定要走上政治生涯，讓德國從百廢待舉中重新復甦時，我只是一介無名小卒……如今的我，率領著全球最精銳的陸軍、最強大的空軍部隊……」

當時，德國勢力一路擴張，西到英倫海峽、東到莫斯科外圍、北到北極圈、南到撒哈拉。

德國陸軍和警察謹遵上級命令，所到之處，大城小鎮，都發生大規模的屠殺事件。

事情發展至此，大部分人可能會說，誰還相信惡有惡報這種事？納粹的到來，已經讓整個歐洲大陸風雲變色了。本書所強調的那些道德、良善的正向原則全被拋諸腦後，人性中最卑劣邪惡的部分一一浮現。在一九四一年十二月初，看到德國居高臨下、無人能擋的樣子，會讓大家以為這股惡勢力，恐怕會遺害千年。

總統

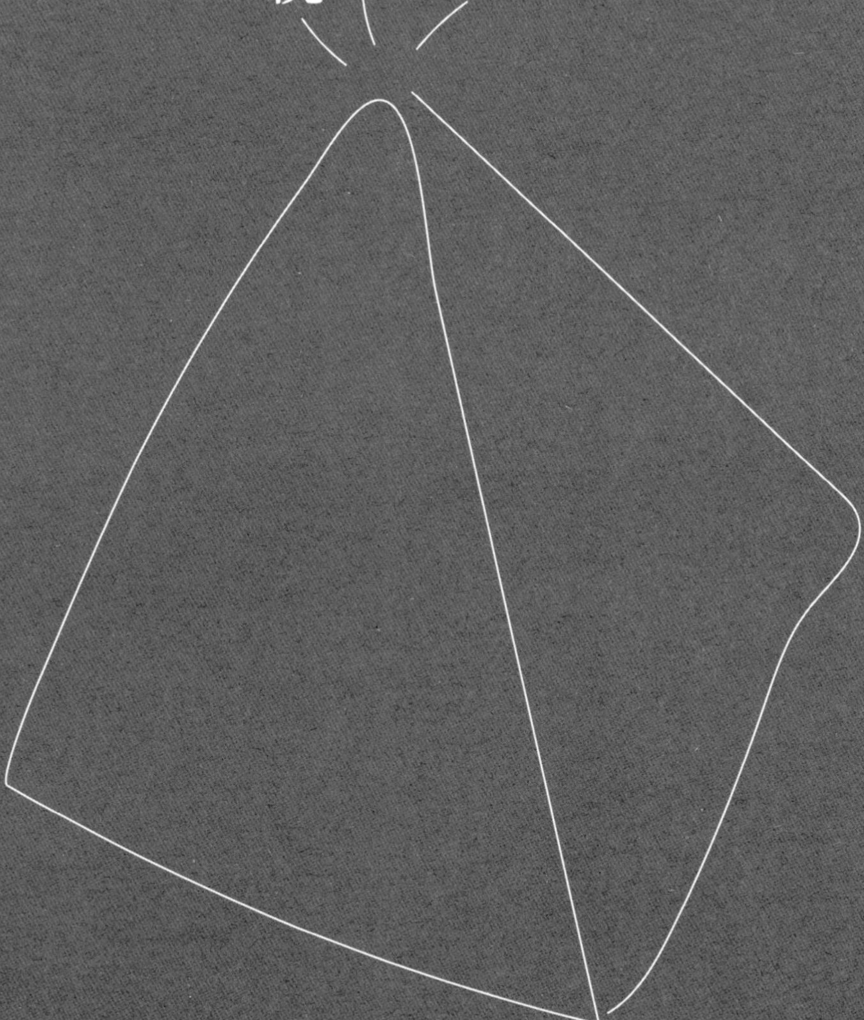

第十章　富家子弟：法蘭克林・羅斯福的苦難

（「結合所有原則就會成功」）

「我記得我問自己，男人都這麼想事情的嗎？」

一九四一年十二月，當英國還在抵禦德國入侵，離歐陸很近的英倫海峽上，駐紮有英國皇家空軍和英國皇家海軍，看守著這座海上天然屏障。但光靠英國的軍力，卻很難反擊德軍勢力，一定還要獲得外援才行。同一時期，蘇聯在歐陸另一頭也在堅苦奮戰著，很難提供英國援助。所以，英國的希望必須寄託在美國身上。

但是，這時期的美國，卻國力薄弱得難以擔負捍衛世界的大任。

當時，一九二九年從華爾街開始的經濟大蕭條剛重創美國。當希特勒在一九三三年成為德國總理，並任命戈培爾擔任宣傳部長時，美國這頭卻有著數百萬人民失業。當時的美國，失業救濟制度並不健全，所以大部分人無法領到失業救濟，許多人因此貧困潦倒，自殺率更是股災發生前、美國經濟仍佳時的三倍之多。工廠紛紛關閉、大量農業地區遭到廢棄。雖然，大名鼎鼎的帝國大廈得以用破紀錄的速度完成，卻苦無商家前來承租，成為紐約市失業民眾口中的「帝國蚊子大廈」（Empty State Building）。這裡原本是車水馬龍的菁華地段，如今卻變得門可羅雀。

後來的故事我們知道：美國在第三十二任總統法蘭克林．戴蘭諾．羅斯福的手中國運得以翻轉。在他任內，不僅讓資本主義成為美國經濟的齒輪，也重建美國，讓它在其他方面也受益良多。在他一路振興美國的道路上，羅斯福就用到了本書一再強調的所有原則：無私的傾聽（雖然這一項他只能算是勉強過關）；給予，但有限度；自保，但不防衛過度——而且要自然的接納他人，因為，自保並不代表有被害妄想症，過度排外——這正是戈培爾在德國所做所為的相反面，但羅斯福藉由將這些原則結合起來，不只幫助他達成目的，而且在當今局勢下也管用。

熟悉羅斯福的人可能覺得，說他是以公平公正達成崇高理念的人，似乎有些爭議，畢竟他這個人打出生起，就跟同理心三個字搆不著邊。怎麼說呢？羅斯福可是貨真價實含金湯匙出生的富家子弟，家族靠著祖先的財富，讓好幾代人都不愁吃穿、無所事事。家族中的遠房長輩，有人曾經發大財，讓之後的六代人什麼都不用做，整天只是打獵玩樂、騎馬，因為這樣才能確保家中的信託基金不會被濫用而蒙受損失，也才會被報紙封了「平庸王朝」的稱號，這樣的說法其實不算過分。

但接下來的故事，卻走上與戈培爾完全相反的方向。戈培爾一生，從窮困潦倒、肢體殘陷開始。之後，他慢慢在外界闖出一些名堂，卻又回到一切的原點。他被迫躲回老家，覺得自己人生來到了谷底，儘管這時出現了一位好心的女士，一再鼓勵他，他也曾照她的建議，想要有所表現，但卻始終不如人意，這讓他變成了工於心計的殺人魔。

相對的，羅斯福的人生發展則正好與他相反：他出生富裕之家，之後患上了嚴重的殘疾，人生也同樣來到谷底。但當一位好心的女子開始鼓勵他，他一點一滴的正視自己以往忽略的人性面，這讓他最後成為和戈培爾完全相反的人。

羅斯福的故事值得我們借鏡。這說明了，人生的道路，有很多條可以選擇。

面對選擇，該怎麼做呢？

雖然羅斯福是家中獨子，但是他的成長過程中並不住在父母家裡，而是住在離紐約市有八十英里遠的一處莊園。在這裡，他有管家、僕役、私人女傭、清潔婦、廚娘、廚子、廚師助理、洗衣婦、褓母、私人女教師（通常是歐洲人，因此是有聲望地位的人）；同時在主屋、以及散落在莊園內的相關建築，都四處安排了像是馬僮、馬車夫等工人，負責照顧草坪、花園、牧草地和庭院等等。

羅斯福從小受到的呵護，可不只限於在家族產業中。他成長的世界都是為他量身打造、經過精心安排的。像是如果爸媽同意他外出，前往鄰近村落，那私人女教師一定隨行，而且他那位非常強勢的母親莎拉（Sara）一定也會叮囑女教師，要她盯著羅斯福，不能讓他和別家孩子玩在一起——那些人太庶民，配不上我們家孩子。

聽完這番描述，你可能會覺得他們家在當時一定非常惹人厭、會被丟石頭吧？但其實，在當時可是沒人敢惹羅斯福的，就連大人，在看到小小羅斯福時，還會輕碰帽沿以表敬意。這些人，都是靠羅斯福家族謀生計的，所以絕對不敢得罪羅斯福一家，不然就沒頭路了。

長大後的羅斯福高大挺拔，被耶魯橄欖球隊教練稱讚是：「體格勻稱、有著運動員該有的修長肌肉線條。」在同樣出身上流社會的人眼中，羅斯福很討人喜歡、有急智。有次他在寄宿學校打棒球時，被直球丟中，他在家書中寫下：「被擊中的脆弱器官雖然很不舒服，但對在場所有人則是一大樂事。」他在面對人群時，會比較收斂冷漠，一方面是因為從小家教的關係，另一方面則是因為靠著家中信託基金，他從來不必工作。

他二十八歲就當上紐約州議員，那時有一位積極推動社會改革的法蘭西絲．柏金斯（Frances Perkins）女士，日後她成為羅斯福許多重要成就中的關鍵影響人物。她在羅斯福一上任時，就希望藉由他推動立法，保障兒童每週在工廠工作時數不超過五十四小時。

但羅斯福卻回絕了她，她回憶當時他是這麼說的：「這事不能現在做，現在不是時候，我還有其他更重要的事要做。」但柏金斯很清楚像他這種人，對於新的想法總是很抗拒，因此多年來，她早就用紅色信封袋裝了一份口袋名單，稱之為「男性心理筆記」，並載有如何說服他們的點子。

她的心得之一就是，帶這些存疑的議員到工廠去，讓他們親眼看看那邊的狀況有多糟。而且，如果可以說服他們爬上逃生梯或是做些事讓他們感到危險的事，成效會更好。有一次，她帶一名國會參議員鑽過工廠的小洞，讓他看到下面有一條足足有十二英尺長、陡峭的鐵梯，上頭結滿了冰，但竟然是該工廠的逃生梯，因此成功說動這名議員對推動工廠安全改善法案投贊成票。她說：「我記得我問自己，男人都這麼想事情的嗎？」但還真的有用呢！

但是，遇到羅斯福，不管她用什麼方法，卻總是無法說動他。他這輩子沒見過工廠工人，在家裡，他媽媽聘來的僕役也從沒抱怨過工時過長，這一點都不關他的事，他也壓根不想去工廠參觀。柏金斯日後寫道：「我到現在都還記得他當時的那個樣子，站在高級的銅製樓梯扶手旁……小嘴微噘微張，鼻孔張大，頭髮在空中飛舞，用他不帶感情又有距離的聲音說：『不要，我不想聽！』。」他就是不肯支持她的法案。

其他議員對羅斯福的評價有的是「傲慢」、「人不好」、自以為是的「萬事通」。柏金斯回憶，這些評價再加上羅斯福「有個不好的習慣，就是會用鼻孔看人」，更是讓他風評不好。一名派系政治家講得更直白，說他是：「狗眼看人低的王八蛋。」

也因為家中的人脈，讓羅斯福得以在一九一三年當上美國海軍的助理部長。他以前就跟朋友說過，有一天他會當上美國總統——因為他的堂叔提奧多（Theodore）也當過總統，很快就會輪到他。當時他已經躋身紐約市五大政治俱樂部，成為會員；在華盛頓他又加入另外一家，也就是大都會俱樂部，這個俱樂部可是連當時的美國總統伍德洛．威爾森（Woodrow Wilson）都擠不進去的，他入不了會的原因是因為他出身太庶民。

羅斯福當時已經結婚，他的妻子伊蓮娜（Eleanor）跟他一樣出身自上流社會（其實她也是羅斯福的遠房表親，當時最頂級的社交圈可以說是鮮有外人）。羅斯福因為偶爾會去露營，所以對於下廚略懂，反倒是嫁進來的夫人伊蓮娜，卻是從未下過廚房，連點餐都不會，她還費了一番唇舌解釋為什麼自己不會點餐。她跟羅斯福一樣，也是茶來伸手、飯來張口的有錢人家孩子。

婚後，羅斯福和伊蓮娜生下六個孩子，其中一名早么。因為信託基金和其他家族投資的利息（其收入以今日幣值來算，大約是一年四十五萬美金），讓他們得以聘用十名傭人來操持家務。美國投入第一次世界大戰後，伊蓮娜曾對記者說，現在這些傭人都幫著他們節省開支，方法是，洗衣皂比以前少用很多，同時在餐點上也節制很多，有幾頓飯他們就是只上三道菜，羅斯福家的早、中、午餐就這麼將就著吃了。

羅斯福的母親送給他一棟「農舍」供他度假，位置在緬因州外海的一座小島上。這間農舍坐擁十八間臥房、樓高三層獨棟透天。羅斯福的五個小孩可以在這座小島上自由出入，享受跟他小時候一樣無比尊貴的優越地位。有一次，他大女兒養的德國牧羊犬追趕一頭羊，害羊意外墜海，羅斯福一家擔心的不是該怎麼賠償羊主人，而是小狗會不會遭到懲罰。

他們家野餐時，小孩是不必自己帶食物或毛毯的——他們會花錢請當地人代勞。伊蓮娜在農舍門廊下裝了一只大型擴音器，只要這些聘來的褓母做得哪裡不對，她就透過擴音器傳達指令。

一九一三年七月四日美國國慶這天，遠在德國的戈培爾還只是萊特鎮上的高中生，因為自己的跛足備受同學的欺凌，終生蒙上陰影；但同一天，在美國的羅斯福，已經躋身海軍部高階將領，和其他將官平起平坐，甚至為了讓他家小孩可以看一眼海軍戰艦，他請其他海軍准將幫他派遣軍艦停泊到他家小島的外海，讓孩子們大飽眼福。而且，如果到時候為了國慶應景，軍艦順道以十七發禮槍致敬，他也不會介意。（羅斯福還提議，要在驅逐艦抵達他家渡假小島外、不易行船的海峽時，由他來駕駛艦艇，眾將官雖然委婉推辭，卻也不敢堅拒，最後因此事聞名的艦長威廉・蠻牛・赫爾西〔William F. 'Bull' Halsey〕咬牙同意，好讓羅斯福家的小朋友得以遠遠看到父親在船上一手握著船舵，一手向他們揮手致意，儼然七百噸的軍艦全聽他使喚。）

一九二〇年，羅斯福獲民主黨提名參選副總統，其實這還是拜他的家族聲望所賜。雖然後來，這一屆總統大選共和黨獲得壓倒性的勝利，但大家還是看好年輕又陽光的羅斯福，認為他很有總統架勢，總有一天會選上。所以他退下來，耐心等候，一邊在小型法律事務所兼差，一邊在一家大型證券公司兼差。畢竟，他身為民主黨隱形黨魁的身分，就足以為他賺進相當於今日幣值三十五萬美金的酬勞。這些工作對他的要求，就是他每個月花個幾天時間，用自己的人脈為公司招來業務，如此而已。

羅斯福的身手矯健、體能甚好。在海軍艦艇上，他三兩下就能爬上桅杆。但是，一九二一年夏天，在他三十九歲那年，當他再次來到緬因州外海小島渡假時，卻覺得很倦怠——這種感覺以前從來沒有過。為了要提振精神，他帶著孩子跑步到附近的池塘玩水，但事後他還是一樣感到疲憊，「我從來沒有這種感覺過」。隔天一早，他開始發燒，連站都站不太起來了。

接下來幾天，他的腳越來越沒力，最後連手都舉不起來，腳也舉不起來。被叫來看病的醫生見他好幾週都不見好轉，於是向哈佛大學的醫學專家拍了封簡短的電報：

逐漸萎縮，力量減少，造成病患焦慮……請建議……

診斷結果是小兒痲痺。這免不了讓人既震驚又感覺沒面子，但更嚴重的是，他完全失去了控制身體機能的能力。小兒痲痺病毒在他體內快速蔓延，造成他的身體稍微被人碰到就會痛不可堪，連床單輕輕撥到都不行。

之後他花了好幾個月在紐約寓所靜養，又再搬到母親在紐約郊區的莊園，終於才讓他的病情稍微好轉。他的上半身開始恢復行動能力，然後，經過醫生群正式檢查後，發現他的排尿和排便功能正常，性功能也沒有問題，「並沒有醫學上所謂交媾不能的症狀產生」——這是處方中特別謹慎提到的。不過，他的臀部和腿部始終呈現癱瘓的狀態，只出現些微的肌肉反應。

一開始，羅斯福當然無法接受這種事會發生在他身上。一九二二年十月，他想試著進曼哈頓市中心，看自己能不能正常到證券公司上班（該公司依然支付他薪水）。要完成這個任務，先要有傭人幫他在雙腳穿上支架、每一邊的鐵製支架都重達十二磅，會「從腳踝連接鞋子，然後一路支撐到腿部，臀部則有一個包覆住下半身的夾具」。這些動作他無法親自操作，全都要由僕人代勞，他只能在一旁看著。完成後，要由僕人揹著他一路到樓下，再由司機攙扶，坐進家中的別克汽車。

抵達位在百老匯一百二十街街區的辦公室後，下車的這一幕剛好被正在該公司大廳的一名年輕律師貝索．歐康納（Basil O'Connor）看到。

羅斯福沒辦法自行下車，所以司機要先停好車，然後下車到羅斯福座位旁幫他開車門，把羅斯福的姿勢調整為正對車門，羅斯福自己用手扶椅背，並由司機攙扶——但一等他站好要往前時，因為沒有椅背可以扶，他馬上又跌回車裡。後方等著要通過的車按捺不住，開始按喇叭，羅斯福的司機不以為意，只顧著扶羅斯福起來，幫他把腿伸直。但困難的地方來了，因為他主要控制關節的輔具藏在羅斯福的褲子裡，所以很難搆得到，要靠那些輔具扣緊，羅斯福才能直起膝蓋，保持站立的姿勢。

後面早就排滿不耐煩的車主，一直不停的按著喇叭。司機這時轉身去吼那些車主，留下一度是天之驕子、身手矯健的羅斯福，只能動也不動的卡在那裡。整個下車的任務，只完成了讓他一隻腳直挺挺露出車外的程度，所以司機又回頭幫他繼續完成站好的動作。但都還來不及讓羅斯福站好、拿起拐杖，他又往後跌進車子裡了。司機趕忙攙住他，偏偏這時又一陣風吹來，把羅斯福的帽子吹掉，大家眼巴巴的看著越來越多的圍觀群眾中，一名好心人幫他們把帽子撿回來，順手幫忙把帽子整理好，再幫羅斯福戴上帽子。

好不容易，司機終於幫羅斯福扶好姿勢，讓他雙手都能扶在枴杖上，並站上了人行道。一開始羅斯福搖晃了一下，之後好不容易才恢復平衡。他全身上下重達兩百磅的重量，全都壓在他的腋下，靠著雙臂在支撐身體。律師歐康納注意到，在羅斯福非常緩慢的拖著身子往前時，他的指節全都發白。他說：「他的頭壓得很低，非常小心謹慎的拖著下半身，才走沒幾步他就已經汗流浹背。」因為羅斯福下半身從髖部到腿部全都癱瘓，所以他沒辦法控制一次動一條腿，而是靠著撐起上半身，將雙腿往前晃過去的方式在移動。

觀眾越聚越多，他們都來看這位羅斯福家族的成員——何況他才剛競選過副總統。羅斯福在眾目睽睽下進入大廳。大廳的大理石地板很滑，他才撐個幾步，拐杖就滑開了。這下子羅斯福重摔在地上，旁觀者中有幾名往前走了幾步，但很快就停下來。

跌落在地的羅斯福想用雙手撐坐起來，還硬擠出笑容強作鎮定。但是，他跌的方式讓他完全無從使力，只好大聲喊：「誰來幫幫我。」年輕律師歐康納雖然身強力壯，但羅斯福塊頭很大，加上一身鋼架重達兩百磅，任憑他是個年輕人也撐不起來。一直等到司機和另一名旁觀者趕上來幫忙，在三人的攙扶下，才終於把羅斯福扶了起來，這當中三人跌跌撞撞、笨手笨腳的樣子，全都被圍觀群眾看在眼裡。三人一路支撐，把羅斯福送進電梯，但就連進電梯，羅斯福也沒辦法自行搭乘——這證明他不可能重回昔日的工作，像個正常上班族一樣了。

夢想破滅時該如何是好？

羅斯福於是想要自行成立小型的律師事務所，雖然他志不在此。因為他還是一樣要靠別人以又揹又坐輪椅的方式，才能進到辦公室裡，可是他又不愛坐輪椅。

羅斯福的母親並不想讓兒子拋頭露面。她的丈夫也病倒了，她也很樂意照顧這個兒子，羅斯福何不順應形勢，乖乖的提早退休，回鄉下老家享清福呢？在羅斯福剛染病的那幾個月，看到他把心思放在集郵上，她很開心；羅斯福小時候賴床時，她也一樣感到很幸福，還樂於要僕人送上他最愛的餐點，省得他還要下床用餐。要是他現在也能繼續這樣，她就可以安心，兒子不必再吃苦受罪了。

妻子伊蓮娜對先生不良於行其實也很樂在其中。她本來就不喜歡性愛之事，還曾跟大女兒私下說，行房是「人生一大苦事」。後來她於一九一八年發現羅斯福有婚外情，震怒後更是對此完全倒盡胃口，而且羅斯福外遇的對象，居然是她的貼身祕書——身形修長、一雙碧眼，還有副低啞嗓音的祕書。這種事任誰都受不了的，更何況是伊蓮娜小時候被媽媽說過太醜，一定沒有男人會喜歡，這讓她一直有不安全感，覺得自己沒人愛。

對於病後羅斯福的任何緊急照護，她一點也沒少盡過力，但是在其他方面，她就離得遠遠的，不加聞問。兩人的兒子詹姆斯就說，爸媽當時的婚姻就像是「武裝停戰」一樣。

在家中找不到關愛，身染殘疾又使他似乎仕途無望。整個一九二三年，羅斯福荒廢度日。直到在百無聊賴中，他突然下定決心，要遠離這安穩的東岸生活型態。他有一名讀哈佛大學時就認識的老朋友約翰．羅倫斯（John Lawrence），這人不像其他人那麼做作，加上他懂得享受生活，所以兩人決定租一艘船——不對，應該說是買一艘船，類似遊艇的那種船，而且是有住宿設備的大型遊艇，這樣就可以邀朋友來玩，還能找妞兒上船同樂。反正，既然要荒唐，何不到暖和的佛羅里達外海去。

所以他們就把船開到佛羅里達，成月在那邊無所事事：釣釣魚、曬曬日光浴、飲酒作樂、在沿岸各處的運河穿梭。第一站是邁阿密，然後往南一直到佛羅里達環礁。他們還給這艘船取了個名字，用兩人的名字拼湊起來，叫做「拉魯可」（Larooco）。羅斯福的腿還是沒力，但他為此特地在家練了好幾個月雙槓，以增強臂力。所以到了船上，他可以很活躍的滿船拄著拐杖跑了。在甲板下方的走廊上，他還能用手搆著橫樑，一根盪過一根，用這種方法前進。

朋友則在另一端拿著他的拐杖等他，然後大家再往前走。

上船後，夫人伊蓮娜只來找過他一次，在船上待不到幾天就走了。她走後，船上的人也一副無所謂的樣子，尤其是羅斯福更是不當一回事，他在船上有別的女人當備胎。其中一人是法蘭西絲·德·拉姆（Frances De Rahm），她是位認識多年的女性好友，已婚，先生也一起在船上，他們一樣喜歡這種無拘無束的生活，讓他們跟勞動階級的美國人有所區別。羅斯福和船上的男性朋友們，都喜歡光溜溜的游泳，法蘭西絲也毫不介意的跟著一起裸泳，她在船上日誌中寫道（可能刻意影射自己的胸部尺寸）：

一名女子游著泳，她可不只是蜜桃大小

她由上帝精雕細琢，所以她也是情非得已

請叫她樂天、貨真價實的三十二

船上的人酒都喝很兇，這也是讓伊蓮娜反感的地方，因為她是禁酒令的支持者。另外，大家也愛玩牌。不過，在一船的富翁中，夾雜一位藍領階級的乘客（除了一對負責烹飪和開船的高齡夫妻以外），這位是羅斯福在律師事務所和副總統選舉時認識的。她是名愛爾蘭裔的天主教徒，出身自波士頓的下層地區，名叫瑪格莉特·蜜西·勒罕（Marguerite 'Missy' LeHand）。

勒罕日後成為美國相當重要的人物，她的身分有點介於羅斯福的行政助理兼白宮幕僚長之間，還因此登上《時代》（*Time*）雜誌封面。但在拉魯可號遊艇上時，她還只是個興高采烈的客人——迫不及待要上岸，和她新交的朋友德．拉姆去買冰淇淋，兩人還比賽誰先在冰淇淋溶化前把冰淇淋帶回來（但都沒成功）。

不過，羅斯福邀她一同搭船南下遊玩，可不是只有興之所至而已。勒罕長得就像羅斯福幾年前的情婦一樣：高瘦又有藍眼睛，再加上低沉沙啞的嗓音，臉上始終都掛著笑容。一位仰慕者稱之為：「一種狡猾加上天真無邪的組合，讓人為之著迷。」勒罕不僅有美貌，還有智慧。她出身自桑莫維爾（Somerville）的老社區（波士頓一些上流地段都很不屑的管那裡叫貧民維爾〔Slumervilee〕），卻能夠一路爬到民主黨全國代表大會中任職。當上面交代她，把一九二〇年總統競選工作中的通訊和聯絡方式整理起來時，她還自己發明了一套系統，以驚人的效率完成了這份任務。

這時期，在美國有句俏皮話在形容兩個人快活的事：「我們來切切。」（let's cut up）勒罕為此特別戴了條手鍊，上頭別了一把小的折疊刀，還用真的刀刃。她想要的時候，只要把折疊刀打開然後說：「那我們開始吧？」

羅斯福為她神魂顛倒。勒罕應該跟她新交的朋友德．拉姆一樣，對於性愛百無禁忌，因為我們可以在羅斯福的船上日誌中看到有一晚他這麼寫：

濃酒豔日晚斜陽
彩詩畫空共寢舟
法蘭夜衣枕蜜西

羅斯福完全不在乎事情被外人知道。有一位在北方的朋友寫信給他說：「我腦海裡可以想像你穿著當地服飾躺在長沙發上，一手捧著冰鎮薄荷酒，蜜西則在一旁慵懶的給你搧涼……」有次勒罕在外頭日光浴時間過長，羅斯福還喊她說：「蜜西啊，要是你再曬下去，晚上我們就可以拿你當闖海關的探照燈了。」

不過，蜜西和羅斯福的共同之處，不只在於飲酒享樂、看日落、還有跟朋友裸泳，他們之間有更深一層的互相了解。勒罕很小的時候患有風溼熱，造成她心房纖維化。她可以和德．拉姆等賓客一起下水游泳，但不能游太久；她也不能在沙灘上奔跑，打網球也不能太激烈。

身體上的殘疾讓她可以看到另一面的羅斯福，不是那個眾所周知、擁有豐厚家產、以及理想家庭的羅斯福，更不是那個擁有完美小島可以前去渡假的羅斯福。她所看到的，是那個努力要撐起假面具和故作堅強的羅斯福。其他人其實也試著看穿羅斯福的假面，一名富家朋友曾回憶：「我一再嘗試想了解他，想看穿羅斯福迷人、風趣外表下不為人知的內在，但是我無法參透他的內心究竟在想什麼。」朋友都看得出來，在羅斯福可親的外表下，其實和人保持著一定的距離，而且要是他們逼得太緊，羅斯福就會爆發，變得很尖銳冰冷。

勒罕看到的比別人更多，她感受到羅斯福的痛苦。她回憶：「在拉魯可號上有好幾天，他會一整個早上都陷在憂鬱情緒中，要到中午才有辦法打起精神和朋友見面，裝出一副和悅的笑臉。」

羅斯福喜歡勒罕的善解人意，雖然這對他的結髮妻子並不公平。他日後曾回憶，勒罕這人有一種「迷人的魅力，那是來自她的善良和行事得體……她非常的無私」。在佛羅里達時，當所有賓客都下船後，他們兩個常會單獨留在船上好幾天、甚至好幾個禮拜。她會幫他下船，從拉魯可號走上小沙洲或是海灘，在她的攙扶下，羅斯福用有力的臂膀撐著整個人，晃過遊艇的欄杆下船，兩人就這樣在陽光下共渡、閒聊，啜飲兩人都喜歡的蘭姆酒。在大群野雁或鳥群飛過時，還可以停下來觀賞。為了這個，她的手鍊上因此還多了一個小型的調酒器，跟小刀配飾掛在一起。

回到船上後，如果天色還早，他們會稍事休息，在甲板鋪一張大墊子一起做日光浴。羅斯福很愛看書，在紐約寓所中還擁有一座大型的私人圖書館。在拉魯可號上，他請人從北方寄來成箱的書，再和勒罕兩人一起幫書編目錄，排得整整齊齊。兩人會好幾個鐘頭一起看書，有時只看些驚悚或是懸疑小說，但有時則會看些較有深度的作品。看完書後，兩人再回到甲板上去喝酒、聊天，直到入夜。船上還有一架留聲機供兩人作伴。船上的時光就像停滯一般。有天下午，為了好玩，兩人還把一個柳條編的傢俱漆成藍色。

本來，船上安排兩人下榻的房間是在同一道走廊的前後兩端，一人在前、一人在後，但是負責開船和烹飪的夫婦並不會來查看，所以兩人鑽進彼此房間翻雲覆雨也不是什麼了不起的事。有次，羅斯福當時才十二歲的兒子艾略特來訪，不經意走進兩人的艙房，勒罕穿著睡袍，坐在父親羅斯福的大腿上，他形容當時的景象是「爸爸用他曬黑的雙臂摟著她」。

對羅斯福而言，通過儀式的第一個階段——分離，就是離開他母親在哈德遜河的莊園、以及自己位於曼哈頓的寓所、他的妻子、孩子、事業，以及所有之前他沉浸的一切連結。

第二階段，則是失去方向的階段，也就是在拉魯可號的那段日子：毫無目的在佛羅里達海邊徘徊，不管過去也不管未來，日復一日的潮起潮落、日升日落，只是酒喝了又喝、無止盡的聊天。他的方法，並非禁慾苦修——禁慾苦修的確也是成長覺醒的方法之一——而是完全相反，但反正只要分離的時間長到讓你和前半輩子切割開來，那就夠了。

出現不知道該在哪裡著陸的不確定感時，這個過渡階段會讓人感到焦慮。羅斯福到後來也開始感到厭煩無趣了。這種日子一點也不像表面上看來那麼閒雲野鶴，雖然他在家書中總是講得煞有介事，但這對他的小兒痲痺問題一點幫助也沒有，而且以他的聰明才智也想得到，他不可能未來幾十年都在這裡一直荒唐下去。

每天光是喝酒、招待客人、玩牌、釣魚，打發時間，一點意義也沒有，而且，他不久就想通：這樣做很自私。羅斯福家有妻小，他在船上有照顧到他們嗎？他的長子詹姆斯困坐家中，他還記得「過了好多孤單的日子，有很長一段時間，我們身邊都看不到也摸不到父親，連想找他說說話都不行。唯一有的，就是一個老是寫信來報平安，自己卻在遊艇上逍遙的父親。」羅斯福把外頭的事都瞞著老婆，對家庭也很冷淡。但雖然羅斯福已對現狀不滿，想要有所突破，但他的下一步在哪裡呢？

這些突破不可能發生在媽媽的哈德遜河莊園，也不可能在他自己的曼哈頓寓所——至少這些不是第一步，就算他再想念妻小，這也不會是第一步。因為他知道，除了腿不聽話以外，他的身體狀況其實好極了，再加上家族向來長壽，他認為自己應該會活到一九六〇年代，甚至一九七〇年代。

伊蓮娜不可能會幫他的忙。伊蓮娜的個性完全不懂什麼叫圓融，她有別於一般女性，非常直接，連孩子在野餐時，她都會帶著擴音器下達指示，然後還寫信要羅斯福把自己多出來的高爾夫球褲給兒子詹姆斯穿，因為他現在「再也穿不到了」。

就是因為這樣，才讓勒罕的重要性被突顯出來。

羅斯福家族的社交圈，過去一向就對他們家的隨從很客氣，但除此之外，他們對真實世界的樣貌其實一點也不了解。羅斯福的一名遠親就曾對勒罕的舉止感到不解，他說像勒罕這樣完全沒有背景的人，怎麼可能這麼討人喜歡又有家教。另一名羅家的親戚，向來就以講話尖酸聞名的艾莉絲·羅斯福·朗沃斯（Alice Roosevelt Longworth），則對羅斯福的玩世不恭頗表贊同。她常說：「羅斯福本來就該好好享受的啊，他可是娶到伊蓮娜呢。」但她這麼說，其實話中有話，因為她一向就看伊蓮娜不順眼。對她而言，勒罕只不過是羅斯福一夜春宵的對象而已。

在艾爾瑟·妍珂的引導下，戈培爾一度有機會瞥見另一個世界，可惜妍珂只是鄉間小鎮的教師，她沒有那個權勢，可以讓戈培爾送往德國各大劇院的劇本獲得演出機會。但勒罕擁有社會歷練，人脈也比較廣，再加上，她想幫的人也隨和多了。羅斯福雖然身體受到限制，但他所擁有的財富和人脈，讓他受到肢體限制的程度要比戈培爾少上許多。儘管他的信心一度降到谷底，但勒罕看得出來，他還是有自我要求。

然而，她很清楚：即使羅斯福打算再度進軍政壇，在全國性選舉中大顯身手，但以現在的狀況，卻還不是時候。但因為羅斯福過去有在後台幫忙的經驗，再加上海軍總部的經歷，以及他在競選副總統期間與許多官員打交道的資歷累積，對於政治角力他總是有著非常幹練的眼光和掌握度。（據說拿一隻筆在美國地圖上，從東到西隨便畫上一條線，他就能順口講出線上所經每一個郡的郡名。）

也因為羅斯福在美國人心中的知名度並未完全消失，所以當他還在遊艇上時，還是來了些政界訪客，其中更有法蘭西斯．柏金斯這樣的社會改革家遠來拜訪。勒罕了解，對羅斯福而言，政界將會是他唯一可以找到人生意義的場域。但若他想跨足政界，那他的身體活動力要比現在再強一點。

羅斯福剛發病、人還在哈德遜谷別莊時，他其實想過要騎馬代步——那時他還沒買拉魯可號。雖然當時他母親一直要他放棄，但他還是騎了幾步，用雙膝緊夾馬腹兩側撐了一下，一直到因為大腿肌肉不夠強壯、抖得太厲害才放棄。

來到拉魯可號後，勒罕很有創意的想出一個法子——讓他坐上搖椅。這樣羅斯福就可以靠著運用大腿前側的股四頭肌來移動身體。儘管如此，要做到還是不容易。羅斯福寫道：「一開始我一直想用搖晃上身來取巧。」但勒罕不讓他偷懶。「不到幾天，我就可以光靠膝蓋、小腿以及腿部的肌肉來前後移動。」透過搖椅前後擺動，讓羅斯福發現自己其實下半身還是有些肌肉有功能的。雖然這些肌肉不夠強壯，不夠支撐他全身的重量，但已經聊勝於無。

勒罕還在喬治亞州很鄉下的地方找到一處渡假勝地。她覺得，這裡應該可以當作羅斯福康復的第一步。

這個時期的羅斯福，該說他是個好人，還是壞人呢？問這個問題可能還不適合，因為在這時候他兩者都還稱不上。他只是在人世載浮載沉，不上不下，他才剛結束通過儀式的第二階段，重新要開始和現實世界產生連結。過去的歷練究竟會讓他變成慷慨的好人，還是自私的壞人，這時都還看不出來。

要是他此時重回政壇，小兒痲痺也突然神奇痊癒，他可能會變成跟一些上流社會出身的政治家一樣，靠著討人喜歡的舉止和家族人脈，就能悠遊於政壇。但勒罕看好羅斯福的能耐不只如此。他們在一九二四年秋來到這個渡假勝地，儘管一開始，這地方比起豪華的遊艇似乎要寒酸許多，讓人心情不免低落。喬治亞布洛赫維爾（Bullochville）小鎮只有一座殘破敗落的旅館，再加上幾間別墅，散布在一千英尺高的丘陵林地上。而且她和羅斯福一開始都無法適應喬治亞的地方菜口味，羅斯福記得：「他們煮的湯半熱不冷的，而且這道菜就算熱了也不是太好吃。」

兩人在這裡會接受當地人以書面提問，但是因為當地人的識字率不高，遠不如拉魯可號上那些知識分子，所以羅斯服和勒罕逮到機會，還會用雙關語回答當地人的問題，自娛娛人（不過基於禮貌並沒有寄出這些回覆）：

問：你可以只靠該隱[7]走路還是要有人攙扶？

答：沒有該隱我沒辦法走，因為我不是亞伯（Abel）。[8]

但這些都不是重點。這間渡假小屋就在一座綿延山脈的下方不遠處，這座山脈富含藏量高達數百萬磅的鎂礦。從山脈湧出的泉水因此富含鎂，村民將之引入渡假村的水池，這樣的水質比人體細胞的水密度更高，所以只要踏進水池，身體就會比在一般水裡輕，會自動浮起來。

羅斯福來到這裡後，就發現水高只需四英尺，就能夠讓他得以自行站立。更棒的是，他不僅可以在水裡不靠拐杖站立，還能靠著輕輕撥水，就在水裡移動。他因此寫道：「彷彿我的腿再也沒有大礙了一樣。」這種自由自在的感覺，羅斯福已經好幾年沒有機會感受到了，他覺得靠這個方法，應該可以慢慢把他的腿力重建起來。

之後因為當地報紙的專訪，消息漸漸傳開，大家都知道羅斯福來了。信件紛紛湧入，人潮也跟著湧入。上千名來自全美各地的小兒痲痺患者紛紛來到此地，就像其中一人所說：「那些非請自來的、不告而至的、滿懷希望的、以及完全絕望的。」

這些不速之客中，第一位來到布洛赫維爾的（該村不久就改名為更琅琅上口的「溫泉鎮」），是一位遠從賓州來的二十五歲年輕人，佛瑞德・波茲（Fred Botts）。波茲有副低沉的男中音嗓音，夢想要成為歌手，但十六歲時，染上了小兒痲痺。家人束手無策之餘，只能照當時人的作法，把他鎖在農場的臥房裡。原本幫他上歌唱課的老師也躲得遠遠的，因為在賓州鄉下，大家都生怕會被這嚇人的疾病傳染，誰知道隨便聊個天什麼的會不會就被傳染了。

當波茲一聽說這座偏遠的渡假村，就請弟弟協助他搭火車，但鐵路公司不讓他跟一般乘客混坐，所以他整路幾乎只能躲在行李車廂的木籠中。等火車抵達溫泉鎮時，他還要大聲求助好久，終於才等到警衛來揹他下車。

就是因為在渡假村時，羅斯福開始和波茲這樣的辛苦人有了越來越多的接觸，才讓這位原本同事口中的「狗眼看人低的王八蛋」，這位畢業自哈佛名校、出身豪門的紈絝子弟開始出現重大的轉變。

哲學家約翰・羅爾斯（John Rawls）曾說，人會有「無知的面紗」。意思是說，如果我們

7 譯注：提問者誤將拐杖「cane」拼成聖經人物該隱「cain」。

8 譯注：「Abel」諧音於「able」，表示：沒有拐杖我不能走路，因為我沒有行走能力。

將一個人空降到一個陌生的世界裡，在這裡，你的地位、收入、社會階級、還有才能都是未知數，當人蒙上無知的面紗時，常會以為自己一定沒問題，享有特定的機會，能得到相當不錯的最基本待遇。

自古以來，出生富貴之家的人，對於羅爾斯此類的主張總是覺得興趣不高。他們多半覺得這話不是在講他們，他們怎麼會不知道自己是什麼地位——他們高高在上啊。像紐約房地產女大亨黎翁娜．海姆斯利（Leona Helmsley）有次在解釋稅法時講過一句話，後來被廣為流傳：稅這種東西是給小老百姓用的，她可不屬於這些小老百姓，既然如此，這種讓小老百姓傷腦筋的東西，憑什麼要她傷神？[9]

人類史上數千年來許多大型宗教試圖改變這樣的想法，許多哲學家、傳道士、佛菩薩、宗師一再呼籲眾人要「無緣大慈，同體大悲」。但他們的諄諄教誨總是為人拋諸腦後，因為只有真正用心的人，才能由衷從自己的優渥身世中體悟到「若非上天眷顧怎能有此際遇」。年輕時的羅斯福，就跟我們大多數人一樣，不懂什麼叫身在福中不知福。

但現在的他懂了。

波茲剛到時簡直不成人形，雙親完全不顧他的吃穿，所以他瘦到只剩皮包骨。羅斯福看到他時，怎麼也想不透天底下會發生這種事。怎麼會有父母把自己孩子鎖在房裡不讓他外出？

他們怎麼不讓孩子就醫呢？

第一天看到波茲，羅斯福就請人要好好款待他，讓他好好吃一頓飯。隔天一早用過早餐後，他就帶波茲去水池。羅斯福命人在水池上方懸掛體操用的吊環和平行拉槓，隨從將這些道具降低，羅斯福則在眾目睽睽下，毫不羞赧的露出他已經萎縮的雙腿，示範如何使用這些道具復健。波茲回憶當時羅斯福是怎麼催促他上場練習的：「像這樣握住槓……然後把身子甩出去……甩用力點！對了，就是這樣……然後再照這樣來一次……」之後大家一起躺在池邊曬太陽。

波茲不是唯一前來求助的人。羅斯福回憶當時：「有人從山下捎訊來，另外還有兩個人也正被人扛下火車。接下來要怎麼處理呢？因為兩個人都沒辦法行走。」我們問了渡假村的人後，決定要由我們來照顧……但沒等我們把馬車準備好，又有八個人到了……」

羅斯福和勒罕還在牆壁貼上身體結構圖，以便沒接受過類似治療的病患可以了解身體各部位肌肉的運作。他們在池邊裝上斜坡，好讓病患下池方便，羅斯福則親自在池邊指導大家練習，一次就是好幾個小時。羅患小兒痲痺會出現的副作用就是，腳部肌肉一僵硬就會抽筋

9 譯註：這段話是出自她因逃漏大筆稅金出庭受審時，一名管家向法庭轉述她在家中說過的話。

劇痛，因此羅斯福會在池邊耐心的為需要按摩腿部的患者按摩，一按就是好幾個小時。

羅斯福過去雖然待人也不會不懷好意，但是，因為他出身富貴，所以即使他想待人友善或客氣，也總是隔著一段距離，不會和人太親近。但來到這裡，他不僅不在乎自己雙腿萎縮的樣子被人看到，在他的協助下，十多位病人不分男女老幼，生活都得以改觀。他跟這些人平起平坐，聊天，唱歌、玩水球，這已經遠非當年在緬因州渡假島上、或是拉魯可號的時光的那個羅斯福了。像羅斯福這種出身豪門的人，通常不太相信宗教，但他從小就在父母的教養下熟讀英王欽訂本聖經。聖經中《路得記》（*Book of Ruth*）中有一段話就和這裡的情境很貼切：「你往哪裡去，我也往那裡去；你在哪裡住宿，我也在那裡住宿。你的國就是我的國……」（和合本）。

對渡假村裡一些行動正常的房客而言，讓坐輪椅的羅斯福跟他們同進同出、平起平坐，還算可以稍微忍耐的事——畢竟他家世顯赫、有錢，又有個過世的遠房親戚是一戰時的空戰英雄。但要他們接受後面住進來的病患，他們就不願意了，所以他們堅持這些小兒痲痺患者用餐時要去旅館地下室。多年後，羅斯福的兒子詹姆斯回憶，當年父親對這些人沒有同情心的行為，有種說不出口的憤怒。

羅斯福知道，他之所以生病，不是因為他個人的問題，渡假村的其他病患也一樣，這都怪不得他們。所以他特別要勒罕也把他推到地下室去，從今以後，他和其他坐輪椅的病患平起平坐。

但他的舉動也只能讓一般房客的怨氣稍事平息。這些房客不滿意的還不只這個：新到渡假村的病患，許多人手上都沒什麼錢，他們憑什麼跟那些有錢的渡假村住戶享用一樣的待遇和設備？過了幾個月後，羅斯福想通了，事情要有轉寰餘地，只有一個辦法，不能再顧著上流社會那些囉哩叭唆的習氣了，他索性拿他繼承的遺產，把整座渡假村買了下來：包括溫泉池、旅館、還有外圍整整一千英畝的土地。他又擴建更多的渡假小屋，全都設備一流，再聘請受過訓練的專業治療師，在渡假村中四處搭建斜坡，還有訓練場地。付得起錢的患者就付錢，付不起錢的患者，他另闢基金來為他們支付開銷。這樣一來，那些原本趾高氣昂的有錢住戶，就再也沒話說了。

羅斯福和勒罕在這裡還蓋了座小屋，他們還會花很長的時間和病患討論治療進度，為每個病患量身打造適合的鼓勵方式。勒罕會在回到溫泉鎮上後，把這些囑咐打字印出來。難得有一次，他們兩人不在一起，羅斯福寫信給勒罕時，稱呼她為蜜西，而勒罕在回信中，則會稱他艾夫迪（Effdee/F. D.）。

羅斯福很喜歡駕駛。在拉魯可號時，有時候他們會租快艇，由他掌舵，在一些淺水的礁湖之間快速穿梭來回，找尋清澈水面下的魟魚。來到溫泉鎮後，他也和汽車技師合作，在他的福特老爺車踏板上加裝許多細桿，再穿過上方儀表板，讓他可以用手來控制腳踏板。

他的朋友都記得，只要羅斯福一坐上駕駛座，「他想要證明自己可以開得比誰都快」。他會載著勒罕在車痕累累的紅黏土或黃黏土路上奔馳，勒罕的頭髮隨風飛揚，偶爾她愛用的「藍色時光」（L'Heure Bleue）香水味道，會飄到羅斯福鼻尖。當車行至樹木稀疏的山路時，勒罕也會警覺的握緊手把，因為這時羅斯福就會開始快速蛇行，穿梭在松林間。

兜風過程中，兩人總會在一些農舍或是一般商店前暫停。一名當地農民回憶：「這時，羅斯福會和當地沒有受過教育的人聊聊天，他明明是很有學識、可以聊很高深話題的人，卻和我們天南地北無所不聊。」

我們到外地旅行渡假，如果只停留數週的時間，足夠瀏覽當地美景，留下一些動人的故事。但如果一待數月，或是像羅斯福這樣，三年內在喬治亞州待了近半數的時間，那就有時間對當地風土民情有更深入的了解。一開始，羅斯福聽當地農民抱怨，說他們不論再怎麼努力打拼，都很難討生活，過有品質的日子，他於是就想，他只要發揮點巧思，就可以改善他們的生活。因為種玉米和棉花在當時已經不符成本效益了，顯然，解決之道就是改種別的作物。

但是當他買下一些農地，聘了幾位經理後，才發現自己想的都不管用。他原想種成長速度快的樹木來造紙，但這類樹木產生太多的樹脂，當地的紙廠都不愛用。他又改養牛，但當地的水草養不活牛，所以他改種蘋果，卻一樣沒成效，就連種桃子也沒有收益，枉費喬治亞州還自稱桃州。

這狠狠賞了羅斯福好幾巴掌。當地的農人並不懶，他們也不笨，他們的問題純粹是這裡不好討生活，因為基礎設施太差。要是想改善，就要給當地鋪設更好的道路，給它們更多的電力，或是為該州成立州際採購單位——只有透過大規模的組織才能改善他們的生計。

如今，越來越多患者來自全美各地，因此他逐漸了解各地城市的情況。有天下午，他和來自紐約市貧民區的年輕人聊天。勒罕回憶：「羅斯福後來跟我說，他欣賞這些住在環境惡劣、廉價出租公寓人們的耐力，這些人往往要整戶共用一個水龍頭，這些出租公寓的房東通常都是有錢人，但都把房子交給仲介去管理，這些仲介只想收房租，不會去管屋子的狀況。」

對勒罕而言，這沒什麼稀奇的，畢竟她出身自波士頓的貧民區，但對羅斯福而言，就很新奇了。他因為罹患小兒痲痺，生活中處處受限，事事要仰賴別人，切身感受到人有多脆弱無力。「叫天天不應，叫地地不靈」就是這種感受。他終於了解，其實，世界上有許多人，一直都在過著這種生活。

前文提到那位德國牧師迪厄特里希．邦赫佛，他就問過這樣的問題：

我是誰？他們告訴我

我忍受著不幸的日子

毫不低頭、微笑著、自豪著，

就像贏慣了的贏家。

羅斯福也是這樣。他開始懷疑自己內心究竟是什麼人，他不斷思考：我真的是簇擁我的人所說的那樣嗎？羅斯福面對著自己的創傷，也開始問起這個問題：我是什麼人？別人又是什麼人？

在渡假村的日子，讓羅斯福學會了憐憫心。在這裡，他發現自己以往掛著對人客客氣氣的假面具，只是想讓別人別來煩他的樣子，不該是他唯一待人處事的方法。在他內心很多不同的性格中，憐憫心站到了最前面。

戈培爾和羅斯福，兩個人在幾乎相同的時代，在不同的處境下，走上了兩條截然不同的道路。對戈培爾而言，萊特老家和艾爾瑟．妍珂的鼓勵，不能滿足他。他不是沒想過當個更寬大的人：「其實，我並不是很喜歡把反猶太主義做到這麼過頭。」但他從童年以來，已經累積了太多的仇恨了。偏激政治中，剛好就有許多類似的忿怒和狠毒可以餵養他心裡的恨意，這對他而言實在太難以抗拒了。

羅斯福卻不一樣。過去的他，曾經對不是上流社會的人很冷漠，但那個他，並不是全部的他，只是他的一部分。他的個性中，本來就還有一絲的善良和同情，也正因如此，讓他在染上小兒痲痺、來到溫泉鎮休養後，再加上勒罕的鼓勵（有句話他常掛在嘴上：「蜜西是我的良心。」），讓他善良的一面完全浮現了。

推動兒童工廠時數減為五十四小時法案的法蘭西絲．柏金絲，之前因為羅斯福這種只顧自己、不顧他人的心態，已經和他會晤多次未果。起初幾次兩人碰面，羅斯福常是表面上很熱情，「很可親……會拍你的肩膀表示親近」，但那樣的動作，卻沒能讓她覺得是由衷的。她覺得他應該是「被教育成要對人客客氣氣」，所以只是做做樣子。但他染上小兒痲痺，又搬到喬治亞州來治療後，讓她開始感受到，羅斯福人性中善良的一面，真的開始出現了。日後她曾說出心裡的想法：「我這樣說可能有點過分，但是……他以往那種虛榮和逢人哈拉的作風，要不是被當頭棒喝、受到致命的打擊，是不可能讓善良的一面被激發出來的。」

正因如此，轉變過程中的每個階段都扮演著重要角色。羅斯福在拉魯可號上狂歡作樂時，他寫過幾封家書，當中就透露，其實他已經從這樣的紙醉金迷中，了解到這樣的人生並沒有太多意義了。也因為這段荒唐歲月，調整好他的心態，準備邁入下一個階段，也才有了在喬治亞州渡假村的經歷。

范．甘奈普通過儀式理論的第三階段，是要重新融入現實世界中——在喬治亞渡假村的羅斯福完成了他的第三階段。柏金斯回憶：「他被徹底摧毀又重建，此時的他，已經懂得謙卑是什麼了。」

接下來的問題就是：懂了謙卑後，要怎麼使用它。一開始剛來渡假村時，羅斯福曾經被人硬拖去參加幾場政治活動，當時他覺得真是痛不欲生。一九二四年民主黨的全國大會上，他也被邀請去為艾爾．史密斯（Al Smith）的總統提名演講，史密斯是柏金斯的授業恩師，當時，羅斯福根本連走上講台都舉步為艱。上台時，他一手拄著拐杖，一手要靠兒子詹姆斯攙扶。詹姆斯回憶：「父親臉上掛著笑容，表現出一副堅強、自信、輕鬆自若的樣子，但其實……他的五指像鉗子一樣深深掐進我手臂裡……滿頭大汗。」走到講台前，詹姆斯把另一手的拐杖給羅斯福，這時問題來了：羅斯福死命的想用身體把腳拉過來。台下好幾千名的民主黨代表，全都為他捏一把冷汗。

站定位後，羅斯福演講得很好，但過程中，他完全無法騰出手來向群眾揮手致意，也無法做任何手勢，因為他雙手要小心扶著拐杖，不然就會跌個狗吃屎。法蘭西絲．柏金斯也有參加這場大會，就坐在前排座位，所以她可以很清楚的看到羅斯福在台上時，費盡全力拄著拐杖而雙手發抖的情形。她還發現，原來大家都沒想過要怎麼讓羅斯福下台，她寫：「我看到他身邊全是些腦滿腸肥的政客，我知道他們完全沒有替他想過這個問題。」

柏金斯見狀，趕忙拉著身邊另一名女性上台，跑到羅斯福身邊，假裝在恭喜他演說成功，其實是藉此擋住觀眾目光，好讓他們看不到羅斯福痛苦使勁的樣子，等到終於有人想到要推輪椅上台，在眾人掩護下才順利護送羅斯福下台。

羅斯福在溫泉鎮中的那些歲月，其實並沒有治癒他的小兒痲痺，但能夠有一點點改善，就已經讓他很欣慰了。有次，他正好在椅子上，一名祕書拿支票要請他簽名，他說：「等等，給你看個東西。」接著他就一手拎起一腿的褲管，然後用力的把腿抬起來，疊到另一條腿上，就像一般人翹二郎腿一樣。他一臉得意的說：「你瞧瞧，很了不起吧！」

就這樣一路到一九二八年，羅斯福逐漸習慣用拐杖走路了。雖然舉步為艱，必須小心翼翼，但是他已經大有進步。這麼一來，大家都知道，這意味什麼了。艾爾．史密斯當時正在參選美國總統，他的團隊希望羅斯福可以參選紐約州長一職，以拉抬民主黨的選票。

但勒罕覺得羅斯福還不到時候。第一場州長選舉討論會議結束後，兩人開車返家過程中，她對羅斯福說：「你**敢**給我去選你就試試看，你給我試試看。」但羅斯福覺得是時候了，沒多久，他就說服了勒罕。

他真的參選了。因為他和其他候選人的差距實在很接近，在他離開民主黨位於紐約州巴爾地摩市舊旅館的競選總部時，他還以為自己應該不可能當選。當新聞公布最後得票數時，競選總部人去樓空，只剩下柏金斯和她的母親守在那裡看開票，這時已經快要早上了。開票結果：羅斯福贏了。他在紐約州的執政成績亮眼，所以當一九三二年民主黨要挑選總統大選候選人時，很自然的選中羅斯福。

當時在位的總統是赫柏特・胡佛（Herbert Hoover），他打算要競選連任。胡佛被譽為出色的工程師和人道主義者，一九二七年密西西比河大洪水時，他的救災工作更是為人所稱道。但他也因為未能解決嚴重的美國經濟大蕭條問題，且沒有對受到波及的人民感同身受而備受抨擊。因為這樣，讓羅斯福得以在一九三二年出任民主黨總統候選人時勝出，而且是美國史上最壓倒性的全面勝利。

當時的美國可以說是處境艱難，經濟崩盤，社會體制也面臨瓦解。當時，一名羅斯福最親近的顧問就說：「如果美國再這樣出現高達一千萬或一千兩百萬的失業人口，那這個國家的民主體制將無法存續。」為了解決這個問題，一定要重振就業率，並重獲社會對國家的信任才行，這需要像法蘭西絲・柏金斯這樣的人，這類之前都不被羅斯福看在眼裡、是個平民百姓、一心只為比她更低社會階層的人謀福利的人，但也是這種人可以幫助他拯救當時的美國。羅斯福現在懂了。然而，過去美國從來沒有女性出任內閣閣員。羅斯福自己已經開了許多先例，畢竟，白宮從來也沒有「殘障人士」入主過，所以他又何需擔心柏金斯的女性閣員身分？

一九三三年二月，羅斯福邀請柏金斯到他紐約市的寓所，打算和她商量入閣，擔任勞工部長一職。他原以為，這應該就只是客客氣氣、政治人物間的會談，一般人應該巴不得有這個機會吧。不過，他很快就想到，柏金斯跟別人不一樣。果然，柏金斯不是卑躬屈膝來求職的人，她反倒丟出一大串問題來質問羅斯福。

她問，以他即將上任總統的忙碌程度，怎麼能保證她提出的要求，日後他都會一一兌現。柏金斯會這樣問，是因為她的那張紅信封的口袋名單，讓她知道男性心裡老打什麼算盤。所以她就先寫了一份備忘錄，載明自己如果當勞工部長想要達成哪些事，一件一件唸給羅斯福聽，要求他在上任後，必須一一同意執行，不論遭遇什麼困難，都不能食言。唸完後，她還不忘要羅斯福覆誦一遍自己同意過的事。日後她曾說，這個方法，就算是對付八十高齡的小男孩們都保證管用。

這份備忘錄中，有好多項目日後造福好幾代的美國人，成效好到大家都以為這是應該的。

然而，在當時，這些提議，其實都是甘冒當時的大不諱、被視為離經叛道的創舉：像是制定最低工資、最長工時、退休福利、失業保險等。

最後，她對羅斯福說：「這些事，過去從來沒有人做過，這你也清楚，對吧？」然後她想起父親曾經教她的事：重要的事情，一定要說得果斷，不能拖泥帶水。所以說完她立刻閉嘴。

當年，羅斯福第一次見到柏金斯時，是在紐約州的首府奧本尼（Albany），柏金斯提議要他改善經濟大蕭條期間人民生活困境，他完全聽不進去。但在溫泉鎮期間的日子，讓羅斯福脫胎換骨。

柏金斯唸完備忘錄後，羅斯福的書房中安靜了好一陣子，現在的他不再用鼻孔看人了，他點點頭，表示同意。他說：「我會支持你。」不久，就是羅斯福的總統就職典禮，勒罕也進入白宮，他們兩人之間，會多一個柏金斯，三個人有很多事要忙——很多事在羅斯福上任的第一百天，立刻就要展開。

第十一章　新政發起人：希特勒的白宮邀約

「我們不會擋人財路，但是我們也不會讓人占便宜。」

在德國這頭，戈培爾和希特勒對於羅斯福的參選非常關注。一開始知道他當選，他們還覺得這有利於德國：美德兩國淵緣甚深，好幾代德國人都是看著德國小說家卡爾．邁伊（Karl May）所寫的西部小說長大。這些小說中，多半有一名德國移民，堅定不移的在美國這個機會之地拓荒，和武力懸殊的部落爭奪土地。

多年來，有五百萬德國人移居美國定居。第一次世界大戰後，英法要求德國賠款，也是美國財政部介入請兩國高抬貴手，才得以讓德國在戰後經濟復甦。每個人都知道美國在工業上的潛力，它們建造的摩天大樓美輪美奐，而且美、德兩國之間的貿易一向強勁。

當時兩國的國民都渴望強而有力的領導人，能帶領他們走出經濟大蕭條的困境。羅斯福在一九三三年三月四日就任美國總統，剛好就在此之前不到幾週的時間，希特勒也在德國當選總理，所以，羅斯福順理成章的邀請希特勒前來白宮訪問。戈培爾聞訊，還在廣播中發表聲明：「我們對美國的發展很有興趣。」這番聲明是用短波放送的，所以全世界都收聽到了。他說：「我相信羅斯福總統走上了正確的路徑。我們目前正面臨史上最棘手的社會問題。」

更重要的是，在戈培爾眼中，美國和德國趨於一致的發展，更讓他看到好兆頭。美國當時剛立法，限制特定族裔跨越其社會階層往上爬。像是針對不同種族之間的性愛關係，就訂立非常嚴格的罰責，還有針對黑人和美國原住民的種種住居和發展限制等。

當時美國的族群對立變得越來越嚴重。來自東歐的移民大部分都不能申請入境了，白人對於黑人動私刑的情形也有增加的趨勢，私刑現場往往還會動員數千名暴民前來圍觀。一些自認為思想前衛的圈子，更主張為特定人種強制節育，以避免造成基因汙染和弱化，並以擁有此想法為傲。一九三〇年代，光是在加州一地，每年就有高達一千位被視為「不適合繁衍下一代」的人被逮捕，並強制節育。據一位州政府官員回憶，當時在維吉尼亞州：「每個在領政府救濟金的人，都很擔心不久就會輪到自己被強制節育，所以都往山裡躲，警長和員警還要入山去大肆搜索……抓到這些人後，就整車整車的將他們運往史東頓（Staunton）州立醫院，以便將他們節育。」

當時美國人對猶太人的態度，似乎也讓遠在德國的宣傳部長戈培爾有種獲得鼓勵的感覺。當時多項民意調查發現，大多數美國人不贊成賦予猶太人平等的公民權。一份羅普（Roper）民調中，甚至有一成受訪者認為，應該將猶太人逐出美國。美國的頂尖學府，像是哈佛大學和耶魯大學，更是明目張膽的限制校內猶太學生的入學人數。在羅斯福就任美國總統隔年，一名納粹宣傳部的官員訪問哈佛大學，哈佛大學更是公開予以讚揚歡迎。在羅斯福總統的就職演說中，他並沒有表示自己對猶太人的態度，也沒有加以抨擊，但是，致詞中他貶抑了銀行家——對德國當局而言，此舉已經足以顯示，日後他必然會對猶太人有更進一步的攻擊。

但他們都誤判情勢。羅斯福的本性完全跟德國新政權打的如意算盤涇渭分明。戈培爾一九三三年五月在德國發起公開焚書活動時，羅斯福剛就職滿兩個月，對於德國發生這件事，他和勒罕可以說是深惡痛絕。

對於公開焚書一事，戈培爾剛開始還想以話術粉飾太平，下令納粹宣傳部編造謊言，說這都是德國學生自發的活動。作品被燒的作者中，有一名剛好是美國盲啞作家海倫．凱勒（Helen Keller），她因為提倡女性投票權、反種族主義、以及節育（在許多地區還被視為非法時）等議題，深受美國人愛戴。她聽了納粹的粉飾之詞，對德國學生寫了一封公開信批評焚書活動，此信被登在《紐約時報》和許多美國的報章雜誌上。戈培爾見狀，命令宣傳部進一步扯謊，說她的書沒有被燒。

這樣的謊話當然完全沒辦法說得過去。大家都知道戈培爾就是發起焚書活動的人，納粹宣傳部曾為此活動大吹特吹，也有數百名目擊者親眼見到火堆中有海倫．凱勒的書。更何況，宣傳部在自己拍的影片中就有拍到畫面。戈培爾這種前後自相矛盾的說法，在德國雖然管用，但在美國，卻成了眾人嘲弄的對象。

不久，戈培爾就弄清楚了：羅斯福在美國，根本沒有要推行他和希特勒的那一套。羅斯福曾經提出邀請希特勒造訪白宮的事，後來就不了了之，再也沒有人提起，戈培爾也開始調整納粹宣傳部對美國的態度和說法，他們改口：「過去美國企業的成就或許可觀，但那些都只是空殼子，外強中乾。」

戈培爾這時改要讓德國人了解，美國人其實很窮，所以開始流傳有人以油桶改裝成棲身之地的照片。當然，類似這樣的景況，在大蕭條期間的美國其實到處可見。戈培爾還一再告訴德國人民，美國之所以國力薄弱，正因為其民主體制典型的問題，往往有多方權力傾軋、相爭不下，例如工會、州級立法機關、大企業、獨立專業協會之類的，才會導致美國不如德國有效率，上到下一條鞭，由希特勒帶領新納粹菁英主政。

一九三三年，羅斯福就任後的數年間，美德兩國之間的國力差距似乎越拉越大。德國不僅全國上下不斷造橋鋪路，而且許多新制度也立刻執行——這是當然的，因為只要領導階層一聲令下，德國各地的法庭宣判全都聽政府指導；但在美國這邊卻不一樣，凡事都要照制度走，羅斯福即使貴為總統，美國聯邦最高法院那些老態龍鍾大法官的決議，他卻是完全不能動的。

當時的美國，國力衰敗到連組支像樣的軍隊都不成。到了一九三九年底，美國的財政大概只夠養五個師的軍團，德國則已經有整整一三六個師的軍隊在待命。在武器裝備上，美國也是遠遠落後德國。大規模的兵力部署和演習方面，即使是最有希望的一支軍隊，由時任上校的杜懷特·艾森豪（Dwight Eisenhower）在路易西安那州所主持，士兵在操兵演練時，往往也只能拿木棍取代短缺的來福槍做模擬（坦克車則是用一般的卡車，上面裝一大捆的掃把來象徵）。反之，在德國的裝甲師中，則配備當時最先進的坦克車，隨時都可以來場閃電戰的奇襲。

對德國而言，美國國力的孱弱是可以預期的。希特勒就認為，美國是一個「半猶太化、半黑人化的社會」。戈培爾順勢寫了一篇挖苦美國的文章，題為〈交叉比對羅斯福先生〉，文中戈培爾主張：羅斯福並不是美國真正的領導人，羅斯福只是「美國的荒謬所選出的虔誠代言人，真正的統治者是猶太人的財閥政權」，所以「這個人居然膽敢批評我們」，真是昧於良知。

戈培爾所率領的納粹宣傳部接著暗指羅斯福的不良於行，其實不是因為小兒痲痺，而是因為梅毒。羅斯福這個人已經被猶太人吸乾抹盡，他太軟弱，把時間都耗在娘娘腔的想法，主張公平、品格、和善這類事情。他甚至還指派女性主導關鍵的內政，也就是法蘭西絲・柏金斯；另一位女性勒罕，更是直達天聽，要見總統都得經過她同意。

這樣的人，帶領一個由混種所組成的國家，怎麼可能會有翻身的機會？

戈培爾這番想法，可以說是完全了低估人性中善良的力量。羅斯福過往的經歷，並沒有讓他變得軟弱。反之，因為這些經歷，讓他變得更堅強。困坐在輪椅上，讓他只能透過說話來和別人互動，但這強化了他的意志力。一名參議員就說：「你去晉見羅斯福，以為可以把他生吞活剝；等你出來後，你只能徒呼負負。」

所以，到這個階段，不管從哪個方面來看，羅斯福和戈培爾都是截然不同的兩種人了。戈培爾的轉變，讓他從困守家鄉的二十幾歲年輕人，變成一個熱愛暴力、想要加速德國社會分化對立的成年人。但另一邊，在美國的羅斯福，卻是從在拉魯可號上荒唐度日的人，轉變為堅持要讓公平正義暢行無阻的人，即使遭遇到極大的阻力，他也無所畏懼。當我們看著羅斯福將達成這個理想的幾個重要基礎一一組成後，就是本書最佳的一份人生指南。這對我們的世界非常重要，因為，我們的時代也渴望相同的重新歸零，走向一個更公平、和善的方向。

不噤聲，而是傾聽

在戈培爾手中，德國的獨立報業毀於一旦。他只允許訊息單方向的傳遞——從納粹中心向外散播，納粹中心的想法不容外界質疑。但在白宮這邊，卻與其背道而馳。每天一早，羅斯福藉由旁人攙扶下床，他就要瀏覽全美各地的獨立報章雜誌：有《先鋒論壇報》（*Herald Tribune*）做為保守報業主流代表，但也不忘《紐約時報》、《華爾街日報》、《華盛頓郵報》，還有芝加哥各大報等。

要這麼做，得有雅量才行。因為當時全美各大報業的老闆都對羅斯福推動的政策不放心，所以這些報社主筆所寫的社論自然也都散發出這股不信任感。但是，羅斯福沒有像戈培爾這樣攻擊這些報社，指稱他們是謊言媒體，他也不會盡是找些唯唯諾諾的人當他的顧問、助手，幫他罵這些媒體。他何必弄瞎自己的耳目？何況，他也知道，報社的記者往往不見得會同意老闆的看法，因此，報紙頁面上，總是不乏他需要了解的觀點和真相。他還特別請了助手，來幫忙從更多他看不完的報紙上整理出剪報，並且特別叮囑，務必讓他能看到負面批評。

接見記者時，羅斯福總是很隨和，每週三和週五都會開放他的總統辦公室，邀請記者進來，圍繞在他的桌邊。如果遇到一些去過很多地方、見多識廣的記者，就會大聊特聊一些較隨興的話題。另外，他廣為人知的就是，因為勒罕等人會帶些三教九流的人來總統辦公室和他見面，他也不排斥，總是滿臉笑容熱情迎人，並且會耐心傾聽（雖然其實對方的建言往往他會含糊帶過，不見得完全照辦，但對方當下總會因此分散注意力）。

羅斯福知道自己身為總統，一定要廣開言論大門。在美國偌大的土地上大幅增加就業機會絕非易事，正如一位顧問所言：「宛如突然要求古代阿茲特克人造出一架飛機一樣。」同時，他還要緊盯左右兩側的德國和日本，並讓自己維持客觀公正，因為當時美國國內也充斥著來自莫斯科方面的報導，支持共產黨；另一方面，他還要讓閱聽管道暢通，以確保可以聽到多方面、獨立的資訊來源。羅斯福也不像戈培爾等德國領導階層那樣看不起專家。

不過，還是有一次讓我們看到，羅斯福身為統治者，獨裁對其有著極大的誘惑力。他在位期間，有一次差點讓一個反對他的機構運作不下去。當時美國最高法院的思維已經跟不上時代，其中一位大法官詹姆斯．克拉克．麥克雷諾茲（James Clark McReynolds）出生於一八六三年的蓋茲堡戰役（Battle of Gettysburg），其他四位也同樣垂垂老矣。他們都是出身優渥、來自強調階級差異的社會，其中幾位大法官還當過企業法人的律師。到了這把年紀，他們對於挑戰他們價值傳統的東西都深惡痛絕，無法接受。像麥克雷諾茲，他看不起羅斯福到連他的大名都不叫，直呼他是「白宮裡那個殘廢的王八蛋」。

所以，當羅斯福所推動的包括保護十五歲少女在血汗工廠工作的法案等新政（New Deal）一再被這幾位大法官擋下後，他就決定最高法院應該與時俱進、注入新血了。所以他提出一個法案，讓他得以擴充最高法院大法官的人數，藉此稀釋那些老一輩的反對票。

羅斯福想這麼做的理由當然可以理解，但這卻種下了獨裁的伏筆。美國憲法之所以設立最高法院，目的就是要讓它具有獨立的制衡力量，在必要時做出反對行政單位的決定。羅斯福這個法案最後在國會被擋下，雖然當時他為此像小孩一樣的鬧了一頓脾氣，浪費許多政治資本，只想打倒那些反對此法案的國會議員，但他最後還是忍痛吞敗，從此再也沒有迷途於極權的誘惑中。這和他私下相當能自制的性格也有關係。人遇到這類事情的抉擇，正是他走上正途或迷途的關鍵所在。美國很幸運，遇到羅斯福這樣的總統，能在緊要關頭懸崖勒馬，沒有破壞體制，成為脫韁野馬，做出違憲的作為。

不破壞，而是付出

下一項，羅斯福也做到的要訣，就是前面講求精準的遊擊隊女士烏蘇拉·葛蘭姆·鮑爾和滿口牢騷的承包商保羅・史塔瑞特兩人所示範的「慷慨付出」。羅斯福知道，應該要建立一套機制保護勞工階級，讓他們免於在市場起伏下受到波及。作家艾德蒙・威爾森（Edmund Wilson）就被自己在芝加哥看到的景象嚇壞：他看到數百位老年人，其中多數顯然年輕時都曾辛苦打拚，但此時卻被經濟大蕭條波及，只能淪為在垃圾堆中找食物糊口的遊民（「棍子和手齊用……就連大熱天，惡臭薰鼻，蚊蠅滿天，也要忍耐。」）但這個新制度要怎麼設置才好，又要怎樣才能推動成功呢？

人往往會在看到新契機出現、並且知道怎麼使用這樣的指引的時候，會更理解如何使用這份指引。一九二〇年代，美國菁英和中產階級多半都信仰經濟上應採自由放任主義，但現在面臨經濟大蕭條，國運飄搖，危在旦夕，這些原本堅持自由主義的人，也就不再那麼堅持己見，願意接受改革了。

在拉魯可號初期的羅斯福，就像是當時的美國，是勒罕救了他。所以，現在他當上總統，也希望能把這樣的希望帶給他的國家，拯救全民，扭轉美國的命運，讓它成為一個懂得付出、慷慨的國家，而不是任由富人巧取豪奪、窮人只能自生自滅。在過去，歐洲已經有很多國家推行多種社會福利制度；在美國，他的遠親老羅斯福總統也曾提出不完全的社會福利措施。羅斯福任內並不言明他要修改美國的社會福利政策，以便造福更多美國人，但他整個構想的確是以此為出發點。而法蘭西絲．柏金斯，就是為他達成這個目標的不二人選。

乍看之下，這似乎是再明顯不過的選項了。柏金斯這人天不怕地不怕，在擔任紐約州工業事故委員會的調查員時，她能夠非常強悍的面對砸石頭的示威群眾。有一次示威者把成綑的炸藥堆在一起，當作抗爭工具，結果柏金斯喬裝混入其中，瓦解其組織行動。當時的紐約郡警察局長在她順利出來後，跟她說：「你膽子還真大，這可是要冒生命危險的。」她卻是面不改色。

即使如此，白宮上下的官員可不是示威群眾。羅斯福就任四天後，白宮舉行第一次內閣會議，當在座閣員看著羅斯福拄著拐杖進來，再靠人攙扶坐到最前面座位時，身為勞工部長的柏金斯被安排在最後面的座位。

她回憶當時：「我可以感覺到，所有在座的官員眼睛都盯著我看。」這是一定的，畢竟在當時，美國從來沒有女性入閣過：「所以我強作鎮定，紋風不動。」然後官員開始對談了。閣員報告順序是依其進入其部門的資歷長短來排，所以柏金斯被排在最後一個，輪到她說話時，所有人都有所期待。

她卻一句話也說不出口。

柏金斯先前所有的努力，就是為了這一刻。當年二月，她拿著備忘錄請羅斯福作出支持她法案的承諾時，當晚回家她哭倒在床上，因為她很擔心，不知道明天媒體的報導會對她青春期的女兒造成什麼傷害。柏金斯婚後，先生因為精神狀況不斷進出精神病院，在她當上閣員前後的那段日子，這件事是不為外界所知的祕密。但就算是這樣，她早已成為美國上下不分男女批評的對象，因為她身為女性，竟然為了工作這麼拚、這麼拋頭露面。

此刻，身在這漂亮的內閣會議室中，陽光透過橢圓形的窗子照進來，她知道自己一定要開口——要是她現在不說話，那就對不起愛她、幫她的親人好友。她說：「從小到大，我奶奶就教我，要是人家給我們開了門，那就要趕快走進去……因為這扇為女性敞開的門，可能不會一直為你開下去。」但這場合實在太讓人膽怯了。在場一些高階閣員始終緊盯著她。「我猜裡面有些人可能以為我是啞子。」

依舊一片安靜。

屬下緊張時，給他們一些肯定，會讓他們放輕鬆。羅斯福對柏金斯有信心，知道她一定有備而來。因為過去他已經被她那一長串的不公平名單轟炸過了。

柏金斯記得，所以當天在內閣會議上，羅斯福對柏金斯微微一笑，然後說：「法蘭西絲，你有話想說嗎？」

羅斯福的作法，和戈培爾只要屬下稍微做得不如他意就動輒入監、嚴懲的作法完全相反，戈培爾甚至在鬧著玩時都有可能忽然翻臉。在羅斯福的鼓勵下，柏金斯慢慢不緊張了。她說，自己正在進行一項聯邦聘用服務計畫，接下來將其中的資料一一講給在座閣員聽。她的信心也隨著說話聲越來越提升。副總統葛納（Garner）是位對女性從政一向頗不以為然的德州人，所以柏金斯一邊報告，他還一邊抽著雪茄，但柏金斯講的全是統計數字和實情。雖然對於柏金斯在場，他一點也沒有比較客氣禮讓，但事後他向妻子坦承：「她的聲音夠大，所以我聽得很清楚。而且她講得平鋪直敘，條理分明。」

凡事起頭難。但羅斯福也知道，光只是肯定、鼓勵起不了太多作用，這無法激發出創意，要起作用，就要有所節制、選擇性的鼓勵某些人，但一些不對的事，就不給予鼓勵。在下一次的內閣會議中，柏金斯又開始條列要在紐約州支持的建設案，但這次羅斯福就不客氣的打斷了她。他說，她要了解，這些案子是不可能獲得朝野共識通過的。內政部部長哈洛德・艾可斯（Harold Ickes）看到羅斯福這麼不假辭色，讓他感覺不快，因為他是在挑她毛病，但羅斯福這麼做並不是針對柏金斯個人：他是在給她指點一條明路，讓她去想，若要讓法案過關，該怎麼做。

這樣的指點一兩次是不夠點通柏金斯的。柏金斯在政治攻防的明爭暗鬥上雖然頗有兩下子，但這方面羅斯福可是專家級的。在羅斯福政權的主要成就中，最能發揮助力的，就是他的社會福利制度，藉此幫助高齡者、窮人、還有失業人口。當時柏金斯底下有兩位專家協助她處理這個議題：一位是文靜、深色頭髮的艾德溫・魏特（Edwin Witte）；另一位則是作風引人注目、紅髮的柏克萊大學經濟學家芭芭拉・阿姆斯壯（Barbara Armstrong）。這兩位對於該如何執行和解決這個議題，產生很大的歧見。

魏特說得直截了斷，他認為阿姆斯壯根本沒有進入狀況。阿姆斯壯也說魏特什麼都不懂，她堅持自己說得沒錯。兩人一再重申自己的意見、毫不退讓，而且還利用媒體放話，讓對方知道自己的立場。阿姆斯壯跟記者告狀時還用諧音「廢特」，記者當然是拍案叫絕。

羅斯福清楚，柏金斯一定會插手叫兩人別再隔空叫罵，但像上次那樣，直截了當在內閣會議上對她指指點點，並不是他一貫的作風，他不想讓她沒面子。而且，想到當年她在紐約州時堅定不移的態度，硬是要推動兒童勞工法案，還遊行到連他都不會去的粗工工廠，其實他到那時都還有點怕她。所以，有些比較為難的消息要告訴她時，他都會請他人代勞。柏金斯就記得，有一次羅斯福在內閣會議後和她閒聊，還假裝不經意的問：「內人有傳話給您嗎？」

柏金斯答：「有啊，您這樣跟我溝通還真是高明啊。」其實，按理內閣閣員是不該講話笑總統的。但是，像這樣的對話，可以說是羅斯福自找的。原來，因為政策上有些事不好當面和柏金斯講，所以羅斯福就透過夫人伊蓮娜帶話給她。

羅斯福聞言只好結結巴巴回答：「我原本打算親自跟你說的，只是越想我就越不知道該怎麼跟你開口。」

終於，柏金斯推動的社會福利法案完成了。柏金斯硬是把她自己都想像不到的艱鉅任務完成，讓美國廣大勞工願意自掏腰包，從薪資中抽稅，去為社會福利買單。羅斯福對於柏金斯的創意非常讚賞。因為柏金斯考量到，要把大多數人繳的稅拿去送給窮人，很容易遭到反對，但如果這筆錢基本上是每個人都分得到的，那就能深得民心。柏金斯和羅斯福透過這樣的方法，確保他們下台後，即使社會變得冷漠、或是傾向支持贏家通吃時，都無人能撼動這個法案。也因為這份社會福利津貼讓人覺得是每個人公平賺來的，而不是人家施捨救濟的，才得以讓社會福利法案在一九三五年成案過關。

該法案是美國文化進程上的一大步：因為它終結了美國極度貧窮的一面，並扶植了一個穩定的中產階級長達半世紀之久。法案能通過，羅斯福知道那是因為他運氣好，剛好在參眾兩院中民主黨都是多數黨，但也是因為他懂得運用這項優勢來造福最大多數的人民。如果不是這兩相加成，有人和、又別具慧眼，再有善心美意，恐怕都只會功虧一簣。

柏金斯當然不辜負羅斯福的期望，但是這不保障其他人不會。還好，他曾在第一次世界大戰時於海軍服役，這讓他有機會接觸很多居心不良的人，這些人會在軍艦採購案和承包工程中揩油，從中大撈一票。因為這樣的經驗，讓他一眼就能認出這種人。他還說過，一個德州撲克的老手會怎麼騙人：這個人會趴在牌桌上，對他要下手誆騙的人說：「你可得老實玩啊，魯賓，我很清楚自己發了什麼牌給你。」現在他當上了總統，也很清楚一定要精打細算，防弊興利，而他也很幸運，很快就出現一位擅於行政管理、精於此道的高手——那就是高瘦精明的愛荷華州人哈利．霍普金斯（Harry Hopkins）。

霍普金斯的朋友形容他結合「聖芳濟的純潔……和賽馬場上黃牛的精明」，這番話可完全不是比喻而已，「很多重要的幕僚會議，他還真的都是在前往馬里蘭州看賽馬途中或回程開的。」

霍普金斯很清楚，在經濟大蕭條的年代，數十億元美金現鈔的味道，對於地方政治派閥是很難抗拒的。羅斯福對他怎麼用錢只給了主要的方針，但該怎麼用在刀口上？一開始，他也跟前述建造帝國大廈的管理人一樣，派出兩組稽核，一組去追每一筆款項有沒有被挪用，另一組獨立稽核則負責去查原始款項流向。

後來在賽馬中場休息時，他又想到更好的方法。因為現在羅斯福新政啟動了很多建案，整個政府花費中最容易出現問題的點，就在為工人採購工程器材項目中，以及付薪資給工人上。既然如此，何不就讓美國退役軍人管理局（Veterans Administration，VA）以現有的支薪網路去負責？這套模式是經過驗證和測試過，確保沒有問題的。正因為這樣，在採購器材或建築工地時，就不用交由層層州立官員去分頭採購，只要從原本就建好、數百個設立在全美各地的陸軍倉庫去取用現有的器材即可。

霍普金斯手下的員工都為此喝彩，因為他們被招募進來，就是要為政府分擔工作，幫助人民，現在這樣的安排，讓他們才能發揮專長。陸軍中校約翰·李（John C. H. Lee）在霍普金斯進行此案時，正好在那裡做研究，他就發現，霍普金斯的辦公室中，沒有他在軍隊中習以為常主管對員工大小聲的事。他為文記錄了這段過程，字裡行間滿是意外：「助理都很親密的稱霍普金斯先生為『哈利』，他們不會講究制式化的層級或是形式，但大家還是投以敬意、信心，全心全意與他合作。」

這時羅斯福過往慷慨的作為，回頭提供幫助了。大批陸軍官員和退役軍人管理局的員工，過去看到他推動的計畫對美國起了多大的效用，而且往往對於他們所住的社區或是郊區有很大的助益。所以，他們很樂意提供協助來回報霍普金斯。

羅斯福上任以來，對提振美國經濟的作為撙節有度，並未惹惱商界，所以當二次大戰接近時，全美最富有的商人們也都願意跳下來幫助政府。他和霍普金斯讓願意投資戰時相關機組零件的商人，得以扣抵稅額。不過，另一方面也不忘尊重軍方高階稽核的意見，在簽訂相關合約時非常謹慎。被羅斯福指派來與商界進行協調的將領就說：「我們不會擋人財路，但是我們也不會讓人占便宜。」

這些相關細節，沒有羅斯福以總統之姿立下規矩制度，是不可能推動的。霍普金斯在二次大戰展開後的隔年英年早逝，在他任內核准了好幾項數千億美金的投資案，但他的私人帳戶中，存款卻只有一萬五千美金。

在任內，羅斯福的財產全交付給盲目信託管理，他自己不能經手，也不知道細項。當他知道兒子詹姆斯利用在白宮的職位和家族名義獲取私人利益時，他堅持要詹姆斯公布私人所得稅申報表，並且命他再也不得受雇於白宮。這個消息是威廉・道格拉斯（William O. Douglas）第一個報告總統的，據他轉述，羅斯福在聽到兒子的不檢行為後，人在總統辦公室的他，非常難過的低頭許久。

不攻擊，而是自衛

羅斯福在一九三三年就任時，他已經知道美國處於最危險的情勢之中。他的支持者還記得：「革命這個字眼聽起來很刺耳，但我覺得美國現在就瀕臨革命。」

更糟的是，那些和羅斯福一起長大的美國統治菁英，對於廣大老百姓的心聲不聞不問。當時美國最高法院首席大法官約翰・傑依（John Jay）就曾說：「這個國家應該交由真正擁有國家的人來治理。」當羅斯福如願讓許多美國人民重返職場，美國的《財富》（*Fortune*）雜誌卻不以為然的說：「這不過是讓受惠者誤以為自己還有用。」

當時全美各地，因為企業會藉由大規模裁員威脅員工接受較低工資，造成很多暴動和偶發的槍擊事件。也有人因為銀行在接收抵押資產時，因警長和國民警衛隊前往執法造成衝突，所以在中西部、舊金山和一些煉鋼城鎮，有越來越多的武裝部隊進駐。

想要把人性最黑暗的一面用在治理國家的人，其實也不只存在於戈培爾所在的德國。一些推崇獨裁專政的政治人物，像是道格拉斯・麥克阿瑟將軍（Douglas MacArthur）之流，當時也在美國蠢蠢欲動，另外一些善於煽動群眾的政治人物，像是路易西安納州的胡依・隆恩（Huey Long）、以及很受歡迎的基督教激進主義者傑拉德・史密斯（Gerald L. K. Smith）等人，也都甚囂塵上。史密斯布道時會說：「我要教導大家怎麼去恨，宗教和愛國主義是一體的，兩者不能分開。要這樣才能造成群情激憤。」甚至在國會大廈外的台階上，足足站了兩列的持槍員警──只有這樣，才能保護國會議員安全進入開會。

當時的美國的確需要保護，需要徹底重新規劃以避免國情惡化，更需要將造成這些問題的經濟大蕭條加以解決。在這麼危急的狀況下，羅斯福總統卻還是注意到執法應適當、符合比例原則。

戈培爾經常批評資本家只會用詭計騙人錢財，就跟吸血的寄生蟲一樣。在美國，銀行家也同樣不受人喜愛（尤其是在造成股市大崩盤後，還要求政府紓困）。一方面，羅斯福清楚自己要設法抑制他們，不要讓他們太囂張，所以他立法禁止內線交易，並成立機構幫助購屋者，讓他們有緩衝時間來繳清房貸和其他債務，以免讓他們因債務喪失質押品。另一方面，他也知道，因為投資公司將一般投資散戶的錢拿去賭在金融市場上，才會造成這種瘋狂的股災，所以他也鼓勵格拉斯參議員（Senator Glass）和史提戈爾眾議員（Representative Steagall）兩人合作，在參眾兩院推動立法，防堵投資銀行把手伸進零售銀行，藉以中飽私囊。

但其實銀行家能玩的就這麼多。銀行家不是真的那麼沒良心，他們也是人，他們的工作跟任何人一樣，都有其重要性存在。羅斯福就曾說：「資本應用在企業投資上。」適度獲利對每個人都有好處。只是不能再任由「職業賭徒玩弄股掌間」，任其予取予求。

因為羅斯福凡事都講求平衡為度，所以在制定法令時會適可而止。貝特朗．羅素（Betrand Russell）曾說，要是你罵所有英國人都是笨蛋，那你就是得罪了一整個國家。但要是你說九成英國人是笨蛋，那全英國的人都會讚揚你睿智：你怎麼會發現除了他們以外，他們身邊的人全都是笨蛋呢？

所以在新政剛上路時，羅斯福很聰明的沒有一竿子把所有生意人都打下船，這讓他不致得罪當時美國幾大企業的巨頭。如果本來就是頑強反對你的人，那不管你怎麼示好也無法改變其想法，但是只要當中有些人態度是比較軟化的，他們就會動搖，這裡面包括當時通用汽車（General Motors）的首席執行長，他從原本反對羅斯福新政，最後倒向羅斯福這邊。

羅斯福也知道，如果能夠多少贏得幾名共和黨員的支持，那更有助於他成大事。他這種作風，也是完全和戈培爾南轅北轍的——換成戈培爾的話，只要不是諂媚乞憐靠過來的人，就全都是敵人。比如在希特勒下令殺害納粹突擊隊隊長恩斯特．隆姆時，他就替希特勒辯解，那是因為希特勒懷疑隆姆會變節，成為政治上的敵人。就在羅斯福就任總統的頭幾個月，同時間德國國內反對希特勒新政權的政界領袖和工會高層紛紛遭到逮捕，送往剛成立的集中營達考（Dachau）。

其實，當時美國也不乏這樣的聲音出現。胡依．隆恩就在廣播中大聲疾呼，認為讓對手逃脫必招致禍害。但是，羅斯福卻盡其可能讓大眾知道，只要不是盲目的跟新政作對，他對共和黨並沒有敵意。他還任命了三位共和黨員擔任閣員，三人都是共和黨的溫和派。（二十年後，艾森豪代表共和黨選上總統，也同樣任命了一名出色的民主黨員入閣；繼任總統約翰．

甘迺迪本身是民主黨，他也選了兩名共和黨員入閣。）

當然，這種作法不可能一直管用。有時候，不喜歡你的人，說什麼就是江山易改本性難移。羅斯福也很清楚：力量大的人說了算。像是在對付德國、對付大企業聘來為其利益遊說的頑強說客，以及拿到企業捐獻的國會議員等等都在此列。

前述那位始終只稱羅斯福為「那殘廢的王八蛋」的最高法院大法官麥克雷諾茲，他就對羅斯福謙恭有禮的態度深惡痛絕。他更痛恨羅斯福那種把猶太人、黑人、女人都納入公平待遇的想法。有一次，他甚至因為發現自己在最高法院正式合照時，得坐在猶太人大法官路易斯·布蘭迪斯（Louis Brandeis）旁邊，憤而取消合照。從哈佛大學畢業出色的黑人律師查爾斯·休斯頓（Charles Houston）在最高法院抗辯時，麥克雷諾茲竟然轉身背對他，意思是他完全不想聽他的意見。如果有女性在庭上辯護，他也會拂袖而去。

最高法院改組的事，本來就是刻意設計成必須經過緩慢的過程去進行，其成員改組的原因，端視其中大法官是否有人過世、退休，然後才能由現任總統提名人選，並由參院同意後，才能出任。所幸，因為麥克雷諾茲的行為太過不合時宜，所以儘管有右派媒體為他撐腰，當時《時代》（*Time*）雜誌的老闆就像現在的梅鐸[10]，卻也認為麥克雷諾茲這麼封閉的態度著實不妥，所以在社會的壓力下，逼得他修正不少（後來在最高法院的合照中，麥克雷諾茲終於勉強坐在布蘭迪斯附近，只是臉上沒有笑容就是了。）

羅斯福在遇到有必要堅持的事時，態度往往是沒有轉圜餘地的，但其他方面則通常會給人留些空間。在那個年代，這種態度在很多方面起得了作用，就連在家裡也一樣。比如說不討人喜歡的羅斯福夫人，年輕時其實對很多事情是很古板老派的。有次她甚至說，某本書她不想看的原因，是因為作者「是討人厭的小猶太人」；另一次她在文字中提到一次餐會上的賓客時，則寫他是「很有意思的小人物，但非常猶太人」。

羅斯福對她的這些態度頗不以為然，但他不加以斥責，而是製造機會讓她去好好認識這位賓客。這人就是他的好友，哈佛教授菲力斯·法蘭克佛特（Felix Frankfurter），也是羅斯福新政的重要推手（日後他更成為最高法院中非常出色的大法官，讓同院的麥克雷諾茲非常不滿）。伊蓮娜也很了不起，她和法蘭克佛特共處一會兒後，她的態度就徹底改變。日後，她更成為那些弱勢者最有力的捍衛者。

同樣的，當美國革命女兒會（Daughters of the American Revolution）拒絕讓美國黑人女低音瑪麗安·安德森（Marian Anderson）在華盛頓憲法廳（Constitution Hall）演唱時，羅斯

10 譯注：Murdoch，福斯電視台老闆，保守右派媒體人。

福也沒有出言抨擊對方過時又白人菁英主義。但他還是看顧著安德森，另外幫她找了林肯紀念廳，安排她在那裡演唱，然後又邀請她到白宮，在英皇喬治六世正式訪美時演唱，再趁自己對美國革命女兒會演講時，幽默的提到她們也可以一同來聽安德森演唱。他說，真是奇怪，他和她們竟然都同樣出身移民之後，大家可別覺得這有什麼好丟臉的，畢竟這種事「怪不得自己」。

他言下之意是，她們的祖先也只是剛好搭乘五月花號（Mayflower）來到美國，她們其實沒什麼好驕傲的。這番話雖然講得很婉轉，立場卻表達得很清楚。他力保安德森可以登台演唱，而且還是在最莊重的場所登台。但同樣的，他給人留餘地，讓反對派有改過自新的機會。

羅斯福這麼做，裡面還藏有更深的智慧。他每次拿自己開玩笑，或是保護像安德森這樣的人時，他都是在給自己練習的機會，好讓他可以微調，修正航道，讓他找到最好的方法和方向來面對國政，如此一來可以建立起良好習慣。在他藉由這樣的練習修正，確定是好的模式後，用在他所帶領的國家上，也就會是一個好的模式。

……當然，還要同舟共濟

最後，羅斯福得以成功運用自發性、出色的自保手法是：大張旗鼓、不分彼此、同舟共濟。他不像戈培爾在德國那樣，靠著聲嘶力竭來醜化敵人，恐嚇人民來凝聚民心。羅斯福打從一上任，就以一系列的客廳閒聊方式，安靜的在全美電台頻道上和人民談心。

在這些全國性的廣播中，他的聲調總是很親和、放鬆、引人入勝。在他第一份廣播演說中，他這麼開場：「親愛的朋友們，我想要和合眾國的各位聊個幾分鐘……」其實，這種全國性的廣播，要成功達成大內宣的工作可以很有效。但是，羅斯福卻不這麼做，他不要靠塑造一個神祕的敵對力量，來激起人民的仇恨，不要有連篇的謾罵、叫囂和醜化。他要把所有人都納進來。

在當時，信仰議題和現在一樣，都是一個頭痛的問題。但，羅斯福任內，不僅組閣時讓政敵入閣，對待眾人厭惡的銀行家，也接納他們是會犯錯的凡人。他曾經很爽朗的告訴一名採訪記者說：「……在遙遠的過去，我的祖先裡可能有猶太人、有天主教徒、或是新教徒。我只在意他們生前是不是奉公守法、敬天畏神。」在面對德國和美國本土反猶太問題時，他最強烈的回擊，就是挑選幾名猶太人做為總統顧問；在面對美國國內的種族問題時，他則是指派了美國第一位黑人地方法院法官，並且邀請多名黑人顧問定期前來白宮訪問。

當然，羅斯福也不是完美無缺。當人數眾多的民主黨國會議員，紛紛展現對解除黑白隔離作法的厭惡時，面對這樣排山倒海的壓力，他經常只能被迫屈服。當參院中有強烈種族主義心態的南方民主黨員，表態不可能讓禁止白人對黑人動私刑的法案過關時，羅斯福沒有表示立場：他這種兩相不得罪的態度，讓一向支持他的自由派人士看傻了眼。他這樣不作為的態度，在道德立場上是完全說不過去的，純粹就是向強權政治的多數人屈服。但是他實在太需要這些種族主義心態的民主黨員的選票，否則無法在新政諸多法案進入國會時強渡關山。

在這裡，前面說要講究方法才能發揮正直的效用，這個原則依然是關鍵所在：每個國家，就像每個人一樣，不是都只像它表面上看到的那樣，而是潛藏著許多可能，等待他人去挖掘和開發。一九三〇年代的美國，乍看之下，存在著非常強烈的種族主義，橫行在各個角落。比如，當在奧運爭光而爆紅的黑人運動員傑西．歐文斯（Jesse Owens）下榻紐約市一週時，連要入住的豪華旅館都不許他走正門，非要他走黑人專屬的側門不可。但是，這不表示美國沒有其他可能性，因為同一時間，開放接納各種族的聲音也存在於其他角落：歐文斯來到紐約市的原因，就是因為當地特別為他辦了英雄式的慶功遊行，成千上萬的紐約市民，不分黑白膚色，全都湧到街上為他喝彩歡呼。在戈培爾的帶領下，納粹宣傳部極盡所能要把德國人民人性中最邪惡的一面帶出來；但在羅斯福的帶領下，卻是要帶出美國人民最好的一面——不只獨鍾單一的自己人，而是萬眾一心，同舟共濟，將所有人都網羅進來。

羅斯福的作法，就是要實踐他所熟讀的聖經中的理念：願意共同承擔一個責任，而且還是終生的責任。同時，當中的每一個人，都不會踩在其他人頭上。婚姻就展現出這種小型的同舟共濟精神；企業所講求的團隊工作，更是這種同舟共濟精神的放大版。

美利堅合眾國本來就是以這種精神設計而成的（大家所說的「聯邦」〔federal〕一詞，來自拉丁文的「foedus」〔條約〕一詞，這是拉丁文版聖經譯自希伯來文聖經「條約」一詞）。這種精神，是解決希勒爾兩個問題的絕佳答案，也就是該怎麼在利己、利人之間達到平衡。羅斯福的目標，就是希望能夠在當時嚴重分裂的美國，恢復這種人我之間的平衡，讓包容性擴大到每個人都願意支持這個理念。這樣的作法，跟晚近納德拉將微軟公司改頭換面的作法類似。然而，羅斯福和納德拉的作法無法每次都奏效，儘管你胸懷理想和遠見。羅斯福的原意，是希望新政中所有的經費可以平分給需要的人，並且也用來抬高整體薪資水平。但是，當國會中南方各州的民主黨議員發現，霍普金斯有意立法制定最低薪資時，他們就不願意了。他們提出條件，要讓新政上路，那就要答應他們，不能將他們所屬州中的黑人納入新政新法中。令人失望的，羅斯福竟然就屈服了。

在珍珠港事變後，羅斯福也跟威廉·布萊在大溪地叛艦事件後一樣，性情大變。顯然是因為他所重視的美國艦隊被襲，盛怒之下，無視聯邦調查局局長胡佛（J. Edgar Hoover）主張日裔美國人對美國沒有威脅，逕自下令將西岸的日本人全數逮捕，而且在未經審判過程的情形下，囚禁在西岸各處沙漠的監獄中，全然不顧這些人都是合法的美國公民，受到美國憲法的保障。當日軍入侵的立即危險性全數消失後，他依然堅持不撤命令。之後，雖然有少數日人得以出獄，尤其是曾經志願從軍、與美軍並肩作戰的人、或是需要下田耕作的農民。但在二次大戰結束前，羅斯福對此錯誤決策幾乎沒有動搖過。

所幸，類似行徑在羅斯福任內極少發生。他雖然個性中有些乖戾剛愎之處，在信守承諾方面，也有時會講些虛無飄渺的話。但大體上，除了那些視他為叛徒的上流社會成員，以及部分堅持獲利至上、分毫不肯吃虧的商界人士以外，當時大部分美國人都因為他而覺得：終於有一位肯挺自己的總統。也因為這樣，雖然他屈服在南方各州民主黨議員的淫威之下，犧牲部分黑人的權益，但是，美國黑人全都因為他，從林肯時代以來支持共和黨的傳統，轉向支持羅斯福所屬的民主黨。一名製木工人就說出當時許多黑人的心聲：「羅斯福先生是我們在白宮看過這麼多的總統裡唯一一位，覺得老闆是渾蛋、真的能體會我們心情的人。」

遠在德國的戈培爾把美國這些努力看在眼裡，真心只覺得可笑。二戰在歐陸展開時，美國還在作壁上觀，德國當時所擁有的現代化戰機數量，比所有敵國加起來的總數還多。第三帝國的勞工陣線黨領袖雷依博士一聲令下，所有德國人莫敢不從。因為大家都知道抗命的結果會如何。

美國這邊不像雷依手中握有中央集權。一些公司高層不願意和政府合作，還有人甚至因為討厭羅斯福，寧可把錢拿去投資德國工廠，幫助納粹政府。戈培爾特別想不通的是，一個國家有這種情形發生，卻不是其國力衰敗的徵兆。即使示威活動頻傳，但都是社會中針對什麼事可忍、什麼事不可忍的溝通。一旦經過這樣的溝通，讓工作狀況依此結果調整，只會讓生產力有所提升而不會降低。

上述那位肯塔基州的女性找不到住處，但那是因為當時美國的製造業如雨後春筍般，快速冒出來。一九四〇年，有一處名為柳條衢（Willow Run）的農場，本來是楓樹農場，一年後這裡改頭換面，成了世界最大型工廠林立的地方，用來生產重型轟炸機；製造商的生產利潤都在謹慎的審計制度下控管，確保他們利潤豐厚，但卻不致太過。這種高效率的行政方式，就跟霍普金斯所帶領的辦公室一樣，因此讓當時可以用來蓋新廠的資金大幅增加，得以在全美各地蓋更多的軍工廠和造船廠。

最重要的是，羅斯福確保美國在同舟共濟的狀態下進入二戰。在軍備和其他資源採購的程序上，他要求務必依他向霍普金斯訂的規矩走。另外，或許是因為在最低工資上他沒能守住立場的愧疚感，這次他對於黑人勞工和黑人公司的平等權利就非常強悍。因為他這樣的堅持，讓美國的少數族裔生活條件逐漸一一得到改善，受益於他們貢獻的領域也大幅增加。一名霍普金斯的好友就寫下：「比一些具有戰略重要性的大型工作還重要的，其實是工人間不因事過境遷而被遺忘的情誼。」行事時為人厚道，能夠增加的就是這種牢牢相繫、越來越普及的同舟共濟之情。

近朱者赤，近墨者黑，所以要慎選交友。戈培爾寧可和家鄉納粹黨的暴徒志工混在一起，也不願意和猶太籍的女友在一起；羅斯福卻選擇了與哈利・霍普金斯為伍。霍普金斯在一開始接下政府稽核工作時，就囑咐手下，要到全美各地去走走看看，「去聽牧師、老師、生意人、工人、農人的想法。去和失業者、領救濟金的人、以及一般薪資階級的人聊天。跟他們聊時，千萬別忘了一件事，那就是，要不是上天眷顧，不然我們也會跟他們一樣的處境。」戈培爾對於自己攻擊的大批人民，毫不手下留情。像霍普金斯這樣同體大悲的胸懷，在他眼裡一點意義也沒有。

羅斯福主政期間，勒罕也同樣住在白宮，而且跟在拉魯可號還有溫泉鎮時一樣，有顆善良的靈魂。而且，即使當了總統，羅斯福和勒罕都仍不忘時時共同造訪溫泉鎮，這讓他們可以暫時逃離華府那些精於算計的政治人物。羅斯福知道，這個地方曾讓他人性美好的一面得以浮現，回到這裡就像補充靈性養分一樣。在華盛頓，勒罕常忙到分身乏術，因此被一名為她作傳的人稱為「白宮瑞士萬用刀」。她在白宮的任務是負責總統辦公室對外的聯繫和溝通事宜，以及核發進出許可（因為這樣，她在自己手鐲上又多加了兩樣飾品：一本小型日記，還有一個小郵箱。郵箱的門還真的可以打開，上頭更插了一面旗子）。

她和羅斯福兩人常會在早上去游泳，下午七點後則和會面者一起喝一杯。這樣的生活作息，重點不在兩人實質上的親密接觸，而是兩人共同價值的分享。勒罕本身雖是虔誠的天主教徒，羅斯福充其量只是個不太虔誠的英國國教信徒，但兩人都同意要在他就職大典的講台上，將聖經翻開在《哥林多前書》十三章十三節：「如今常存的有信、有望、有愛這三樣，其中最大的是愛。」（和合本）

兩人相信，這幾句聖保羅對哥林多人所說的話，以及世上其他重要的德行，應該要做為全人類的道德標準，誰都不能夠違背。

戰爭

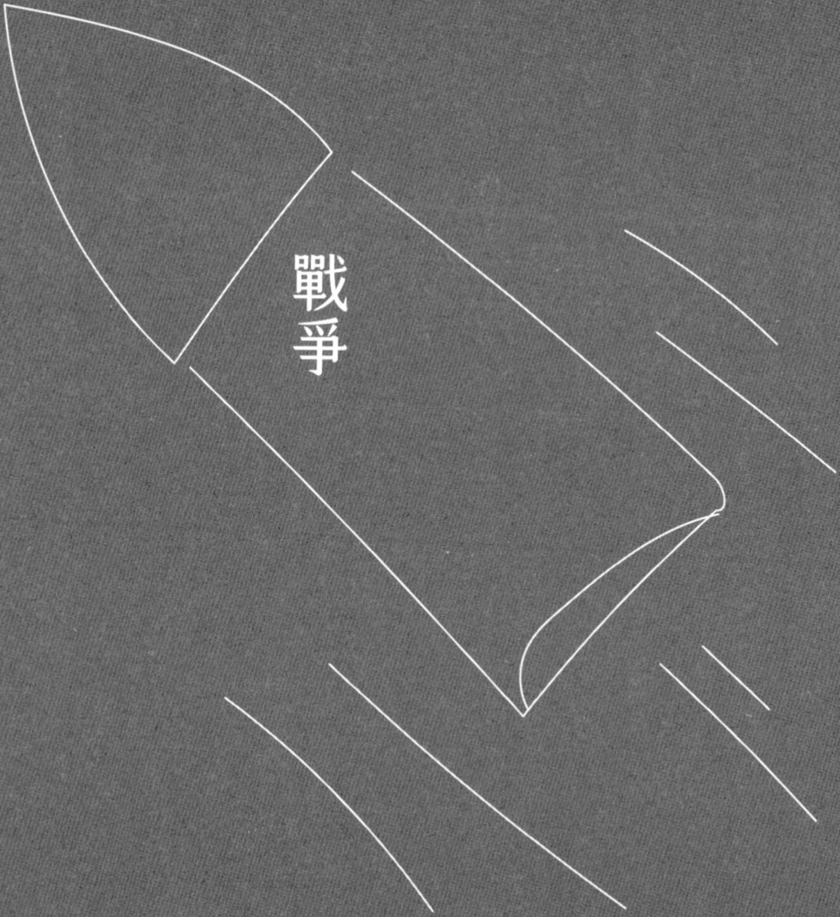

第十二章　好人的成功軌跡

（「惡有惡報，善有善報」）

「荷蘭人是所有西方國家中最無禮的！……他們的主教……煽動人民公然反抗。」

到了一九四一年的十二月間，兩個世界的差距已經大到不做個了斷不可的地步。我們也才能真正看到，羅斯福對於善良的堅持，以及他的公正之道發揮作用。同時，也才能看到戈培爾反其道而行的作法，雖然一開始嚐到了成功的滋味，最後卻自爆。

前文提到，就在這個十二月月初，戈培爾的成就可說是一名無業博士作夢也想不到的成就：他控制全德國上下大部分的報業、電影、劇場、新聞短片、廣播電台。他曾毫不害臊的自誇：「電影產業蓬勃發展至此……全歸功於我的創意！」因為當時希特勒的演說數量漸減，大部分的相關工作都交到戈培爾手上，變成由他定期對全德進行演說廣播，而且，獲得非常熱烈的全面性好評。

德國軍隊當時向西已經控制住大西洋岸、往東德軍偵察部隊也近逼到莫斯科，只要拿起望遠鏡，就可以看到克里姆林宮的高塔。戈培爾本人則住在柏林市布蘭登堡城門旁的一座宮殿裡，這是刻意安排過的，好讓他只要走幾個台階，就可以抵達他上班的納粹宣傳部辦公室。

他的一名祕書日後回憶，他會像個「小公爵一樣輕快的走上台階，穿過圖書館，來到華麗的辦公室」。他會穿著「上好布料訂製的西裝，腳蹬淡棕色鞋子。指甲總是修剪得乾乾淨淨，可能是因為他每天都有人幫他修指甲的關係……有時候他家小孩還會來看他們家養的大狗。小朋友都很有禮貌，會行屈膝禮，並跟我們握手。」一個人在不同的層面，往往會有不同的面目。戈培爾在自己小孩面前，是位溫暖又體貼的父親。他日記中，幾乎只有提到小孩時，才會顯現出暖意——但這其實也不難理解。畢竟，他的孩子就跟他家的大狗一樣，完全任憑他擺布。

更讓他滿意的地方是，儘管他對猶太人的仇恨越來越強，但他卻始終能把德國軍隊、警察還有各地納粹外圍組織所做的壞事，都隱藏得密不透風，一點也不會出現在新聞媒體中。他過去就算對妍珂和她家人有過什麼情感留戀，現在全都拋諸腦後了。早在德國開始在東部戰線展開大型作戰之前，戈培爾熟識的一名軍官就在里加（Riga）針對猶太人進行大規模的屠殺行動，一些被他的宣傳攻勢影響的民眾也助紂為虐，猶太小孩及殘障者全都無一倖免。不過，這類殘害工作，主要出自武裝軍警之手，這些人都是長年被戈培爾溫柔、深沉的嗓音一再洗腦的人。這些人會把猶太人趕成一群，然後開槍射殺，以此為樂，其他猶太人則被他們帶到森林裡，讓數千人在驚恐中葬身山林。有些婦女僥倖逃過一劫，也衣不蔽體、傷痕累累，哭求饒她們一命——但這些人最後也難逃一死。當這段過程被寫成報告，上呈到戈培爾眼前時，他滿意得不得了。

大戰初期，有少數幾件事比較麻煩，讓他不得不緊盯，一刻也鬆懈不得。原因是軍隊言論控管得不夠周延，讓太多抱怨莫斯科城外太冷的信件從前線寄回德國——這可不行，一定要加以阻止。另外，也有些關於俄國和烏克蘭人民組成的遊擊隊，攻擊德國補給火車的消息，那些區域也要下重手。但是，英國很弱，俄國國力也不強；至於美國嘛……則是置身事外，還有行事可笑的羅斯福當總統。

但是，才短短七天，所有讓戈培爾沾沾自喜的成就開始慢慢出現問題了。

十二月四日星期四這一晚，派駐在莫斯科外圍站崗、忍受著俄國冷冽寒冬的德國衛兵開始聽到奇怪的聲音，令他們覺得很不安。原來，蘇聯在神不知鬼不覺的情況下，竟然悄悄從遠在西伯利亞的另一頭，調來了十八師的軍團前來助陣。這群陸軍全配備有抵禦俄國寒冬的軍服，多半還都是在雪中打仗用的白色偽裝，一同前來的有坦克車和飛機，還有蘇聯的特有武器，成列的重火砲。等到這個聲音越來越大時，德軍已經在暗夜遇襲了，這支生力軍一到，德軍在莫斯科的防線潰不成軍，並隨後被蘇軍前後包夾，進退不得。

接著，在十二月七日那個星期天，日軍最大的一支海上艦隊襲擊了美國在珍珠港的太平洋海軍基地，美國對日宣戰。

這麼一來德國該如何是好？

德日並未簽訂條約互相協防（就算有，只要條約不利於德國，它也不見得會當一回事）。英國首相邱吉爾看出形勢險峻，日後他曾不斷強調，那幾天是他一輩子最擔心受怕的時候。美國當時全心對日，對於對德宣戰一事，國內並沒有太多人支持。要是美國把所有軍力都投入太平洋戰事上，那德國就可以在歐洲呼風喚雨、予取予求了，到時候，只要德國解決了俄國的問題，就有可能全力對付英國。

當時，全世界經驗最老道的駐外記者都看得出來，美國全神貫注在對日作戰上，這也將會嚴重削弱英國和蘇聯的實力，因為當時美國運了很多重要物資前往兩國（其實私底下，美國海軍也在北大西洋地區，對德國潛艇展開實質的攻擊行動，只是事情沒有公開）。這些記者都曾發電報談到這些事，也會在廣播上報告這些行動。但戈培爾一向愛指責不照他意思的媒體是在說謊，所以打從一九三三年他上任以來，就下令將德國境內的所有獨立報社一一關閉。

他這種作法非常極端，刻意讓整個國家都失去了耳目，但光這樣他還不滿意，他更進一步立法，禁止收聽其他國家的廣播，尤其是英國廣播公司的廣播。這紙禁令是包括所有德國人，就連行政機構的部長也不得例外。他很清楚會有少數幾名政府官員不聽話，所以他也有所提防。戈培爾在日記中就寫：「真是好玩，好幾位部長竟然想去見元首，求他讓他們收聽外國廣播。」所以他從中作梗，讓這些請求無法上達。

讓陸軍聽不到他們所需要的訊息，戈培爾對此很滿意。他在日記上寫：「我目前只允許兩份監聽廣播譯文，只有陸軍最高指揮部可以看到。」有一個部門，是得以不在此限的，那當然就是戈培爾自己帶領的納粹宣傳部，「但這沒什麼好擔心的，因為我每天都對他們洗腦，他們是不可能受到外界影響的。」

也因為除了宣傳部以外，其他人很少能得到獨立訊息來源，就算有人可以得到，在戈培爾的三吋不爛之舌的搬弄下，他們所說的也很少有人相信。因此，當他在十二月九日和希特勒開會時，很輕易的說動希特勒照戈培爾的想法去做。

那就是德國應該要向美國宣戰。

這個決定可以說是錯誤到了極點，但是戈培爾已經扭曲德國上下的輿論到一個地步，讓希特勒陷入只有此路可走的情境之中。他的說法是，大家都知道，美國現在是被猶太人所控制，羅斯福只不過是個傀儡。戈培爾的納粹宣傳部已經重覆這個說法好多年了。戈培爾的第二個理由就是，雖然猶太人握有大權，且無所不在，但他們其實很脆弱，而且也讓別人跟著變得脆弱。他的這番推論早在他負責《進攻報》編輯工作時就定調了，當時他就是用這種方式攻擊猶太裔的退役將領、柏林警官貝納特．魏斯。也因為這樣，只要是被猶太人管理的國家，基本上都強不起來。羅斯福居然說要讓美國產能增加數倍，以應戰時之需，這簡直是痴人說夢。

戈培爾這種作法，不只蒙蔽自己的國家，也蒙蔽他自己。兩天後的十二月十一日，也就是蘇聯在莫斯科逆襲成功的一週後，希特勒站在國會大廈巨型金屬老鷹浮雕前，正式對全世界宣布，德國從此刻起與美國開戰。

戈培爾不屑的說：「美國在我們強盛軍力之下，能有什麼作為？羅斯福政府的生產力絕對不可能追上我們，整個歐洲的經濟資源，可是全都任憑我們擺布！」

他這話可以說是錯得離譜。因為他沒有料到的是，在羅斯福的領導下，美國商人願意投入軍武製造產業擔任董事（多數人都只領象徵性的一美元當作酬勞），其他人則奮力化不可能為可能，連女性都投入勞動生產的行列；合約上更是充分獲得稽核，以防止貪汙舞弊情事；美國人更是不論族裔、從義大利人到蘇格蘭人、到匈牙利人和愛爾蘭人，不分彼此的增產報國，失業的工程師全都回到職場，那些過去曾經被看不起的廣大黑人勞工，更是群起證明自己在工廠、監工上的實力——這樣的產能，遠遠超過戈培爾所能預期。

一九四〇年的布列顛戰役是聯軍扭轉局勢的關鍵一役，這場戰役以空軍為主力，但真正投入戰役的戰機，其實只有數十架、或者頂多數百架而已。英國這邊當時真正儲備的戰機有大約一千架之數，數量是德國的兩倍之多。相形之下，整個美國在投入大戰的第一年，就造出四萬七千架的戰機，一旦這樣數量的戰機投入大戰，就會逆轉兩軍的優勢。一九四四年時，光是美國所造出的飛機總數，就已經超過德、日、英、俄四國的總合。同樣的情形也出現在造船產量上：戰前，原本一艘貨船要花兩百天才造出來，現在卻只要不到一個月就能完成，而且如果是二十四小時不眠不休的加緊趕工，在持續提供照明設備的情況下，更是可以把造船時間縮短到只要兩週。（雖然戰前美國的陸軍軍力薄弱，其海軍卻早已是世界最強。）在底特律城柳條衢的飛機工廠，現在也是全力生產 B-24 轟炸機，在生產線全開的情形下，可以每六十三分鐘就造出一架轟炸機。

戈培爾不斷拿羅斯福掛在嘴上的信望愛這件事開玩笑，認為這是軟弱的象徵。但是，當牽涉到重大事件，需要高度向心力、又涉及大量採購的事宜時，有霍普金斯等人調度得宜的作法，羅斯福的這種信念才真的發揮壓倒性的作用。

一九四三年春，德國派遣超過兩百艘的潛艇進入大西洋，每個月所擊沉的商船貨品高達五十萬噸之多。這些潛艇之所以會奇襲成功，是因為它們選在大西洋距兩岸最遠的中間地帶，兩邊岸上起飛的飛機保護不到貨輪。為了反制德國的奇襲，美國派出六十架B-24轟炸機，差不多就是柳條衢半個禮拜生產出來的戰機數量，並將之改裝成適合超長程飛行。這些巨型轟炸機可以一口氣飛十八個小時，上頭載滿數百顆深水炸彈，還有十二把重型機關槍。當時，潛水艇還沒有開發出水下換氣裝置，所以大部分時間其實還是必須航行在水面上。而且這時期的潛水艇航速也很慢：下潛時，其航速就跟一般人走路一樣慢；在水面上航行時，也只有自行車的速度。一旦B-24轟炸機的大型探照燈和雷達打開，任何在水面上航行的潛艇全都無所遁形。此一戰略成功補強聯軍的防禦能力，也逼得由德國海軍准將德尼茲（AdmiralDönitz）所率領、橫行於北大西洋的潛艦，在五月時全面撤退，讓美國輸英的補給航線得以清空。而像柳條衢這樣的工廠，只是美國戰時成立的兵工廠之一。

就這樣，一個接著一個，那些一度讓戈培爾得以爬到當時地位的原則，如今反過來扯他的後腿。那些在抗爭和溝通中求妥協和改進的體制，過去一向被他譏為效率差，如今卻追上來了。

一個不厚道待人的人一旦虎落平陽，這就是他的下場。

過去，戈培爾總是會想些很缺德的綽號來嘲弄猶太人為樂，而且深以此舉能將猶太人逐出德國自豪。但事實是，自從第一次世界大戰以來，得到諾貝爾獎的德國科學家中，有超過半數都是猶太人。將猶太人逐出德國，等於是將德國最好的科學家和工程師都送到別國，為虎添翼，自廢武功。

比如說，恩斯特．錢恩（Ernst Chain），他是位愛國的二十七歲德國生化學家，他因為猶太身分在柏林飽受欺凌，只好逃往英國。戈培爾渾然未知的繼續在德國帶動仇視猶太人的氣氛，終致錢恩的母親和妹妹全數被殺，錢恩一人在英國牛津全心投入研發，成為發現盤尼西林最關鍵的人物：這個藥物日後救了英國和美國許多軍人的性命，但沒有一個德國軍人受惠於此藥。

戈培爾這種蹧踏人的作法，趕走的不只是猶太科學家。揚棄天主教信仰的義大利人安利可．費米（Enrico Fermi），是位非常謙恭有禮的人，當他見到德國種族歧視態度開始瀰漫，基於對於欺凌弱者的厭惡，以及保護猶太裔妻子羅拉的心態，讓他決定遠渡大西洋，一路搬到美國，進入哥倫比亞大學，然後又轉到芝加哥、最後落腳於新墨西哥州沙漠的洛斯・阿拉莫斯（Los Alamos）城。在這裡，他和他所指導的學生成為美國建造原子彈的重要推手。其他從歐洲赴美的科學家，隨後也步上他們的後塵，紛紛為聯軍在雷達技術（包括B-24轟炸機用來偵測德國潛艦的雷達）、冶金、空氣動力學和其他有助作戰科技方面做出突破性的貢獻。

戈培爾沒有看透這當中的因果關係。隨著戰爭時間越長，戈培爾才開始注意到，德國潛艇的海上任務越來越常失敗，而德軍反制英美空軍的作戰方式，也開始不靈光。一九四三年，德國物理學會的會長向戈培爾說明作戰失利的原因，他說是因為「英美的物理研究現在已經完全超越我們了」。戈培爾接到研究後在日記寫下：「這個報告聽得讓人喪氣。」但究竟是什麼原因讓英美超越德國的呢？一名教育部的官員鼓起勇氣說出真話，他認為有可能是因為「德國持續在攻擊科學界，尤其是納粹黨做得更是不遺餘力」。這推論戈培爾完全聽不下去。他在日記上寫：「我不認為這個異議有根據。」就這麼一筆帶過，不再多加討論。

戈培爾過去一直樂於製造分裂。他和其他純德國人把自己框起來算成自己人，其他非德國人則是外人：外人都是羸弱無力、低人一等、被人看不起。比如在準備入侵波蘭期間，戈培爾用言語、新聞短片、文章侮辱人的作法就更變本加厲，說斯拉夫人都很髒、野蠻，比體力和智力都遠不如德國人。

他這項判斷完全是錯誤的。戈培爾和希特勒已經毀了德國在哥廷根（Göttingen）一度傲人的科學部門，現在他只剩下波蘭還有世上最佳的數學中心。當時華沙的數學家正在構思現代電腦的雛形概念，在利沃夫（Lvov）市數學家史提方・班納許（Stefan Banach）所在的學校，開發了量子力學運算中所用到的功能分析，這是建造原子彈中不可或缺的一環；在波茲南（Poznan）大學的年輕數學家，也開始在設法破解「恩尼格瑪」（Enigma）密碼機。

原本可以在這時候幫得上德國的，現在這些求生技能全都逃往英國、法國和美國了，完全破壞了入侵波蘭之前德國和波蘭原有的盟國關係。像恩尼格瑪密碼機之所以能破解，其故事廣為人知，就是因為波蘭人把技術交到英國情報單位手上，讓英國布萊切利園（Bletchley Park）的密碼破解工作得以展開。也是經驗老道的波蘭空軍教導英國皇家空軍，才得以讓他們在布列顛戰役中擊下兩百多架德國戰鬥機。

也多虧戈培爾這套愛嘲弄外人的本事，讓德國占領歐洲的大業出現敗象。德國占領了這些國家，但它能帶給這些國家什麼好處嗎？戈培爾多年來說的天花亂墜的，就是要大家相信，我們活在一個優勝劣敗、弱肉強食的世界裡。各國之間的關係，只有不是你死就是我活的零和遊戲。一個族群若要爬高，就要把別的族群往下壓。人要時時猜忌他人、提防他人、對他人不信任，隨時準備反目成仇，因為別人也會這樣對你。

用這種態度待人，當然沒有人會一直挺你。但戈培爾卻完全沒想到這點，所以當各個被占領國、甚至中立國紛紛背離德國時，他卻怪大家不懂感激，萬分訝異。大戰才剛進入中期幾個月，在他的日記中就已經透露出這樣的心聲：

……瑞典竟敢這麼出言不遜的回覆我們的信……瑞典媒體的評語更是一則比一則還要無禮！

……哥本哈根的事件真是讓人震驚。對德軍營房和通訊設施的攻擊行動，現在越來越嚴重了……

……元首和匈牙利攝政王霍提（Horthy）的溝通無法說服對方，即使採行更強烈的手段。他依然拒絕處理猶太人的問題。

……根據來自挪威的報告，現在連「國家凝聚黨」（Nasjonal Samlng，主張與德國合作的奎斯林政府）都變得不聽話了……

……在波蘭占領區內，情況現在變得有些混亂……暗殺、叛亂以及洗劫事件層出不窮……

……斯洛維尼亞人現在已經公開叛亂了。所有人都投入遊擊隊去作戰了。

……荷蘭人是所有西方國家中最無禮的！……他們的主教竟然在講道壇上對信眾唸公開信，煽動人民公然反抗……

他還產生了不可思議的誤解：

……雷帕（Lapper）來信告知烏克蘭當地的狀況……我們的官員沒能成功鼓動烏克蘭人與我們合作……

對於德國的主要盟友，戈培爾除了偶爾提供一些軍事支援外，也沒有其他方面的實質幫助。所以一旦這方面的支援減少，這些盟國對德國的熱情也就消失殆盡。關於希勒爾所提的人我如何平衡的問題，戈培爾的答案已經出來了，他選擇的是德國利益至上的極度自私、各為其主，所以，其他盟國和被占領國也就理所當然的，沒有必要投桃報李、回以感激之情。

比如在德國對美宣戰一年後，德軍已經深入蘇聯境內，但苦苦無法攻下史達林格勒城。這條戰線從德國拉到史達林格勒長達數百英里，中途一定要仰仗兩旁的國家如羅馬尼亞、匈牙利，乃至義大利等盟國來提供協防。但這些盟國也知道，德國一向鄙視他們，而且他們也跟德國人一樣，離鄉背井，這裡又比家鄉冷上許多，還有痛恨他們的武裝游擊隊無所不在。

再加上，因為戈培爾一再對德國軍隊灌輸不尊重女性的想法，所以，這些支援的盟軍也都會看到，德國軍隊在殘殺女性前的種種行為，這更加深了他們對德軍的厭惡感。一名義大利的砲兵團的中尉就為此大感震驚，他說「此舉讓我從此不再視他們為人」。一名了解自己同胞的義大利將領則寫，有九成九的義大利軍人「不單單預期會輸掉大戰，同時也衷心希望能夠輸得一敗塗地。」

一年前曾經率領蘇聯軍隊在莫斯科對抗德軍的同一位將領，這時也被派來領軍，部署俄軍對抗史達林格勒外圍的軸心國聯軍，他派出更多蘇聯軍團進入北風凜凜的平原上，一心要殲滅聯軍。

上文那位義大利砲兵團的中尉就記得：「我們潰不成軍，我身邊的人已經不再是打仗的士兵，而是一群只憑動物本能、只想保命的野獸。」

羅馬尼亞的軍隊也潰不成軍，逮到機會全逃走了，逃不走的索性一起投降；匈牙利和義大利軍隊也兵敗如山倒；德國陸軍當時只占領了史達林格勒城的一部分，這時被孤立，其主要部隊不久就被殲滅或被俘，沒有多少人活著離開蘇聯。

盟軍的作為讓戈培爾無法接受：羅馬尼亞、匈牙利、克羅埃西亞、斯洛伐克、以及大部分的義大利軍全都如出一轍。他後來寫道：「這場戰爭唯一可以確定的地方就是，義大利肯定要戰敗了！我們過去對他們太客氣了。」在他看來，這幾個國家的人民，全都欠缺驍勇善戰民族所擁有的威武和英勇。

他的這個判斷真是錯得離譜。義大利人心裡打的算盤其實是，他們本來就不打算幫德國打仗，義大利人自己也對其領袖墨索里尼有愛有恨、看法分歧。但相形之下，美國這邊，卻有個總統會告訴人民說：「我們全體美國人，尤其是你和我，都是移民的後代。」衝著這句話，大家當然會奮勇而戰，而且戰得人人皆知。美國陸軍在二戰初期其實兵力很弱，但到後來，卻成為一支讓敵軍聞風喪膽的軍隊。這支軍隊的成員都是些什麼人呢？在一千兩百萬美國大兵中，有一百二十萬人，也就是十分之一的數量，是義裔美國人，是他們在法國擊潰了一度不可一世的德國裝甲兵，讓聯軍得以跨越萊茵河。

德國的問題正是歷來強調種族建國的帝國通病，這類國家和由更多種組成共識所組成的國家不同，後者的組成共識可以由人民依自由意願來決定。在戈培爾看來，德國的盟友全都是忘恩負義之輩。但是對那些被德國占領的國家而言，他們完全不懂德國有什麼值得感激的地方——因為他們連成為德國人眼中的「自己人」的機會都沒有。

就拿挪威來說。當時挪威是由最挺德國的維得昆・奎斯林（Vidkun Quisling）所領導，他領導下的挪威，處處與德國合作。但當奎斯林的支持者提議要用挪威文的元首（Foerer）一字稱呼他時，卻被戈培爾鄭重否決了，因為這個字和德文的元首（Führer）是同源字，幾乎相似，他當眾宣告：「有一些字，只能我們自己用！元首一字，只有元首自己可以用，其他人都不能用。」

也就是因為這個原因，其他國家同樣不能使用帝國（Reich）這個字。戈培爾寫：「全世界未來都應該要明白，帝國這個字，只能用來指德國的帝國。」

美英結盟的情形正與軸心國相反。這兩國之間過去常有齟齬，兩國的將領也都很自大，嚴重到好像世上容不下彼此，但兩國卻有著非常深刻的共同價值。他們都不愛戈培爾那套恃強凌弱的作風。

美國還沒正式參戰時，羅斯福就派了哈利·霍普金斯前往歐陸擔任特使，和邱吉爾見面。那時情勢未明，但霍普金斯在一次晚餐後，舉杯敬在座賓客時，就引用前文中聖經《路得記》那段話作結：「你往哪裡去，我也往那裡去；你在哪裡住宿，我也在那裡住宿。你的國就是我的國，你的神就是我的神。」接著他又用很輕的聲音說：「直到最後。」實在很難想像，希特勒和戈培爾帶領的德國，派出特使去覲見盟國領袖時，會用這樣的話來祝福對方。同樣我們也很難想像他們會和盟國合作開發武器，但美國和英國的合作卻一舉成名。

要成功當然也有別的方式。像蘇聯的史達林，在對待外國、對待其他被占領國、對待本國部隊之嚴苛等等，就採取截然不同的途徑。我想要強調的是，成功當然不會只有一種作法，但德國的方法，如果就長遠來看，最終只會失敗。

戈培爾和納粹黨徒死守自己發跡的那些嚴酷的原則，卻沒能看到羅斯福和其他人所用的原則，以及這些原則所能帶來的好處。從頭到尾，他也不喜歡同舟共濟這種想法。他更有興趣在使用暴力製造分裂，踐踏那些他想要排除在外的人。在他大權在握的過程中，這種對異己的攻擊，他一向樂此不疲，這不僅讓他得到滿足的快感，同時也有一種刺激的樂趣在其中（他在日記中還寫「吊死他們、吊死他們！」等句子為樂）。但早期，這些樂趣主要來自於他以弱者為對象：外出購物的女性、萊特鎮附近高齡的孤兒院院長，最強的也不過就是一群工會的會員，但他派出的可是納粹突擊隊的暴民，兇悍得多。

然而，要對蘇聯紅軍下手，可就不是恃強凌弱這麼簡單的事了。

德軍參謀總部能力還是非常強大的，但是它卻去惹一個它惹不起的對象。在史達林格勒城的受挫，還只是德軍一連串災難的開始而已。隔年的一九四三年，當德軍還深陷俄國境內時，德軍又和蘇軍發生了史上最慘烈的坦克戰，德軍再一次挫敗。蘇聯士兵們對於德軍在自己祖國所做的事，早就深惡痛絕，沒齒難忘，如今得到高明將領的指揮，終得宣告大捷。

在這時期，德軍在東歐前線還取得一些優勢，勉強維持兩邊勢均力敵。但一九四四年俄軍加強裝備，發動了巴格拉欽行動（Operation Bagration）：一百四十萬不肯退讓的大軍，加上五千架坦克揮軍而下，打出史上最驚心動魄的關鍵戰役。俄軍與德國集團軍的核心軍團正面交鋒，這支德軍是其在東歐前線的主力命脈，掌握前往柏林首都的軍事要道，卻在不敵俄軍強烈意志和軍力的情況下，被一舉殲滅。

戈培爾這時在日記中寫下：「目前，東歐戰線情勢大壞。各部隊均損失許多裝備……撤退時都潰不成軍。」他也指出，如果能打出一場勝仗「就能夠讓大家心情好一點」，但他也承認，似乎不太可能。他又寫：「光是比較去年這時候被我們占領的土地，和現在我們撤回的距離，就讓人冷汗直流。」

但是，戈培爾沒有學到教訓。每次只要吃敗仗，他的反應都是攻擊自家的將領。早期在莫斯科城外受挫時，他會在日記中寫：「我和馬丁促膝長談，請他把造成這次敗仗的每個軍官名字告訴我，並要求他針對每一名軍官寫一份報告！」馬丁是戈培爾在陸軍司令部的聯絡人。但他這種作法對於陸軍沒有太大的助益，反而只是害得當時德國最出色的坦克部隊指揮官海恩茲．古德里安（Heinz Guderian）將軍被迫離開他最適合的職位而已。之後，耶路撒冷的大教法官（Grand Mufti of Jerusalem）協助德軍組成穆斯林志願者的納粹黨衛軍（ＳＳ）特遣部隊時，戈培爾原本還懷抱一絲希望，想藉此奪回一城，但就連自我感覺良好的他，到這時也只能自知亡羊補牢為時已晚了。

接著，被他稱為「猶太化和黑人化」的美國大軍、以及英國和加拿大聯軍，開始從遠處的天際線外逐步逼近，不久，決心最堅強的自由法國部隊，也開始從西邊逼近德國。德蘇之戰已經是驚天地泣鬼神了，但兩方使盡全力，卻只是拚到了一個對峙之勢。西方國家的供給源源不絕，再加上這麼多國聯軍以及連年的空襲，雙方攻守已然易位，勝負也已經翻轉。

這下子，戈培爾最害怕的惡夢真的來臨了。被他視為雜種、次等人類的那些人，正在一步一步瓦解他的帝國！他發現，被德軍擊落的敵軍飛行員中，有些竟然是美國黑人。這人種怎麼可能會操作高度複雜的機器？還有些被俘飛行員的姓氏明顯是波蘭和義大利姓，這些人在空中擊落了一架又一架的德國戰機。這些低劣的人種，怎麼可能飛機開得跟德國人一樣好呢？隨著英美兩國的空中科技出現突破，德軍越來越難擊落兩國戰鬥機，也導致英美對德的空襲越來越猛烈——大批的空中艦隊就這樣兵臨德國上空，逼得戈培爾連出外察看都有危險。但就算是躲進防空洞中，他寫：「空襲的威力如此之大，雖然我們的防空洞都深入地底，也不免搖晃……如今，空襲夜以繼日，就像是命運之神一樣，甩也甩不掉了。」

其實，他現在看到的，不過就是之前本書提過的：真相的反撲。外頭世界的真相，終歸還是要面對，不管你再怎麼阻擋，也撐不了太久。前面種的惡因，轉一個圈就會成為惡果。邦赫佛就說過：

> 我掙扎著想要呼吸，就像有雙手壓在我的喉嚨上。

對邦赫佛而言，那雙壓著喉嚨的手，來自於看得見的人，而且他知道自己比對方還強大。

但對於已經雙手瘋狂亂揮的戈培爾而言，卻不知道這份恐懼來自哪裡。過去，他總是強調，真相就是他說的那樣，但現在，他說的那一套全不管用了。

每次空襲後，他走出防空洞，外面被破壞的程度就又加劇。日記中他寫：「很多地方都冒出火來，所以柏林市到現在還是一片火海……現在連要在街上行走都不成了，因為處處都被斷垣殘壁擋住。」「昨晚輪到法蘭克福市遭到嚴重的攻擊。」遠處在萊茵邦、萊特鎮的紡織廠，還有四周的住家，早已被炸得面目全非了。

有時候，他只好躲回自己還在《進攻報》時代的文件中去尋求慰藉，回味自己首次的意外崛起。於是他發布更多的演講，辦更多的廣播活動，偶爾空襲暫停的空檔，他還會舉行一些公開的造勢活動，呼籲大家，千萬不能停止毀滅猶太人，每當有猶太人被殺的消息傳來時，更讓他感到振奮。他一定要努力讓大家更了解他的目的。「問世界上為什麼會有猶太人的存在……這問題就跟問為什麼馬鈴薯會長蟲一樣多餘。」他這個拿猶太人當寄生蟲的比喻太成功了，政令廣播中將之延伸：每一個物種，都會想要取代敵人；一旦你落後了，就會被別的物種所取代。「只有看破猶太人的野心，才能夠取而代之，成為世界的主宰。現代國家要成功做到此點，別無他法，只能徹底消滅猶太人。」

這種說法同時也把他的幾個大敵涵蓋進去。對戈培爾而言，羅斯福暗地裡就是個猶太人，這點不言可喻。而英國呢？「英國人是很特別的一支民族。他們的死腦筋只要相處久了，就會讓人受不了。」他們之所以會這樣，原因現在就很清楚了：「因為他們是所有亞利安人種中，學到最多猶太人性格的一支。」

為了轉移大眾的注意力，戈培爾重施故技。有一次，他聚集成千群眾來到柏林市大型的市內運動場，以一問一答帶氣氛的演講方式，讓群眾瘋狂跟著他大叫：「大家要不要發動全面戰？」停頓一會兒後，為了製造一種懸宕的效果，他把手揹到身後，讓大家以為他是在思考。然後再把手高舉，朝群眾方向傾身，很快的更大聲喊：「有必要的話，大家想要發動更全面、更不保留的戰爭嗎？」

不過，光這樣他覺得還不夠。因為有些人對於外人過於善良的劣習未改。他說：「可惜我們的上流社會中，尤其是知識分子，始終還是不能了解我們的猶太政策。他們好幾次還站到猶太人那邊去！許多猶太人就因為這樣從我們手中逃脫了。沒關係，我們終究會抓到這些人的。」

他的作為也沒能讓聯軍的空襲次數減少。他在日記中寫：「空戰變得越來越艱險了……柏林市的景況越來越絕望了。」他的家雖然沒被炸毀，但所有的門窗都不見了。他寫道：「我在大半夜忽然醒來，頭痛欲裂，但屋裡卻沒有暖氣也沒有開水。」過去一向自豪於自己指甲修得很美，上班時也都鬍子刮得乾乾淨淨，西裝筆挺的他現在只能倉促走避到宣傳部的斷垣殘壁間梳洗更衣。「艾森（Essen）市上一次空襲，造成克魯普（Krupp）軍工廠全面停工……我們現在只能習慣於最原始的生活需求。」

在盟軍進攻西歐的 D-Day 登陸後，戈培爾再次升官。他現在不只掌管宣傳部，還得以控制全德經濟，成為帝國總體戰全權代表（Reich Plenipotentiary），可以動員全德軍力作戰。他還是大話不斷，命令手中的一家報社要以標題「帝國部長戈培爾博士是我們防禦行動的靈魂」報導他的任命。但光是說大話有什麼用。

德國的軍備產能自從大戰開始以來，就已經提高了兩倍，英國的產能則是戰前三倍，美國的產能更是戰前的二十五倍之多。美國工廠所遭遇的那些罷工行動，在德國是完全無法想像的，但這些罷工卻幫了大忙。因為有這些罷工，讓羅斯福和柏金斯推動法案，要求勞工和管理階層要依法開會，雙方都要有所節制和退讓。

透過勞資雙方這類的溝通，讓工人的薪資可以提高，但又不會讓雇主因此拿不到好的利潤。罷工同時也會針對不良工作環境提出討論，一旦這方面得以改善，結果就會成為提高工作品質的動力，讓像帝國大廈的史塔瑞特這類懂得善用勞工的主管階層，能夠用來推動工作表現。美國的整體架構，因而得以在磨合中，創造人性最美好一面浮現的環境。

這一切，就是羅斯福新政帶動工業成長所產生的效果。相對之下，德國卻是逼著成群的外國人進到他們的工廠，以強迫勞役或是奴隸的方式做工。這些外國人飽受工頭的威脅，又痛恨其上面高層，誰也想像得到，這種環境有人會賣力工作嗎？

因為這樣，德國的生產力再怎樣也比不上柳條衢。到了大戰後期，後者的 B-24 轟炸機生產速度又再次提高。同時間，全美數百座造船廠也同步運作，其中最大的幾座更製造出可以直航兩大洋的貨輪商船。勒罕這時已經過世了，她的心臟問題導致她多次中風（在她第一次中風後，羅斯福重寫遺囑，將他家業一半的收入給她，因為他不忍見她如風中殘燭般的樣子）。一九四四年，羅斯福也一樣身染重病，人生只剩下一年的歲月可活。

但這些私事都無關緊要了。美國輸往各國的補給，可以很有效率的送到聯軍手中。所有美國送往西歐的物流配置，當時都交由李將軍（General J. C. H. Lee）管理，李將軍一向崇拜霍普金斯，也在他手下學到許多；之前他官拜中校，現在則已升任將軍。美國提供英國空軍一萬三千架戰鬥機，同時也提供蘇聯空軍其所用油料的半數；還有三十萬輛快速、堅固的卡車，全數交給蘇聯紅軍，讓他們在東歐運送物資。

偶爾，戈培爾的確了解事態的嚴重性。他寫：「大眾的士氣已經低落到非常嚴重的地步。」但原因何在呢？「我實在有點不懂……我們過去這麼所向披靡，在取得政權的一路上，宣傳攻勢那麼足智多謀！為什麼如今卻失控了呢？……我們一定要想個辦法，重挫美用軍需品做為宣傳的攻勢。」

才不過七年，一九三八年十一月戈培爾發動首次對德國猶太人的攻擊，之後他休息一下，瞭望地平線，滿意的指著起火的猶太禮拜堂說：「血紅的天空。」如今，他的日記中，再次提到他往上看。同樣是戰爭的大火：更全面的戰爭，也更完整、是他從來沒有想像過的程度。「一家接一家工廠都起火了。柏林的天空血紅一片……這真是慘不忍睹。我們過的是什麼樣的日子！」不久，就在歐戰結束前幾天，戈培爾親手殺死自己的六名孩子，然後自殺了。

後記　修復殘破的世界

戰後百廢待舉之中，美英兩國原本可以用征服者之姿，居高臨下，予取予求，對戰敗國落井下石。歷史上那些最強大的國家，不都是這樣做的？

但是，西方同盟國卻決定要創造一個全新的戰後局勢。

羅斯福總統在總統任內，努力美國各階層的成就普遍性的公平，這成了戰後體系的模型。各國共同制定《關稅及貿易總協定》（*General Agreement on Trade and Tariffs*，之後又成立世界貿易組織ＷＴＯ），這樣的協定保護小國可以將大國告上法院，並且還有機會贏得官司。另外，馬歇爾計畫（MarshallPlan）則負責戰後的重建工作，這個計畫的中心思想是慷慨，走的是與零和、猜疑完全相反的大度寬容路線。然後還有北大西洋公約組織（ＮＡＴＯ），這是強調強力防禦、不侵略的組織，另外還有世界衛生組織（World Health Organization）等。

這些戰後復甦的作法，雖然並未能時時滿足所有人，但其最終的成果，卻給世界帶來數十年的繁榮、安全和互信。原本戰前兵戎相見、非拚個你死我活的各國，如今化敵為友，對於合作所營造出來的互利，充滿感激之情。

曾經路走偏了，世局也偏離正道了。但如今，那一切不復存在。雖然這本來就是難以避免的事，因為人們的記憶就是那麼短暫，上個世代發生的事，只有上一代人會記得。羅斯福當年安排的那些安全機制，現在紛紛都失效，其實不足為奇。

在羅斯福時代結束五十年後，他原本設下防堵商人昧著良心操縱金融市場的措施，就被人廢除了。然後，在羅斯福過世七十年後，也就是二〇二〇年，就連戰後和平所仰賴的民主國家的盟友關係，也逐漸崩解了。

這對一般人有什麼影響呢？工作越來越沒有保障了，人際關係、社區關係也一樣。同時，互信也減少了。古希臘史學家修希德狄斯（Thucydides）曾描寫「強者盡逞其狠、弱者忍吞其苦」，在這種情形下，人性中最惡劣的一面都將浮現。那些伺機而動的人，那些杜斯妥也夫斯基筆下「其貌不揚」、渴望「要一腳踢翻所有理性」的人，始終沒有走遠。

然而，雖然這些威脅始終未遠，但上文提到的所有人性優點，也始終還在。不管我們的世界被摧殘得多麼徹底，經濟有多麼混亂不堪，或天災有多無情。

這讓人覺得安慰。這世界不乏惡劣的人，但這些人終歸是少數。更多人是不好不壞，看到哪邊比較得勢就往哪邊靠。如果，我們的體制設計成讓最惡劣的那群人不好過，那人性中善良、正面的一面，就會被激發出來，這些惡人最怕的，就是自己昧著良心或白費力氣用盡心機的事被人揭穿。只要這套體制建立起來，所有正面的事就會自然湧現：真正的訊息會廣為流傳，感激之情會成為主流，新鮮創意會出現，結盟也都真心誠意。

但要獲得這樣的成果，得講究方法。要在古哲人希勒爾的人我兩難問題中取得平衡，在越艱難的時刻越難做到，這時候，就如上文提到，也會遇到很多新的問題，要一一細究解決之道。所以，不可避免會對於目標有許多爭論——這是人類社會自然的現象，這也是為什麼我稱為是一門藝術，而不是一門科學的原因。在這種時候，更要持平穩定，不要陷入布萊船長的情況，因為處境不好而讓本性中卑劣的一面被激發出來。

但我們在書中讀到的這些故事，從鮑伊在奧運創造的完美開幕式，到羅斯福在溫泉鎮洗心革面的自我反省，在在都教導我們，該如何開始這一步。

延伸閱讀與反思&致謝

本書集合許多思想家的不同見解，來討論「公平」這個簡單字眼所帶來的諸多問題：什麼是公平、這些思想家認為的公平又是什麼？該怎麼樣才能公平？怎麼樣會讓公平窒礙難行？在最後這個章節中，是幫助對此主題有興趣的讀者，找到更多相關的探討。

請參閱：https://www.ylib.com/spotlight/ARTOFFAIRNESS.pdf

國家圖書館出版品預行編目 (CIP) 資料

善良的逆襲 : 正直卻有謀略，精明卻不使詐，七個顛覆厚黑學的真實成功故事 / 大衛 . 波戴尼 (David Bodanis) 著 ; 顏涵銳譯 . -- 初版 . -- 臺北市 : 遠流出版事業股份有限公司 , 2021.08
面 ;　公分
譯自 : The art of fairness : the power of decency in a world gone mean
ISBN 978-957-32-9221-0(平裝)

1. 成功法

177.2　　110011243

善良的逆襲

正直卻有謀略，精明卻不使詐，七個顛覆厚黑學的真實成功故事

作　者——大衛・波戴尼（David Bodanis）
譯　者——顏涵銳
總監暨總編輯——林馨琴
資深主編——林慈敏
責任編輯——楊伊琳
封面設計——ayen
內頁排版——邱方鈺
行銷企畫——陳盈潔

發 行 人——王榮文
出版發行——遠流出版事業股份有限公司
地址：臺北市中山區中山北路一段 11 號 13 樓
客服電話：02-2571-0297
傳真：02-2571-0197
郵撥：0189456-1
著作權顧問——蕭雄淋律師

2021 年 8 月 1 日　初版一刷
定價　新台幣 450 元（如有缺頁或破損，請寄回更換）

ISBN 978-957-32-9221-0 (平裝)

遠流博識網　http://www.ylib.com/
E-mail：ylib@ylib.com